나폴레온 힐

부자 수업

NAPOLEON HILL'S

나폴레온 힐 부자 수업

나폴레온 힐 지음 ◆ 고영훈 옮김

MASTER COURSE

전 세계 1억 명의 인생을 바꾼 성공학 강의

THE ORIGINAL SCIENCE OF SUCCESS

RHK
알에이치코리아

이 책은 1954년 5월 시카고에서 진행되었던

'나폴레온 힐의 마스터 코스 강의'를 기반으로 집필된

미공개 신작입니다.

CONTENTS

NAPOLEON HILL'S

MASTER COURSE

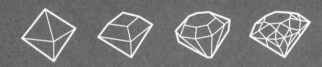

1

명확한 목표

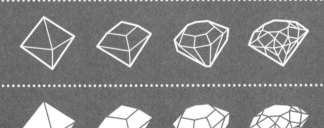

굴곡이 있어 끊어져 보이는 길도

커브를 돌면 계속 이어진다.

머뭇거리며 주저하지 마라.

그대로 포기하지 마라.

상황을 적극적으로 창조하라.

성공을 위한 명확한 목표를 설정하기 위한 일곱 가지 전제가 있다. 이 전제들을 정확히 숙지하면 당신은 성공으로 가는 길과 좀 더 가까워질 것이다.

첫 번째 전제

명확한 목표는 성취를 위한 출발선이다. 명확한 목표에는 명확한 계획이 수반되어야 하고, 그 계획을 이루기 위해서는 그에 맞는 실행이 수반되어야 한다. 목표를 정하고 계획을 세워야 하며 이를 실행에 옮겨야 한다. 단, 계획이 반드시 처음부터 좋을 필요는 없다. 더 나은 계획을 위해 서서히 고쳐나가면 된다. 가장 중요한 것은 목표를 명확히 정하는 것이다.

명확한 목표를 가져야 하는 이유를 듣고 그것을 이해하는 것은 시작에 불과하다. 그보다 중요한 일은 성공 철학을 자신의 것으로 소화해 삶과 직장, 인간관계에서 실제로 활용하는 것이다. 그럴 때에야 진정한 효과를 발휘할 수 있다.

두 번째 전제

모든 개인의 성취는 한 가지 또는 여러 가지 동기의 결과물이다. 적절한 동기 부여 없이 타인에게 무언가를 부탁해서는 안 된다. 그래서 동기 부여는 잠재 구매자로 하여금 구매할 마음을 불러일으키는 세일즈 기술의 기본 요소다.

사람들이 무언가를 하거나 하지 않길 원하는 데는 아홉 가지 동기가 있다. 사람들을 당신이 원하는 방향으로 행동하게끔 만들려면, 그들의 마음에서 동기를 불러일으킬 수 있도록 노력해야 한다.

자칭 영업을 한다는 사람들 중에는 인간의 아홉 가지 기본적인 동기에 대해 모르는 경우가 많다. 구매자의 마음에 구매 동기를 불러일으키지 않고서 사람들에게 물건을 팔려고 하는 사람들이 많은 것이다. 인간의 아홉 가지 기본적인 동기는 다음과 같다.

1. 안전의 욕구
2. 경제적 이득
3. 사랑
4. 성적 욕망

5. 권력과 명예에 대한 욕망

6. 두려움

7. 복수심

8. 몸과 마음의 자유

9. 창조에 대한 욕구

세 번째 전제

잠재의식은 실현에 대한 갈망과 반복적인 생각, 그리고 감정을 통해 마음에 자리 잡은 계획과 목표를 지배한다. 그리고 계획과 목표의 실현을 위해 모든 수단과 방법을 강구한다.

잠재의식의 힘과 역할에 대해서는 심리학에서 대단히 많이 다루고 있다. 만약 당신의 마음이 당신이 원하는 것에 자동적으로 반응하도록 습관을 들이고자 한다면, 마음이 원하는 것을 반복해서 말해야 한다.

프랑스의 약사 에밀 쿠에Émile Coué는 "나는 날마다 모든 면에서 점점 더 좋아지고 있다."라는 유명한 자기 암시의 말로 수천 명의 사람을 치료했다. 하지만 그보다 많은 사람들이 이 말의 효과를 보지 못했던 이유는 진정한 소망을 담아 말하지 않은 사람들이 있었기 때문이다. 진심으로 자기 암시의 말을 하지 않으면 별 효과가 없다.

또한, 잠재의식은 우리가 스스로에게 자주 하는 말이 설령 거짓말이라고 할지라도 자신이 믿은 대로 이루어지게 한다. 믿기지 않겠지만 사실이다. 선의의 거짓말(게다가 순전히 거짓말이 아닐 경우도 더러 있다.)을 통해 자신이 믿는 결과를 얻는 사람들이 있기 때문이다.

우리의 잠재의식은 참과 거짓을 구별하지 못하며, 긍정적인 것과 부정적인 것을 구별하지 못한다. 1페니와 1백만 달러의 차이를 구별하지 못하며, 성공과 실패 또한 구별하지 못한다. 그저 당신이 생각과 말로 자신에게 반복해서 주입하는 것을 그대로 받아들일 뿐이다.

명확한 목표를 설정하고 글로 써서 잠재의식이 목표를 이해하고 기억할 수 있도록 하는 것, 그리고 목표에 따라 자동적으로 반응해 실행할 수 있도록 이를 반복하는 것은 당신에게 달려 있다.

그러려면 시간이 필요하다. 하룻밤 사이에 그동안 가져왔던 나쁜 습관이 갑자기 사라지지는 않는다. 당신의 잠재의식에 자리 잡고 있는 부정적인 생각이 언제라도 다시 침투할 수 있기 때문이다. 하지만 만약 당신이 원하는 계획에 대해 신념을 담아 진심으로 전달하는 일을 반복하면, 잠재의식은 점점 더 빨리 반응할 뿐 아니라 더 분명하고 긍정적으로 반응할 것이다.

네 번째 전제

'신념'이라는 마음의 상태가 우리의 소망, 계획, 목표를 뒷받침하며 잠재의식은 이 신념을 지배하고 그에 따라 우리를 움직이게 한다.

신념이 있어야만 잠재의식을 통해 즉각적인 실행이 나올 수 있다. 내가 말하는 신념이란 소원 또는 기대, 믿음을 말하는 것이 아니다. 신념이란 자신의 소망과 계획 또는 목표를 위해서라면 어떤 것이라도 할 준비가 되어 있는 상태에서 실행하는 매우 분명하고 확고한 마음 상태를 말한다.

나는 내 삶의 소망들 중 부주의했거나 마음을 바꾼 경우를 제외하고는 내가 정한 것에서 실패를 해본 적이 없다. 따라서 많은 사람들이 흔히 그렇듯 마음이 도중에 약해지지만 않는다면, 당신은 마음먹은 것을 위해서 어떤 것이라도 할 수 있는 마음 자세를 가질 수 있다.

다시 한번 '신념'이라는 마음의 상태가 우리의 소망과 계획 또는 목표를 뒷받침해주며, 잠재의식은 이 신념을 지배하고 그에 따라 우리를 움직이게 하고 신념이 있어야만 잠재의식을 통해 즉각적으로 실행할 수 있음을 강조해서 말하고 싶다.

신념의 원리를 제대로 이해하고 생활에 적용하는 사람들은 그리 많지 않다. 설령 그 원리를 이해했다고 해도, 실행하지 못하고 일상생활에서 습관화하지 못한다면 애초부터 이해하지 못하는 것만 못하다. 실행이 따르지 않는 신념은 쓸모없는 것이다. 확고한 믿음 없는 신념 또한 쓸모없는 것이다. 자신의 믿음에 뒤따르는 실행 없이는 어떠한 결과도 얻을 수 없다.

다섯 번째 전제

생각의 힘은 인간이 유일하게 온전히 통제할 수 있는 수단이다. 이 놀라운 사실은 인간의 마음과 우주의 '무한한 지성'이 어떻게 연결되어 있는지를 잘 보여준다.

물질을 구성하는 가장 작은 단위인 전자와 양자에서부터 인간을 포함해 우주에 떠다니는 거대한 행성에 이르기까지, 우주는 모두 다섯 가지로 이루어져 있다. 시간과 공간, 에너지와 물질, 그리고 우주의 무한한 지성이 그것이다. 우주의 무한한 지성 없이는 나머지 네 가지가 제 기능을 하지 못하고 카오스에 빠진다.

땅 위에서 자라는 모든 것, 모든 전자와 양자 그리고 시간과 공간에 깃들어 나타나는 것이 우주의 무한한 지성이다. 모든 우주와 만물에는 무한한 지성이 깃들어 있다.

가장 성공적인 사람들은 자신의 두뇌와 실행을 통해 무한한 지성을 깨달아 자신의 것으로 만든 사람들이다. 어떤 사람이건 자신이 선택한 만큼 무한한 지성을 자신의 것으로 만들 수 있다. 단순히 이해하거나 믿는 것만으로는 충분하지 않다. 자신에게 맞는 구체적인 방식으로 무한한 지성을 사용해야 한다.

나는 기적을 믿는다. 하지만 50년 전에는 기적으로 보였던 많은 것들이 이제는 더 이상 기적으로 보이지 않는다. 모든 결과에는 원인이 있음을 알기 때문이다. 우리는 그 원인을 찾을 수 없을 때 경이로운 결과를 기적이라고 부르기도 한다.

내가 아는 가장 놀라운 기적은 바로 '인간의 마음'이다. 겸손한 인간의 마음은 자신의 믿음과 상상을 뛰어넘을 정도로 개인의 능력을 발휘하게 한다. 제대로 된 교육을 받지 않고도 제국을 건설한 헨리 포드Henry Ford와 토마스 에디슨Thomas Edison이 바로 그런 사람들이다. 에디슨은 전기의 시대를 열었고, 포드는 자동차 시대의 서막을 열었다. 나폴레온 힐이라는 나 자신 또한 수백만 명의 사람들에게 도움을 주는 삶의 원리를 정립했고, 사후에도 수백만 명의 사람들을 돕게 될 것이다. 마음의 힘을 사용하지 않았다면 과연 이런 일들이 가능했을까? 이런 일들을 가능하게 했던 것은 내가 받았던 교육 때문이 아니다. 나는 교육을 거의 받지 못했다. 또한 재정적인 뒷받침도 없었다. 앤드류 카네기Andrew Carnegie조차 내게 재정적인 지원을 하지 않았다. 그것은 내 인생에 일어난 가장 다행인 일들 중 하나였다. 당시에는 그렇게 생각하지 않았지만 말이다.

내게 일어났던 일들은 너무나 경이로울 정도여서 나와 공동으로 저서를 출간한 클레멘트 스톤Clement Stone(무일푼에서 시작해 당시 미국 50대 부자로까지 선정된 사업가였다–옮긴이)과 내가 강연을 할 때면, 모든 사실을 다 말하지 못할 정도다. 사실 그대로의 모든 일을 다 말하면 나에 대해 잘 모르는 사람들은 그 이야기를 믿지 못할 것이기 때문이다. 가끔 나 자신조차도 믿기지 않을 때가 있다.

나는 엄청나게 불리한 조건을 안고 삶을 시작했다. 그리고 지금 이 자리에서도 여전히 현재 상황에 맞는 핸디캡을 느끼고 있다. 하지만 나의 마음을 사용해서 그 모든 불리한 조건에 슬기롭게 대처했고, 이 나라에서 가장 현명한 오백 명의 사람들이 평생의 노력을 통해 이룬 성과들의 핵심을 파고들어 살펴보고 요약해낼 수 있었다. 자신의 핸디캡을 잘 인지하고 있는 사람들이 내가 정리한 것을 이해하는 데 그치지 않고, 그것을 받아들이고 자신에게 적용해 실질적인 효과를 볼 수 있도록 했다.

다시 한번 말하지만, 이 모든 결과는 바로 인간의 마음이 가진 힘에서 비롯된다. 하지만 당신이 그 힘을 인지하지 못하고, 받아들이지 못하며, 사용하지 않는다면 아무런 효과가 없을 것이다. 자신의 마음을 지배하고 사용할 수 있는 청사진을 갖도록 하는 것이 이 책의 주요 목표 중 하나다. 당신이 해야 할 일은 그 청사진을 따르는 일이다. 그중 가장 좋은 부분만 취하고 나머지도 소홀히 하지 않길 바란다.

얼마 전에 놀라울 정도의 부를 일군 한 남자를 만난 적이 있다. 그는 단기간 안에 그것도 오직 정직한 방법으로 부를 이뤄냈다. 그가 내게 한 말은 이랬다. "나폴레온 힐씨, 놀라운 이야기 한 가지를 말씀드리고 싶습니다. 제가 당신의 책을 발견했을 때, 아내와 저는 함께 책을 읽었습니다. 하지만 아내는 당신의 책 내용에 콧방귀를 뀌면서 받아들이지 않았습니다. 저는 아내만큼 영리하지는 않지만, 책의 내용을 받아들여 거대한 부를 이룰 수 있었습니다."

당신은 살면서 당신보다 훨씬 똑똑한 사람들을 만나게 될 것이다. 마치 모든 답을 다 알고 있는 사람처럼 느껴질 그들은 나의 이 성공철학을 받아들이는 것을 주저할지도 모른다.

나의 성공 철학을 누군가 받아들이지 못할 땐 마음이 편치 않곤 했다. 하지만 몇 해 전에 아주 귀한 교훈을 얻게 되었다. 나는 사람들에게 내 강의를 듣는 학생 중 한 명이 나의 성공 철학의 소중함에 대해 모른다고 푸념하고 있었다. 때마침 나이가 나보다 훨씬 지긋한 분이 이야기를 듣고 있다가 내게 한마디를 건넸다. "나폴레온 힐씨, 1900년 전쯤에 대단히 훌륭하신 분이 이 세상에 내려와 아주 훌륭한 삶의 철학을 전해주셨죠. 그분도 모든 제자가 빠짐없이 그분의 말을 따른 건 아니랍니다. 따져보면 사실 당신이 그분보다 훨씬 나은 상황이에요. 그에게는 단지 열두 명의 제자가 있었는데 그중에 한 명이 그를 배신했으니까요. 몇몇 사람이 당신의 말을 온전히 따르지 못하는 것이 그리 중요한가요? 그런 사람이 나오게 되더라도, 그것은 그들에게 불행한 일이지 당신에게 불행한 일이 아닙니다."

사람들이 이 성공 철학을 믿지 않는다고 해서 당신이 그 영향을 받지 않길 바란다. 모든 사람이 당신과 같이 이 철학을 받아들여 자신의 것으로 흡수할 수 있다면, 그건 이상적인 사회에서나 가능한 일일 것이다.

여섯 번째 전제

우리의 잠재의식은 무한한 지성에 이르는 유일한 통로로 보인다. 이 문장을 주의해서 다시 잘 보길 바란다. 내가 '보인다'라고 말했기 때문이다. 다만 지금까지 수천 번의 실험을 통해 관찰한 바에 따르면, 잠재의식은 무한한 지성에 이르는 유일한 통로이며, 우리가 곧 다루게 될 방법들이 잠재의식에 영향을 미칠 수 있다는 것은 사실로 보인다는 뜻이다.

그럴 수 있는 토대는 '명확한 목표에 기반한 신념'이다. '명확한 목표에 기반한 신념'이 바로 앞 단락 전체의 핵심이다. 당신이 원래 가지고 있어야 할 자신감을 가지고 있지 못한 까닭을 아는가? 그것에 대해 생각해본 적 있는가? 기회가 다가왔을 때, 또는 그것이 기회라고 당신이 확신했을 때, 그 기회를 받아들이고 사용할 수 있는 능력에 대해 왜 의심하기 시작했는지 그 이유에 대해 생각해본 적이 있는가? 당신의 인생에서 그런 적이 많지 않았는가?

대단히 성공한 사람들과 어울릴 기회가 있다면, 당신은 그들이 자신의 능력을 의심하지 않음을 알게 될 것이다. 하고 싶어 하는 것을 할 수 없는 일은 그들에게 일어나지 않는다.

나와 협력하고 있는 사업 동료들 가운데 성공한 사업가인 클레멘트 스톤에 대해 더 소개하고 싶다. 그 이유는 내가 아는 사람 가운데 마음의 힘에 대해 알고 있고, 적극적으로 사용하려는 사람으로 단연 그를 꼽을 수 있기 때문이다. 사실 그는 내게 큰 영향을 주고 있다. 나는 그를 찾아가서 방전된 나의 배터리를 충전시키곤 한다. 자신을 완전히 다스릴 줄 알고, 모든 일에 대해 통제할 수 있는 사람이 주변에 있다는 것은 대단히 좋은 일이다. 그는 어떤 일에 대해서도 걱정하지 않는 것처럼 보인다. 그는 불안을 용인하지 않는다. 그에게는 자신이 원하는 상황을 만들어내도록 스스로의 마음을 사용할 수 있다는 자신감이 있기 때문이다. 성공하려는 마음과 성공 철학을 가지려면 바로 이런 자신감을 가져야 한다. 그러면 어떤 목표이던지 간에 당신의 마음을 투영할 수 있다. 그리고 당신이 원하거나 원치 않는 것을 할 수 있을지에 대해 결코 의구심을 가지지 않게 될 것이다.

일곱 번째 전제

인간의 뇌는 생각의 진동을 보내고 받는 방송국과 수신기다. 그래서 이리저리 표류하지 않는 명확한 목표를 가지는 것이 중요하다. 뇌는 자신의 목표에 철저히 충실하게 그에 맞는 물질과 현실을 끌어오기 때문이다.

이 말을 꼼꼼히 잘 살펴 여러 번 읽어보고 당신의 의식 안으로 들어가 보길 바란다. 최초의 라디오 방송국과 수신기는 인간의 뇌에 있었다. 이 방송국과 수신기는 인간뿐 아니라 동물의 뇌에도 들어 있다. 나의 반려견 포메라니안 한 쌍은 가끔 나조차 깨닫기도 전에 내가 무슨 생각을 하고 있는지 정확히 안다. 나의 생각에 주파수를 맞출 수 있는 매우 영리한 반려견들이다. 우리 부부가 자동차를 끌고 외출하려고 하면, 자신들이 따라나설 수 있는 경우인지 아닌지까지 알 정도다. 텔레파시를 통해 늘 연결되어 있기 때문에 굳이 말을 하지 않아도 통한다.

우리의 마음은 언제나 진동을 내보내고 있다. 만약 당신이 영업 사원이고 잠재 고객을 방문할 예정이라면, 고객을 만나러 가기 전부터 영업이 시작돼야 한다. 타인의 협력을 구하려고 할 경우에는, 그가 당신에게 협력할 것이라는 긍정의 마음을 준비하라.

당신이 제공하고자 하는 것은 고객이 거절할 수 없을 정도로 매우 공정하고 정직하며, 그들에게 이득이 되는 것이기 때문이다. 다시 말해서 당신에게는 고객에게 당당히 협력을 요청할 권리가 있다. 당신 머릿속의 방송국에서 두려움이라는 생각 대신에 긍정적인 생각을 내보낼 때 사람들에게 일어나는 변화에 깜짝 놀라게 될 것이다.

우리 뇌 속의 방송국이 어떻게 작동하는지 설명하기 위해, 당신이 지금 100만 원이 몹시 필요한 상태라고 해보자. 내일모레까지 돈이 마련되지 않으면 당신이 구매했던 차나 가구가 회수 조치 된다. 그러니 그 돈이 꼭 있어야 하는 상황이다. 은행에 가보지만 은행 직원은 당신에게 돈을 대출해줄 수 없다고 말한다.

왜 이런 일이 일어나게 됐을까? 당신이 부정적인 생각을 한다면, 그것은 호주머니 속에 성냥을 들고 다니다가 자신의 집에 불을 붙이는 격이라고 할 수 있다. 당신은 생각을 송출하고, 그 생각은 당신보다 앞서 나간다. 당신이 사람들을 만나러 나가면, 그들은 당신이 원하는 협력 대신에 당신이 앞서 보냈던 마음의 상태인 의심에 따라 당신에게 반응한다.

나는 오랫동안 성공 철학을 연구하면서 지금까지 3만 명이 넘는 영업 사원들에게 영업 기술을 가르쳤다. 이들 중 많은 사람이 생명 보험 업계에서 고소득 설계사들이 모인 전문가 단체인 '백만 달러 원탁회의Million Dollar Round Table'의 회원이 되었다. 생명 보험을 들려고 먼저 찾아 나서는 고객은 잘 없다. 세상에 죽고 싶어 하는 사람은 아무도 없기 때문이다. 결국 생명 보험은 보험 설계사가 먼저 고객을 설득해서 팔아야 하는 상품이다. 내가 보험 설계사들에게 가장 먼저 교육하는 내용은, 다른 사람에게 판매하기 전에 본인이 먼저 그 생명 보험 상품을 구매해야 한다는 것이다. 자신이 먼저 판매하고자 하는 상품의 필요성을 납득하고 구매하지 않으면, 고객들에게 자신 있게 해당 상품을 판매할 수 없을 것이기 때문이다. 자신이 먼저 구매해보고 상품의 필요성을 의심하지 않아야 다른 사람들에게 판매할 수 있다.

또 다른 예로 우리 뇌의 방송국이 어떻게 작동하는지 알아보자. 당신은 가끔 기분이 우울할 때가 있다. 그런데 딱히 꼬집어서 그 이유를 모를 때가 있다. 무엇 때문일까?

나는 우울한 기분을 더 이상 느끼지 않는다. 당신이 우울한 마음이 들고 뭔가 기분이 안 좋을 때면 왜 그런 기분이 드는 것인지 그 이유를 잘 살펴보라. 주변에서 우울한 기분에 빠져 있거나 불만에 찬 사람들이 내보내는 진동은 우리에게 전해질 수 있다. 특히나 사람들의 마음이 혼돈 속에 빠져 있다면, 만약 전 세계에 있는 수백만 명의 사람들이 전쟁을 바라고 기도하면 어떤 일이 일어나게 될까? 안타깝게도 실제로 그런 일이 벌어지게 된다.

지금 이 세상에는 사람들로 하여금 마음의 힘을 알 수 있도록 해줄 르네상스가 필요하다. 그래야 사람들이 파괴적인 일에 마음을 집중하지 않고 건설적인 일에 집중할 수 있다.

성공 철학 강의를 막 시작했을 당시, 하버드 대학교에서 강의를 한 적이 있었다. 강의에서 전화기를 발명한 알렉산더 그레이엄 벨Alexander Graham Bell과 발명가 엘머 게이츠Elmer R. Gates를 통해 에테르ether(나폴레온 힐이 살았던 당시 과학자들은 우주가 '에테르'라는 물질로 가득 차 있어서 빛의 파동을 전파한다고 생각했다-옮긴이)가 인간의 귀로는 들을 수 없는 소리를 전달하며, 인간의 뇌는 다른 사람의 뇌 속에 있는 생각을 수신하고, 또 자신의 생각을 송신한다고 믿게 되었다는 말을 했다.

그러자 강의장 바닥에 신발을 긁는 소리가 울리기 시작해 내 말이 묻히기 시작했다. 게다가 학생들은 웃음소리까지 크게 내는 것이었다. 실제로 귀에 들리는 소리만 믿지, 인간이 말하지 않고도 뇌를 통해 진동으로 생각을 송수신한다는 말을 믿을 수 없다는 학생들의 표현이었다.

내가 지금 있는 이 방에는 수많은 다양한 소음이 있다. 에테르는 이러한 소리들을 운반하며 우리 뇌에 있는 생각을 다른 사람의 뇌에 전달하는 매개체다. 우리는 텔레파시를 통해 마음이 잘 통하는 사람들과 소통할 수 있는 정도까지 될 수 있다.

사실인지 아닌지 모르면 내가 이런 말을 할 수 없을 것이다. 내가 직접 경험해봤기 때문에 할 수 있는 말이다. 몇 해 전, 뉴욕의 센트럴파크에서 산책을 하고 있었을 때의 일이다. 공원에는 대략 3~4천 명의 사람들이 있었다. 그때 집에 있던 아내는 한 방송국으로부터 걸려온 전화를 받고서, 내가 집에 들르지 않고 그 방송국에 바로 가기를 원했다. 한 프로그램의 출연을 두고 나와 협의를 하고 있던 방송국이 중요한 회의를 위해 1시까지 와주길 원하는 내용이었다. 아내는 마음속으로 내게 메시지를 보냈고, 나는 그 메시지를 받았다. 그래서 나는 집에 들르지 않고 바로 방송국으로 갔다. 도착했을 때는 회의가 막 시작되기 직전이었다.

뉴저지의 한 로터리 클럽에서 강연을 했을 때다. 강의를 마친 후 참석한 사람들과 모여 앉아 대화를 나누고 있었다. 1시간 반가량이 흘렀을 무렵, 나는 사람들에게 이렇게 말했다. "실례합니다. 아내가 저를 찾고 있어서 잠시 집에 전화하고 오겠습니다." 집에 전화해 무슨 일이냐고 물어보자 아내가 말했다. "무슨 일로 늦는지 걱정이 돼서요."

다시 모임에 돌아와 나는 이렇게 말했다.

"아내가 왜 늦는지 걱정하고 있었네요. 무슨 일이 일어난 건 아닌가 하고요."

"부인께서 찾고 계신 건 어떻게 아셨나요?"

"아, 그건 국가 기밀입니다. 하하."

나는 굳이 설명하지 않았다. 조금 전에 잘 마친 강연에 대한 신뢰를 망치고 싶지 않았기 때문이다. 하지만 여기서는 자신 있게 솔직히 밝히고 싶다. 내가 경험한 몇 가지 사례들을 통해서 우리의 뇌는 방송국과 수신기이며, 우리는 다른 사람들이 방출하는 긍정적인 진동만을 선택해서 받아들이도록 뇌를 조정할 수 있다는 사실을 말이다. 이것이 핵심이다. 우리는 떠다니는 수많은 진동 가운데서 우리가 인생에서 가장 원하는 것과 관련된 일만 골라서 선택하도록 마음을 훈련할 수 있다.

그것은 인생에서 가장 원하는 것, 다시 말해서 명확한 주요 목표에 집중함으로써 가능하다. 뇌가 인생의 명확한 목표와 관련되지 않은 것을 선택하지 않을 때까지, 생각과 실행을 반복함으로써 가능하다. 당신이 원하는 것과 관련된 진동을 제외한 다른 진동들을 수신하지 않도록 뇌를 훈련할 수 있다. 이렇게 뇌를 관리하면 당신은 길을 벗어나지 않고 목표를 향해 제대로 나아갈 수 있다.

명확한 목표의 이점

나는 내 인생에서 합당한 이유 없이 사람들에게 무언가를 제안한 적이 없다. 내가 사람들의 마음에 동기를 심어주어야 한다고 말하는 것은, 나 또한 직접 실천하는 일이다. 따라서 나는 명확한 목표를 가질 수 있도록 여러분에게 큰 동기 부여를 해줄 수 있다.

우선, 명확한 목표를 가지게 되면 자동으로 자기 자신에 대한 신뢰, 진취적인 자세, 상상력, 열정, 자제력, 그리고 집중력이 계발된다. 모두 성공을 위해 꼭 필요한 전제 조건들이다. 그런데 목표를 명확히 하면 이 모든 것들이 계발된다. 또한 자신이 원하는 것을 알게 되고, 목표를 위한 계획을 세우게 되며, 계획을 실천하기 위한 생각으로 머릿속을 가득 채우게 된다.

정말 특별한 사람을 제외하고, 사람들은 대개 그리 효과적이지 않은 계획들을 세우곤 한다. 만약 계획이 효과적이지 않다고 생각이 들면, 바로 버리고 새로운 계획을 세워라. 이렇게 더 나은 계획을 찾아서 예전 계획을 버리고 새로운 계획으로 계속해서 바꾸면 된다. 이 과정에서 한 가지를 기억하길 바란다. 지혜로 가득한 무한한 지성이 당신이 홀로 세운 계획보다 더 나은 계획을 당신에게 줄 수 있다는 사실이다.

마음을 열고 들어주길 바란다. 중요한 목표든 작은 목표든 계획대로 잘 되지 않는다면, 그 계획을 버리고 무한한 지성에게 안내를 요청하라. 그러면 안내를 받을 수 있을 것이다.

어떻게 하면 무한한 지성에게서 안내를 받을 것임을 확신할 수 있을까? 어떻게 하면 그것을 믿을 수 있을까? 믿는다고 크게 외치면 된다. 물론 당신이 소리 내어 말하지 않아도 창조주는 당신의 생각을 알 수 있겠지만, 열정적으로 당신의 생각을 소리 내 표현한다고 해서 나쁠 건 없다. 당신의 잠재의식을 깨우는 데 나쁘지 않은 방법이다.

나의 저서『놓치고 싶지 않은 나의 꿈 나의 인생Think and Grow Rich』의 원래 책 제목은『부자가 되는 13단계The Thirteen Steps to Riches』였다. 나와 출판사는 이 제목이 사람들의 이목을 끌 수 있는 멋진 책 제목이라고 생각하지 않았고, 백만불짜리 새로운 제목을 원했다.

출판사 대표는 매일 내게 원하는 제목을 만들어서 달라고 재촉했다. 오육백 개의 제목을 만들어봤지만 그중 어느 것도 마음에 들지 않았다. 그러던 어느 날, 그는 내게 최후통첩을 했다.

"마지막으로 내일까지 제목을 만들어주세요. 그렇지 않으면 제가 만든 제목을 쓰겠습니다."

"어떤 제목인가요?"

"『머리를 써야 떼돈을 벌 수 있다』예요."

"맙소사, 품격 있는 책에 그런 경박한 제목을 쓰다니요! 그 제목은 저와 책 모두의 신뢰를 손상시킬 겁니다."

"어찌 됐건 간에 내일 아침까지 더 좋은 제목을 만들어주지 않으면 이대로 쓸 겁니다."

그날 밤, 나는 침대에 앉아 소리 내어 나의 잠재의식과 대화를 하기 시작했다.

"내 오랜 친구여, 우리는 먼 길을 함께 걸어왔지. 지금까지 나를 위해서 많은 일을 해주어서 고맙네. 오늘 밤 백만불짜리 책 제목이 필요한데 도와주겠나?"

내 목소리는 너무 커서 위층에 사는 사람이 시끄럽다고 바닥을 두드리며 항의할 정도였다. 아마 그는 내가 아내와 말다툼을 하는 줄 알았을 것이다. 나는 진심으로 나의 잠재의식에게 원하는 것을 말했다. 정확한 제목을 말해달라고는 하지 않았지만, 뭐가 됐건 반드시 백만불짜리 제목이어야 한다고 말했다.

나는 잠재의식이 내가 원하는 제목을 만들어줄 거라는 확신이 들어서야 잠자리에 들었다. 그런 확신이 들지 않았다면 자지 않고 계속해서 잠재의식에게 말했을 것이다. 언젠가 확신의 순간은 다가오고 당신은 그런 순간이 왔음을 느낄 수 있다. 믿음의 힘이 커지면서 "자, 이제 마음 놓아도 돼. 네가 원하는 것을 줄게."라고 말해 오는 순간이 온다.

새벽 2시쯤 되었을 때, 누군가가 마치 나를 흔들어 깨우는 것 같아 잠에서 깼다. 그리곤 『놓치고 싶지 않은 나의 꿈 나의 인생』이라는 책 제목이 불현듯 생각나는 것이었다. "세상에!" 절로 탄성이 나왔다. 한달음에 타자기로 걸어가 책 제목을 적어 내려갔다.

그리고 전화기를 집어 들어 출판사 대표에게 전화를 걸었다.

"무슨 일인가요? 시내에 불이라도 났나요?"

새벽 2시 30분이었으니 그가 그렇게 말할 만도 했다.

"백만불짜리 제목이 드디어 생각이 났어요!"

"어디 한번 들어봅시다."

"『놓치고 싶지 않은 나의 꿈 나의 인생』입니다."

"드디어 해결됐네요."

그렇게 우리의 문제는 마침내 해결됐다. 그 책은 미국에서 지금까지 2,300만 달러의 판매고를 올렸고, 내가 죽는 날까지 합치면 앞으로 총 1억 달러가 넘는 판매고를 올릴 것이다. 그 후로도 끝없이 판매가 이루어질 것이다. 말 그대로 정말 백만불짜리, 아니 수 백만불짜리 제목이다.

그렇게 나의 잠재의식과 큰 소리로 대화를 나눠서 놀라운 결과를 얻은 후, 그런 일들은 반복해서 일어났다. 그렇다면 나는 왜 진작부터 이 방법을 사용하지 못했을까? 왜 시간을 쓸데없이 낭비했을까? 타자기 앞에 앉아서 오육백 개의 제목을 만드는 대신에 수원지를 바로 찾아가 나의 잠재의식을 깨우지 못한 이유는 무엇이었을까?

그것은 종종 우리가 무엇을 해야 할지 알면서도 하지 않는 것과 같은 이유다. 바로 자기 자신에게 무관심하기 때문이다. 어떻게 해야 하는지 알면서도, 하지 않으면 안 될 상황 직전까지 꾸물거리는 것이다.

이것은 마치 기도의 경우와 같다. 평소에는 기도를 하지 않다가 정말 필요한 상황이 닥쳐서야 겁을 먹고 기도에 나서는 것과 같다. 당연히 이런 경우에 기도는 통하지 않는다. 기도를 통해 좋은 결과를 얻길 원한다면, 평소에 매일같이 기도를 드리는 삶이 되도록 마음을 훈련해야 한다. 사실 우리 삶의 매 순간은 기도드리는 삶이어야 한다. 기도란 자신이 소중하다는 믿음에 기초한 것이고, 우리가 이 세상에서 필요로 하는 것을 가질 수 있도록 무한한 지성에 주파수를 맞춰주기 때문이다. 필요한 순간이 되어서야 기도를 찾는 일은 마치 가족 중 한 명이 갑자기 사망하고 나서야 부랴부랴 장의사를 찾고 장지를 알아보는 일과 같다. 그들에게 당신은 바가지를 씌우기 아주 좋은 대상이다. 가족을 잃은 슬픔에 잠긴 황망한 순간은 판단력을 잃게 하기 때문이다. 미리 준비가 되어 있지 않으면 이처럼 필요한 순간에 필요한 것을 얻을 수 없고 좋지 않은 결과가 일어난다.

우리의 마음도 마찬가지다. 위급한 상황이 닥쳤을 때 준비가 되어 있도록 매일매일 마음을 훈련해야 한다.

명확한 목표의 또 다른 이점은 중요한 목표를 이루기 위해 시간과 노력을 계획하게 된다는 것이다. 만약 지난 1주일간 매일 자신이 기울인 노력을 시간별로 적어보고, 그것을 당신이 낭비한 시간들에 대한 시간별 기록과 비교해보면, 아마 정말 깜짝 놀라게 될 것이다.

얼마 전, 누군가 내게 이렇게 말했다. "나폴레온 힐씨, 쉴 시간이 없을 정도로 바쁘시겠네요. 비행기를 타고 이곳에서 저곳으로 다니며 강연을 해야 하고, 책을 쓰고, 스톤 씨의 사업을 도와서 일해야 하니까요. 누구보다 바쁘게 일하시겠어요."

그 말을 듣고 내 얼굴이 빨개졌다. 사실 내 시간의 절반을 낭비하고 있기 때문이다. 뭔가 정말 하고 싶은 일이 있으면 나는 매일 5시간을 그 일을 하는 데 쓸 수 있다. 이처럼 나는 부족한 사람이다. 당신은 어떤가?

우리는 모두 시간을 낭비하면서 산다. 그리 효율적으로 시간을 사용하지 않는다. 대략 잠자는 데 8시간, 돈을 벌기 위한 경제 활동에 8시간, 하고 싶은 자유 여가 활동에 8시간을 사용한다. 이 8시간의 자유 시간이 기회의 시간이다. 이 시간은 우리가 원하는 일을 위해 마음을 훈련할 수 있는 시간이다.

또한 명확한 목표를 가지면 목표와 관련한 기회를 더 예민하게 포착하게 된다. 그리고 명확한 목표는 기회를 수용하고 적극적으로 활용하도록 용기를 준다. 우리는 좋은 결과를 얻을 수 있는 기회를 거의 매일 마주한다. 하지만 사람들은 머뭇거리고 뒤로 미루며 기회를 회피한다. 기회가 왔을 때 받아들이려는 의지와 예민한 주의력, 결의가 부족하다. 하지만 이 성공 철학으로 마음을 단련하면, 기회를 적극적으로 받아들이게 될 뿐만 아니라 더 나아가 스스로 기회를 만들게 될 것이다.

나폴레옹 황제의 장군 중 한 명이 어느 날 그에게 와서 말했다. 프랑스군은 다음 날 아침 적을 공격할 계획을 세워 둔 터였다.

"황제 폐하, 내일 공격할 상황이 아닌 듯합니다. 상황이 좋지 않습니다."

나폴레옹은 그에 이렇게 대답했다.

"상황이 좋지 않다니, 상황은 우리가 만드는 것이야."

나는 성공한 사업가치고 누군가 불가능한 상황이라고 말할 때 그 말을 수용하는 사람을 본 적이 없다.

굴곡이 있어 끊어져 보이는 길도 커브를 돌면 계속 이어진다. 머뭇거리며 주저하지 마라. 그대로 포기하지 마라. 상황을 적극적으로 창조하라.

명확한 목표는 자신감을 심어주고, 다른 사람들의 호의를 불러온다. 세상 사람들은 가슴을 당당히 펴고 걷는 사람을 좋아한다. 자신감이 있는 사람은 자신이 하고 있는 일이 무엇이고 왜 하는지, 그리고 그 일을 해내기 위해 노력하고 있음을 알고 있다. 사람들은 무슨 일이 있어도 해내려고 하는 사람에게 알아서 길을 열어준다. 소리 외치며 길을 비켜달라고 말할 필요가 없다. 굳은 결의가 있는 당신이 생각을 보내면 사람들은 옆으로 비켜나며 길을 열어줄 것이다.

세상은 이런 것이다. 사람들은 다른 사람들의 일에 큰 신경을 쓰지 않아서, 자기 갈 길을 가겠다는 사람의 앞을 굳이 막지 않고 터주는 경향이 있다. 그리고 자신이 원하는 것이 무엇인지 아는 사람은 자신의 앞을 가로막는 사람들을 용납하지 않는다. 게다가 자신이 가야 할 곳을 알고, 그 목표 지점에 닿으려는 결심이 서 있는 사람에게는 조력자들이 항상 등장한다.

명확한 목표는 할 수 있다는 성공 지향적인 마음을 심어준다. 건강을 지향하는 사람들은 늘 건강에 신경 쓰고 건강해지려고 노력한다. 그것과 같이 성공 지향적인 사람들은 늘 성공 지향적인 삶을 살려고 한다. 할 수 없다고 생각하는 것이 아니라 늘 할 수 있다고 긍정적으로 생각한다. 인생에서 아무런 진전을 이루지 못한 사람들의 98%가 할 수 없다는 생각을 가진 부정적인 사람들이라는 연구 결과가 있다. 이런 사람들은 자신 앞에 주어진 상황이 무엇이든지 간에 할 수 없다는 부정적인 생각을 먼저 떠올린다.

나는 카네기가 미국 최고의 부자들을 연구해 성공 철학을 정립할 기회를 준 날을 죽을 때까지 잊을 수 없다. 처음에는 그 일을 할 수 없는 이유를 하나하나 말하고 싶었다. 수많은 이유들이 머릿속에 한꺼번에 떠올랐다. 나는 대단한 교육을 받지 못했고, 살아가기에 충분한 돈을 모아둔 것도 아니었으며, 영향력도 없는 사람이었다. '철학'이란 말이 무슨 말인지도 제대로 모르는 상태였다. 좋게 봐준 것은 감사하지만 그런 일을 맡길 사람으로 나를 택한 안목은 의심스럽다는 말이 입밖으로 나오려고 했다. 그런 생각이 머리를 채웠지만,

한편에서 '어서 할 수 있다고 말해!'라는 내면의 목소리가 들려왔다.

"카네기 씨, 맡기신 일을 하겠습니다. 믿으셔도 좋습니다. 해내겠습니다."

그는 손을 뻗어 내 손을 잡으며 말했다.

"당신이 한 말도 좋지만, 그렇게 말한 방식도 좋습니다. 그게 내가 바라던 겁니다."

내가 성공 철학을 정립하겠다는 결의 외에는 내세울 만한 자질이 없었음에도 불구하고, 그는 내가 해낼 수 있다는 신념으로 불타오르고 있다는 것을 알았다.

만약 내가 조금이라도 망설이는 모습을 보이며 "카네기 씨, 최선을 다하겠습니다."라고만 말했다면, 내게 준 기회를 즉시 철회했을 것이라 확신한다. 그랬다면 그는 내가 굳은 결심이 서지 않았다고 말했을 것이다.

하지만 나는 "카네기 씨, 믿으셔도 좋습니다. 해내겠습니다."라고 신념에 차서 말했고, 그 결과 여러분이 이 책을 읽고 있는 것이다. 여러분이 바로 카네기가 잘못된 선택을 하지 않았다는 증거다.

그는 인간의 마음속에 있는 가치, 내 마음속에 있는 가치를 발견했고, 그것은 그가 오랫동안 탐색해왔던 것이다. 나는 그 가치를 몰랐지만 나중에서야 알게 됐다. 나는 여러분이 그 가치를 깨닫게 되길 바란다. 당신 또한 마음속에 똑같은 능력을 가지고 있기 때문이다. 비록 처음에는 어디서부터 시작해야 할지 잘 모른다고 하더라도, 당신은 자신이 원하는 것이 무엇인지 알 수 있고, 그것을 얻어내겠다는 결의에 찬 마음을 품을 수 있다.

라듐을 발견해낸 프랑스 과학자 마리 퀴리Marie Curie를 보자. 그녀가 알았던 것은 단지 이론적으로 라듐이 우주 어딘가에 있다는 사실이었다. 속담에 '건초더미에서 바늘 찾기'라는 말이 있는데, 라듐을 찾기란 광활한 우주에서 바늘을 찾는 격이었다. 믿을 것이라고는 이론 하나뿐이었지만, 그녀는 자신이 개발하고 발전시킨 이론에 대한 신념을 굽히지 않고 마침내 라듐의 존재를 발견해낼 수 있었다. 인간의 마음이 이와 같은 일을 가능하게 한다는 것이 참으로 놀랍지 않은가?

이 같은 위대한 성취와 비교해보면, 당신이 마주치는 작은 문제들과 장애물들은 그야말로 아무것도 아니다. 우리가 매일매일 걱정하는 작은 문제들은 마리 퀴리를 비롯해, 백열등을 발명해낸 토마스 에디슨, 그리고 세계 최초의 대량 생산 자동차 모델을 내놓은 헨리 포드가 겪어야 했던 문제들과 비교하면 아무것도 아니다. 이들에게는 어떤 고난에도 흔들리지 않는 굳은 신념이 있었다. 이들의 위대한 성취를 가능하게 했던 것은 한결같은 신념과 명확한 목표였다.

무엇이 사람을 위대하게 만들까? 그것은 바로 자신이 가지고 있는 마음의 힘을 인식하고 수용하는 것이다. 그럴 때 위대함이 탄생한다. 자신이 가진 마음의 힘을 깨닫고, 수용해서 사용하는 단순한 과정을 통해 모든 인간은 위대해질 수 있다.

NAPOLEON HILL'S

MASTER COURSE

2

명확한 목표를
설정하는 방법

당신의 잠재의식에게

지금부터 당신이 주인임을 이해시키도록 하라.

98%의 사람들은 인생에서

자신이 무엇을 원하는지를 모르고,

그 결과 원하는 것을 얻지 못한다.

이제부터 명확한 목표를 설정하는 방법들을 구체적으로 설명하려고
한다. 모두 종이 위에 받아 적어야 하는 방법들이다. 어느 것도 간과
하지 말기를 바란다.

목표를 적어라

첫째, 당신의 주요 목표를 명확하게 적어라. 적은 목표를 기억하고,
기도 또는 소리 내서 말하는 확언의 형태로, 매일 적어도 하루에 한
번은 목표를 반복해서 떠올려라. 그러면 분명 효과를 보게 될 것이
다. 이 과정을 통해 당신의 신념을 다질 수 있고, 창조주가 당신에게
힘을 불어넣어주기 때문이다.

내 경험상 나의 성공 철학을 배운 이들이 가장 간과하는 부분이
목표를 적고 소리 내어 떠올리는 것이다. 배운 것을 머리로만 이해
하고 실행하기를 귀찮아하는 것이다. 하지만 목표를 종이 위에 실제

로 받아 적고 기억하며, 당신의 잠재의식과 목표에 관해 대화를 나눠야 한다. 잠재의식에게 당신이 원하는 것이 무엇인지를 잘 알려야 한다. 내가 백만 달러짜리 책 제목을 짓기 위해 나의 잠재의식과 대화했던 일화를 떠올려주길 바란다.

하지만 만약 당신이 원하는 것이 무엇인지 모르고, 목표가 명확하지 않으면 잠재의식이 당신을 도와줄 것이라는 기대를 할 수 없다. 98%의 사람들은 인생에서 자신이 무엇을 원하는지 모르고, 그 결과 원하는 것을 얻지 못한다. 그저 수동적으로 인생에서 일어나는 결과를 받아들일 뿐이다.

명확한 주요 목표와 더불어, 주요 목표와 관련된 작은 목표들을 세울 수 있다. 당신의 모든 삶이 인생의 주요 목표를 실행하는 데 적합하게 맞춰져야 한다.

원하는 것을 정할 때 겸손하게 자신에게 맞는 적당한 것을 정하는 것은 좋으나, 지나치지 않도록 하라. 자신이 가질 만한 자격이 있는 범위의 목표는 분명히 정해서 추구하라. 하지만 아래 설명하는 내용들을 간과하시 않고 정하길 바란다.

둘째, 목표를 달성하기 위한 한 가지 계획 또는 여러 가지 계획을 명확히 적고, 목표를 달성하기 위한 최대한의 기한도 함께 적어라. 그리고 목표 달성에 대한 대가로 당신이 스스로에게 줄 것이 무엇인지 구체적으로 자세히 적어라. 무한한 지성이 당신에게 더 나은 계획을 알려줄 수 있다는 점을 감안해, 변경 가능하도록 계획을 유연하게 세워라. 목표가 뚜렷하면 무한한 지성은 종종 더 나은 계획을 당신에게 줄 것이다.

설명할 수 없는 예감을 느껴본 적이 있지 않은가? 직감 또는 예감은 잠재의식이 자신의 생각을 당신에게 전달하려는 것이다. 우리는 종종 잠재의식에 지나치게 무관심해서, 잠재의식이 건네는 말을 무시하곤 한다. 사람들은 "오늘 참 바보 같은 생각이 떠올랐어."라고 말하며 무시하곤 하지만, 만약 문득 떠오른 생각을 놓치지 않고 그 생각을 실행한다면, 그 바보 같은 생각이 백만 달러짜리 아이디어가 될 수도 있다. 나는 이러한 예감들을 매우 유의해서 받아들인다. 분명 우리에게는 우리와 대화하려고 하는 어떤 존재가 있기 때문이다. 나는 내게 찾아오는 예감들을 대단히 유의해서 받아들이며, 이러한 예감들은 언제나 나를 찾아온다. 이 예감들은 모두 나의 마음이 내게 누누이 이야기해왔던 것, 내가 원하는 것, 내가 몰두해 있는 것과 관련되어 있다.

계획을 명확하게 적고, 달성하기 위해 최대한 걸릴 시간을 적도록 하라. 목표 달성까지 걸리는 시간을 적는 것은 매우 중요하다. "세상에서 가장 뛰어난 영업 사원이 되겠다." 또는 "회사에서 가장 뛰어난 직원이 되겠다", "많은 돈을 벌겠다."는 명확한 목표가 아니다. "A 목표를 B년 안에 달성하겠다."라는 명확한 기한을 정해 세워야 한다. 그리고 목표에 대한 설명을 적어라.

그러고 나서 "내가 원하는 것에 대한 보답으로 이러한 것을 하겠다."라고 그 밑에 적는다.

인생에서 원하는 것에 대한 보답으로 스스로에게 줘야 할 것이 무엇인지 생각해본 적이 있는가? 원하는 것에 대한 보답으로 내가 줘야 하는 것이 무엇인지 아는가? 나는 인생에서 원하는 모든 것을 풍족하게 가지고 있다. 어제 나는 원하지 않는 것이 생겼었지만, 지금은 가지고 있지 않다. 감기로 인해 머리가 아팠던 것이다. 하지만 '건강의 멘토'가 나를 위해 일해주어, 지금은 머리가 아프지 않다. (건강의 멘토에 대해서는 나중에 더 이야기하겠다.)

성공 철학을 터득하게 되면, 다른 사람들의 마음을 강화해주고 풍요롭게 하는 선한 영향력을 펼칠 수 있다. 그것이 바로 당신이 보답으로 해야 할 일이다. 원하는 것을 얻은 것에 대한 보답으로 이보다 더 좋은 일이 있을까? 나는 내가 원하는 것을 요청하는 일에 아무런 거리낌이 없다. 내가 원하는 것에 대한 보답으로 나 또한 사람들에게 베풀기 때문이다.

하지만 많은 사람들이 그렇듯, 내년에 백만장자가 되길 바라면서 그에 대한 보답을 위해 열심히 노력할 필요가 없기를 바라지는 마라. 사람들에게 기꺼이 베풀고, 베푸는 것에서부터 먼저 시작하기 바란다.

이 책을 다 읽고 두세 명의 지인들을 모아 당신이 지금까지 배운 내용을 알려주는 것도 대단히 좋은 일이다. 지금 배운 것을 오늘 밤 지인들에게 바로 알려줘라. 내가 한 말을 보면서 설명한다면 틀림없이 어렵지 않게 할 수 있을 것이다.

처음부터 잘할 수 있는 일은 아무것도 없다. 그래도 시도한다는 생각으로 시작하면 된다. 그리고 당신이 배운 것을 다른 사람에게 알려주는 과정에서 당신과 그들에게 일어나는 변화에 놀라게 될 것이다. 사람들의 생각을 바꿔주기 위해 노력하고, 먼저 실천하고 노력하는 모습을 통해 자신이 성장하고 발전해 가는 모습을 보게 될 것이다.

자연은 때에 맞춰 만물을 기르고 결실을 맺는다. 농부가 밀밭에 밀을 심으려면, 땅을 고르고, 1년 중 적당한 시기에 씨를 뿌려야 한다. 씨를 뿌린 바로 다음 날 당장 추수를 바라는 농부는 없다.

이처럼 우리는 자연이 제 역할을 하기를 기다려야 한다. 당신이 그것을 무한한 지성이라고 부르든, 창조주라 부르든, 그 무엇으로 부르건 간에 맡은 역할을 먼저 하면, 자신이 맡은 역할을 하는 지성의 존재가 있다. 당신이 주요 목표가 무엇인지 모르고, 목표 달성에 걸리는 합당한 시간을 정하지 않는다면, 이 지성은 당신을 주요 목표에 데려다주지 않을 것이다. 만약 능력이 평범할 뿐인데 앞으로 한 달 안에 백만 달러를 벌겠다는 목표를 말한다면 매우 어리석은 일이다. 그러니 합리적으로 해낼 수 있는 범위 안에서 주요 목표를 세우도록 하라.

당신의 목표를 사람들에게 말하지 마라

다음으로, 당신의 목표는 절대 남에게 말하지 않도록 하라. 단, 앞으로 설명하게 되는 '마스터 마인드'의 경우에는 예외이다. 내가 주요 목표를 다른 사람들에게 말하지 말라고 하는 이유는 무엇일까? 만약 당신이 자신 있게 목표를 말하면 가족이나 친지들의 반응은 어떨까? 그들은 집이 떠나갈 듯이 웃을 것이다. 나 역시 그런 경험이 있었다. 내가 아는 사람들 중 오랫동안 나의 목표를 지지해주며 응원해주었던 사람은 나의 의붓어머니와 앤드류 카네기, 단지 이 두 사람뿐이었다. 두 사람의 믿음이 없었더라면 견뎌내지 못했을 것이고, 성공하지 못했을 것이다. 우리에게는 우리를 믿어줄 사람이 필요하다. 그런 사람 없이는 버텨낼 수 없다. 성공하고자 하면 틀림없이 당신을 응원해줄 사람이 있다.

어떤 경우에도 다른 사람들에게 당신의 중요한 목표를 말하지 마라. 세상에는 그저 수수방관하거나, 발을 걸어 상대를 넘어뜨리고 싶어 하는 사람들이 많기 때문이다. 특히 당신이 자신이 넘치고 그들보다 더 많은 일을 성취할 것처럼 보일 때 더욱 그렇다. 그들은 아무런 까닭 없이 발을 걸어 넘어뜨리고 싶어 한다. 그들은 당신의 길을 방해하려 할 것이고, 방해할 수 없다면 당신의 발에 모래주머니라도 채우려 할 것이다. 왜일까? 그것은 바로 인류가 가진 질투심 때문이다.

당신의 주요 목표에 대해 이야기할 수 있는 유일한 방법은 행동으로 보여주는 것이다. 결과로 보여주는 것이다. 우리가 자신에 대해 자랑할 수 있는 유일한 방법은 말이 아니라 행동으로 보여주는 것이다. 눈으로 보이는 행동이 있으면 어떠한 말도 필요 없다. 행동 자체가 곧 말이 되기 때문이다.

간혹 나를 비난하는 사람들이 있곤 했다. 지금도 여전히 그런 사람들이 있으리라 생각한다. 하지만 나는 그들의 말에 신경 쓰지 않는다. 왜냐하면 나는 성취했고 그 결과가 너무도 확연하기 때문에 그들의 말이 나에게 전혀 영향을 미치지 못하기 때문이다. 그러니 당신의 행동과 성취한 결과로 말하도록 하라.

계획은 유연하게 만들어라. 한번 좋은 결과가 나왔다고 해서 그 계획을 완벽한 것으로 단정 짓지 마라. 그렇게 하면 실수를 저지르게 된다. 계획은 변경 가능하도록 유연하게 만들어야 한다. 해보고 성과가 좋지 않은 계획이라면 바꾸도록 하라.

성공을 향해 마음을 훈련하라

주요 목표는 가능한 한 자주, 당신의 의식에 입력하라. 그렇게 하면 밥을 먹을 때도, 잠을 잘 때도, 어디를 가든 당신의 목표를 이루기 위해 잠재의식이 자기 일을 할 수 있다는 것을 기억하길 바란다.

나는 우리가 잠을 자는 동안에 성공을 위한 마음을 훈련해줄 메시지를 녹음기에 녹음했다. 15년 전부터 강의해왔던 메시지를 여섯 가지 이상의 각기 다른 메시지로 자는 동안에 틀어놓아, 15분 동안 여러분의 잠재의식에 들려줄 수 있다. 이를 이용해 심적인 문제, 자신감 결여, 신념의 부족을 치유할 수 있다. 당신의 잠재의식에 들려주고 싶은 메시지가 있다면, 자는 동안 그렇게 하는 편이 더 좋다. 이 말이 사실이 아니라면, 청력이 손실된 채로 태어난 내 아들에게 보청기라는 기적과 같은 선물이 찾아온 일은 없었을 것이다. 나는 아들이 잠들어 있는 동안 아들의 잠재의식에 들을 수 있다는 자신감을 계속해서 불어넣었다.

우리의 의식은 질투심이 많아서 잠재의식의 앞을 가로막는다. 우리가 두려워하는 것과 정말 열광하는 것 외에는 모두 가로막는다. (특히, 두려워하는 것은 잘 통과시킨다.) 그러므로, 당신의 잠재의식에 심고 싶은 것이 있다면, 엄청난 크기의 신념과 열정이 필요하다. 그럴 때 당신의 의식은 옆으로 비켜서서 잠재의식에 닿을 수 있도록 허락한다. 그래서 신념과 열정이 필요하다.

반복의 힘은 위대하다. 우리의 의식은 끊임없이 반복해서 하는 말에 지쳐 "그래, 그렇게 계속해서 반복한다면 내가 계속해서 앞을 가로막을 수는 없지. 잠재의식 안으로 들어가서 잠재의식이 당신을 위해 어떤 일을 해줄지 보게."라고 말하게 된다.

우리의 의식은 우리에게 도움이 안 되는 역할을 많이 한다. 도움이 안 되는 정보들을 이것저것 수집해 잔뜩 쌓아둔다. 쓸모없는 쓰레기 같은 정보들과 방해물을 가득 쌓아두고 우리의 잠재의식에 양분인 것처럼 공급한다.

우리는 매일 밤 잠이 들기 전에 우리가 원하는 것을 잠재의식에게 요청해야 한다. 이 중 우리의 몸을 위한 치유는 필수적인 일이다. 우리 몸은 매일 치유가 필요하다. 하루 일로 고단해진 몸을 침대에 눕히면서, 몸의 모든 장기와 세포를 치유해서 다음 날 아침 상쾌한 상태로 새로운 하루를 맞이할 수 있게 해달라고 요청해야 한다.

그러니 당신의 잠재의식에게 해야 할 일을 반드시 주문하고 잠자리에 들도록 하라. 당신이 원하는 것을 말하라. 원하는 것을 잠재의식에게 말하는 습관을 들여라. 계속해서 말하면 잠재의식은 당신을 믿게 되고 요청하는 것을 줄 것이다. 그러므로 주의해서 요청해야 한다. 당신이 계속해서 요청하는 것을 얻게 될 것이기 때문이다.

만약 지난 수년간 요청해왔던 것이 무엇인지 알게 된다면 당신은 놀랄지도 모른다. 의식하지 못했겠지만 당신은 줄곧 무언가를 요청해왔다. 그 가운데는 당신이 원하지 않는 것도 있다. 정말로 원하는 것을 잠재의식에 이야기하는 대신에, 무지로 인해 원하지 않는 것을 말해왔을지도 모른다. 당신의 잠재의식을 원치 않는 부정적인 것들로 가득 채우는 대신에, 원하는 긍정적인 것들로 채워야 한다.

인생에서 가장 큰 목표여야 한다

주요 목표와 관련해 몇 가지 중요한 부분들이 있다. 먼저, 주요 목표는 인생에서 가장 큰 목표를 반영해야 한다. 그것은 어떤 목표보다도 더 중요하며, 당신이 세상을 떠난 후에도 당신을 기념할 수 있을 만한 것이어야 한다.

그런 것이 명확한 주요 목표여야 한다. 이것은 작은 목표가 아니라, 당신이 필생의 목표로 삼는 주요 목표이다. 만약 필생의 목표가 없다면, 당신은 인생의 귀한 부분을 헛되이 흘려보내는 것이다. 정말 목표로 하고자 하는 것, 인생에서 다다르고 싶은 곳, 찾아오는 기회로 삼고 싶은 것이 없다면, 당신의 땀과 노력과 고통은 헛된 것이다.

나는 우리가 각자의 인생에서 뭔가를 성취하라고 세상에 보내졌다고 생각한다. 우리는 자신의 운명을 개척하고 성취할 수 있는 마음을 가지고 이 세상에 태어났다. 우리가 운명을 개척하고 성취하지 못한다면, 마음을 사용하지 못한다면, 우리를 이 세상에 보내신 분의 관점에서 우리의 인생은 낭비일 것이다. 그러니 마음의 주인이 돼라. 높은 목표를 가져라. 과거에 많은 것을 이루지 못했기 때문에 미래에도 그러지 못할 것이라고 생각하지 마라. 과거로 미래를 재단하려 하지 마라. 새로운 날들이 다가오고 있다. 당신은 새롭게 태어날 것이다. 당신은 새로운 삶의 패턴을 만들고 있고, 새로운 세계에 놓여 있는, 새로운 사람이다. 그렇지 못할 이유가 없지 않은가? 이런 생각을 사용하지 못한다면, 이 책에서 어떤 것도 얻지 못할 것이다. 나는 여러분 모두가 자신에 대해 그리고 인류의 한 일원으로서 가진 존엄성을 새롭게 자각하고, 새로운 목표를 가지고 새로운 몸과 마음, 그리고 영혼으로 다시 태어나길 바란다.

만약 당신이 인류의 가장 큰 죄가 무엇이냐고 묻고 나의 답을 듣게 된다면 놀랄 것이다. 당신이 저지를 수 있는 가장 큰 죄는 무엇이라 생각하는가? 인류가 지을 수 있는 가장 큰 죄는 무엇이라 생각하는가?

인류가 저지를 수 있는 가장 큰 죄는 자신의 재능을 사용하지 않고 소홀히 하는 일이다. 그 이유는 당신이 가진 가장 큰 재능을 사용하면, 원하는 '모든 것을 풍족하게' 가지게 될 것이기 때문이다. 내가 '합리적인 범위 안에서'라고 말하지 않고, '풍족하게'라고 말한 것에 유의하길 바란다. 그리고 원하는 '모든 것'이라고 말했다. 어떤 한계도 두지 않은 것이다. 당신이 원하는 것에 대해 한계를 둘 수 있는 사람은 오직 당신뿐이다. 자신에 대해 한계를 설정할 수 있는 사람은 당신뿐이다. 당신이 허락하지 않는 한, 당신에게 한계를 둘 수 있는 사람은 아무도 없다.

달성하기에 약간 어려운 목표를 세워라

당신의 주요 목표는 기대와 희망을 가질 수 있는 약간은 달성하기 어려운 목표로 세워야 한다.

목표를 이루고 난 다음에는 또 새로운 목표를 세우도록 하라. 첫 번째 목표를 이루고 난 후, 목표를 이룰 수 있다는 것을 배우게 될 것이다. 새로운 목표를 세울 때는 첫 번째로 세웠던 목표보다 조금 더 큰 목표를 세우도록 하라. 예컨대 당신의 목표가 경제적인 부라면, 첫해에는 지나치게 높은 목표를 세우지 마라. 도달할 수 있는 범위 내에서 12개월의 계획을 짜고, 당신이 어떻게 달성해내는지 보라. 그다음 해에는 두 배로 목표를 키워라. 그다음 해에는 또 두 배로 목표를 키워라.

자기계발과 성공학의 대가인 얼 나이팅게일Earl Nightingale은 침대에 누워 내 책의 한 구절을 읽다가 갑자기 떠오른 생각에 대해 내게 말한 적이 있다. 그가 읽던 내용은 우리가 인생의 주요 목표에 집중해서 원한 것은 어떠한 것이든 얻을 수 있다는 부분이었다. 그의 성공은 바로 그 구절을 읽은 순간부터 시작됐다. 그는 그 구절을 읽고 기뻐서 소리를 질렀고, 그의 아내는 누군가가 남편을 살해하는 줄 알고 달려왔다.

"찾았어, 찾았다고!"

"뭘 말이에요?"

"평생 찾아왔던 걸 찾았다고! 이것 봐."

그는 그 구절을 아내에게 읽어주었다.

"내가 그의 말이 틀린 말인지 맞는 말인지 입증해보겠어. 다음 주에 급여를 두 배로 받을 거야."

그리고 그는 자신의 목표를 이뤄냈다.

"음, 우연인지 아닌지 한 번 더 해보겠어."

그는 다시 한번 지난주 급여의 두 배를 받았다. 그리고 새로운 목표를 결심하며 말했다.

"지금부터 스스로 답을 찾으며 나만의 성공 철학을 정립해나가겠어."

그 후로 얼 나이팅게일은 자신만의 성공 철학을 정립해나가겠다는 목표를 이루며 재정적으로도 훌륭한 성과를 거뒀다. 그는 나의 성공 철학에서 시작했지만, 이제는 답을 찾기 위해 나의 책을 비롯해 다른 사람들의 책을 필요로 하지 않는다.

당신 또한 스스로 답을 찾을 수 있는 현명한 사람이 되기를 바란다. 그리고 다른 사람들이 스스로 답을 찾을 수 있을 때까지 도와주기를 바란다.

주요 목표는 달성하기 쉬운 목표여서는 안 된다. 내일 당장 달성할 수 있는 목표여서는 안 된다는 말이다. 큰 목표를 세워야 계속해서 발전할 수 있고, 달성하는 즐거움을 누릴 수 있다.

성취감이 주는 기쁨은 대단히 크다. 일단 목표를 달성하고 나면 성취감이 지속되지 않는다. 새로운 목표를 찾아서 다시 시작하고 새로운 성취감을 맛봐야 한다. 삶이란 뚜렷한 목표 없이 그저 하루하루를 살아갈 때 가장 즐거움이 덜하다.

목표 달성에 대한 희망이 주는 즐거움은 대단히 크다

목표 달성에 대한 희망은 인간이 누릴 수 있는 가장 큰 즐거움 가운데 하나다. 그 즐거움은 말로 다 설명할 수 없을 정도다. 나에게 성공철학을 배운 사람들이 받았던 도움과 앞으로 내가 쓰게 될 책들을 통해 수백만 명의 사람들이 받을 도움에서 느끼는 즐거움은 어떤 말로도 설명하기에 부족하다. 다가올 미래에 내가 나눌 수 있는 선한 영향력을 생각해보면 뼛속까지 전율을 느낄 정도다. 살아 있는 한 나는 어떤 방식으로든 사람들을 위해 선한 일을 할 것이다. 이와 같은 희망을 대신해줄 수 있는 것은 어떠한 것도 없다. 비록 아직 달성된 것은 아니지만 미래의 목표 달성에 대한 희망은 내게 놀라운 즐거움을 준다.

미래에 더 이상 할 일이 없는 사람의 신세는 참으로 안타깝다. 나는 보기에 딱한 사람들을 많이 봤다. 나 또한 은퇴하고 플로리다로 이사했을 때가 있었다. 처음 6개월간은 좋았지만 할 일이 없으니 몸이 근질거리기 시작했다. 그래서 교회의 잘못된 점에 대해 지적하면서 공개적인 활동에 나서기 시작했다. 그로 인해 대중의 주목을 받았지만 만족하지 못했다. 성직자들의 반응이 뜨뜻미지근했기 때문이었다. 그들은 내가 만족할 만큼 역공을 펴지 않았다. 그래서 대학을 향해 포화를 옮겨 잘못된 점을 공개적으로 지적하기 시작했다. 그러자 이번에는 사회 각계의 반응을 얻으며 확실히 시선을 끌 수 있었다.

그 과정에서 나는 한 가지를 확실히 깨달았다. 해야 할 일 없이 세월을 헛되이 보내면 우리 마음에 악마가 활개 칠 공간이 생긴다는 사실이었다. 이 사실을 깨달으며 현업에 복귀해 다시 일하게 되었다. 앞으로 다시는 굳이 은퇴할 일은 없을 것이다. 우리는 할 수 있을 때까지 계속해서 활동적으로 뭔가를 하고, 일하고, 목표를 가져야 한다.

일반적으로 인생의 주요 목표는 매일, 매달, 매년이라는 단계적인 긴 과정을 거치며 달성될 수 있다. 대개 필생의 노력을 기울여야 달성될 수 있는 것이기 때문이다. 인생의 주요 목표는 우리가 선택한 직업에서와 같이, 많고 작은 목표들이 합쳐져 세워진다. 그래서 주요 목표는 직업, 사업과 조화를 이루어야 한다. 우리가 직업으로서 매일 하는 일이 인생의 주요 목표를 성취하는 데 중요하고 큰 부분을 차지하기 때문이다.

이 책을 보고 있는 여러분들은 단지 책을 읽고 지식에 대한 욕구를 채우는 것으로 만족하리라고 생각하지 않는다. 분명 당신은 보다 풍요로운 삶을 원할 것이다. 경제적인 안정을 포함해 삶에서 당신이 필요로 하고 원하는 것들이 있을 것이다.

인생의 주요 목표 가운데에는 당신과 배우자 사이의 완벽한 조화가 포함돼야 한다. 그것보다 더 중요한 것은 없다. 남편과 아내의 조화롭고 행복한 관계보다 더 중요한 인간관계는 없다.

주변에서 조화가 깨진 남편과 아내의 관계를 보거나 들어본 적이 있을 것이다. 그럴 때 우리의 기분은 좋지 않다. 조화가 깨진 부부 옆에 있는 것은 즐거운 일이 아니다. 부부 사이의 관계는 조화로워질 수 있다. 어떤 관계보다 마스터 마인드 관계를 가장 먼저 만들어야 하는 곳이 부부 사이의 관계다. 당신의 남편 또는 아내는 당신의 마스터 마인드 연합에서 가장 먼저 일원이 되어야 한다. 배우자에 대해 설렘을 느끼며 연애하던 시절을 떠올려보는 것도 좋다. 연인과의 연애는 대단히 신나고 멋진 경험이다. 그때 그 시절의 감정으로 되돌아가 다시 한번 배우자를 뜨겁게 사랑하라.

나에게 아내는 대단히 놀라운 존재다. 나에 대한 모든 것을 알고 있고, 나를 행복하게 해줘야 할 때가 언제이며, 그러려면 어떻게 해야 하는지를 가장 잘 아는 사람이기 때문이다. 나는 아내에게 내 마음을 숨길 수 없다. 내게 어떤 일이 일어나고 있고, 그래서 내 마음이 어떤지를 언제나 잘 알기 때문이다. 그리고 그녀는 언제 내게 격려와 영감을 불어넣어줘야 할지를 잘 안다. 이런 아내가 있다는 것은 축복이다.

만약 당신의 약한 부분을 보충해줄 수 있는 짝이 있다면, 이 세상에서 그 어떤 것과도 비교할 수 없는 행운과 재산을 가진 것이다. 남편과 아내 사이의 이런 마스터 마인드 관계는 어떠한 고난도 극복할 수 있게 해준다. 부부의 마음이 합쳐져 열정이 배가되어 각자와 모두에게 필요한 것을 얻도록 해준다.

동료들과 좋은 관계를 가져라

만약 당신이 같이 일하는 동료들과 좋은 관계를 가지고 있지 못하다면, 다시 좋은 관계를 가질 수 있도록 헌신하라.

당신의 부족한 부분을 먼저 솔직히 내어 보이면 그 뒤로 생기게 될 일에 놀라게 될 것이다. 솔직한 인정은 정말 놀라운 결과를 가져다준다. 대부분의 사람들은 자신의 부족한 부분을 인정하기에는 자존심이 허락지 않는다고 말한다. 하지만 자신의 부족한 부분을 내보이면서 인정하면 좋은 일이 일어난다. 자신이 완벽하지 못한 사람임을 인정하라. 그러면 동료들도 "생각해보니 나도 완벽하진 않아."라고 말할지도 모른다. 그러면 그때부터 모두의 성공을 위한 토대가 새롭게 시작된다.

매일 마주하는 사람들과 더 나은 관계를 만드는 데 헌신하라. 당신은 그럴 수 있다. 나 또한 그런 과정과 경험을 거쳤다. 나는 친구보다 적을 더 많이 만들곤 했다. 내가 왜 그런지 이유를 깨닫기까지는 오랜 시간이 걸렸다. 처음에는 사람들과의 관계에 신경 쓰지 않았다. 의견이 맞지 않는 사람이 있으면 거리낌 없이 동의하지 않는다고 말했다. 만약 당신이 동료가 하는 말에 논리상 잘못된 점을 찾아 지적하면 사람들의 주목을 끌며 인기를 얻을 수도 있다. 나는 누군가 내게 다가와 "나폴레온 힐씨, 당신의 책을 읽어봤는데 당신의 의견에 동의할 수 없어요."라고 말해도 괜찮다. 오히려 환영한다. 실제로 그런 일이 가끔 있다. 하지만 만약 누군가가 "나폴레온 힐씨, 당신의 책을 통해 제 자신에 대해 알게 되었고, 모든 일이 성공적으로 잘 풀리기 시작했어요."라고 말하면 훨씬 더 기분이 좋다.

조화롭지 않은 인간관계를 일으키는 원인은 대개 사람들을 무시하고 부주의하게 대하기 때문이다. 인간관계를 다지는 일을 소홀히 해서다. 관계를 어떻게 관리할지는 우리의 선택에 달려 있다.

당신의 주요 목표에는 당신이 가진 모든 인간관계를 어떻게 하면 조화롭게 발전시킬지에 대한 명확한 계획이 포함되어야 한다. 특히 휴식하고, 즐거운 시간을 갖고, 일하기도 하는 공간인 가정에서의 가족 관계는 더욱 그렇다. 인간관계는 인생의 주요 목표를 이루는 데 가장 중요한 부분이다. 대개 다른 사람들과의 협력을 통해 목표를 달성할 수 있기 때문이다. 인생에서 가치를 두고 이루려고 하는 일은 다른 사람들과의 조화로운 협력을 통해서 가능하다. 사람들과의 관계에 노력하지 않고, 그들을 이해하지 못하고, 그들의 부족한 부분에 관대하지 않고도 조화로운 협력을 얻어낼 수 있을까?

당신이 친구를 변화시키려 하거나 마음을 변화시키려고 애썼을 때, 그것에 대해 고마워한 친구가 있었던가? 친구가 계속해서 당신이란 사람을 바꾸려고 한다면 기분이 좋겠는가? 아마 그렇지 않을 것이다. 누구도 좋아할 사람은 없다. 당신이 본보기가 되어 친구가 바뀔 수 있다면 그것은 좋은 방법이다. 하지만, 당신이 친구의 잘못된 점을 지적하기 시작하면 친구는 우연히라도 길에서 마주쳤을 때 당신을 피해갈 것이다.

우리는 훌륭한 인간관계를 발전시킬 수 있지만, 다른 사람을 비난하거나 결점을 계속해서 말하는 방법으로는 그럴 수 없다. 모든 사람에게는 결점이 있기 마련이다. 그보다 좋은 방법은 그 사람의 장점과 잘하는 일에 대해 말하는 것이다. 당신이 사람들의 장점에 집중하면, 그 사람은 당신을 실망시키지 않으려고 부단히 주의하고 노력할 것이다.

한계를 뛰어넘는 목표를 세워라

한동안은 쉽게 달성할 수 없는, 한계를 뛰어넘는 목표를 세워야 한다. 세상에 최초로 성공학을 정립해 선보이겠다는 목표는 분명 내 능력을 뛰어넘는 일이었다. 내가 20년이라는 오랜 시간 동안, 노력을 기울여 연구할 수 있게 했던 것은 무엇이었을까? 대부분의 사람들이 나에게 미친 짓이라고 했지만, 나를 버티게 하고 마침내 성공적인 결과를 얻을 수 있게 한 것은 무엇이었을까? 그것이 무엇이라고 생각하는가? 그러기 위해서는 무엇이 필요했을까?

신념이 있어야 가능하다고 말할지도 모르겠다. 그렇다면 신념은 어떻게 생기는 것일까? 동기가 먼저 있어야 하지 않을까? 신념이 있기에 앞서 목표가 있어야 하고, 그 목표를 위한 실행이 있어야 하지 않을까? 나에겐 굳은 신념이 필요했고, 카네기가 준 과제를 완수해낼 것을 확신하고 앞으로 나아가며 계속해서 신념을 지켜야 했다.

때로는 친구들과 친지들이 하는 말이 진실인 것처럼 보일 때도 있었다. 그들의 관점으로 나는 20년이라는 시간을 낭비하고 있었다. 하지만 지난 20년간 나의 강의와 책을 통해 도움을 받았고 앞으로도 받게 될 수백만 명의 관점에서 볼 때, 나는 시간을 낭비했던 것이 아니다. 동시대를 살아가는 그 어떤 저술가들보다 시간을 가장 잘 사용하고 있었을지도 모른다.

다른 사람들에게 성공 철학을 가르치고자 하는 사람이라면 처음부터 성공적으로 수업을 진행할 수는 없다. 그럴 수 있기까지는 경험과 훈련을 쌓아야 한다. 자기 자신과 수업에 대한 자신감을 가져야 하고 능숙해져야 한다. 그러기까지는 몇 주에서 몇 달, 1년이 걸릴 수도 있다.

또한 내가 당신에게 알려주고 있는 성공 철학의 내용과 강의 기법을 생각해보자. 당신이 나의 강의 코스와 책을 접하지 않았더라면, 그 내용을 스스로 얻기까지 치렀어야 했을 대가를 내가 이미 치렀고 당신을 대신하여 성공 철학을 정립했다. 나는 라디오, 텔레비전, 강의, 연수 등을 통해 지난 10년간 성공 철학과 강의 코스를 심화시켜 왔다. 나의 실제적인 경험에 기반했기 때문에 강사로서 당신이 해야 할 일에 대해 전수해줄 수 없는 것은 단 하나도 없다. 나의 경험은 당신이 경험을 통해 터득해야 할 시간을 크게 줄여줄 것이다. 그럼에도 불구하고, 3~4개월 만에 이 성공 철학을 훌륭하게 강의하기 시작하는 사람이 많으리라고 기대는 하지 않는다.

당신이 할 수 없다고 생각하지 않는 한 실패할 수 없다. 실패할 것이라 생각하면 실패할 것이다. 나의 성공 철학을 지키면, 실패할 것이라는 생각을 하지 않게 될 것이다. 당신이 실패하지 않을 것임을 알게 될 것이다.

자연의 명확한 목표

명확한 목표의 원칙을 가장 잘 보여주는 것은 자연이다. 자연은 명확한 목표의 원칙대로 흘러간다. 우주에서 확실한 것이 있다면 그것은 바로 자연의 법칙이다. 자연은 자신의 길을 벗어나거나, 타협하거나, 포기하지 않는다. 우리는 자연의 법칙을 피해갈 수 없다.

우리는 자연으로부터 배우고, 순응하며, 자연이 우리에게 주는 혜택을 누릴 수 있다. 만유인력의 법칙이 1초라도 지연되는 법은 없다. 자연의 법칙은 매우 분명해서 만물이 시계처럼 정확하게 움직이기 때문이다.

명확한 원칙 아래 나아가는 전형은 몇 가지 기초적인 과학 지식을 통해서 알 수 있다. 우주의 질서 정연함, 모든 자연 법칙들의 상관관계, 항성과 행성의 관계 속에서 정해진 위치 등 자연이 움직이는 원리를 이해할 수 있다. 수백 년 전의 천문학자들이 하늘을 올려다보고 관찰한 것만으로도 항성과 행성의 관계를 이해하고 어떻게 움직일지를 정확히 예측할 수 있었다는 사실이 참으로 놀랍지 않은가? 우주의 분명한 법칙과 더불어 천문학자인 그들에게도 명확한 목표와 계획이 없었다면 가능하지 않은 일이었다.

그래서 우리는 명확한 목표를 가지고 움직이는 자연에 대해 이해해야 한다. 당신이 이 책을 읽고 있는 이유가 바로 이것이다. 그것이 내가 알려주고자 하는 것이다. 내가 한 인간으로서 삶과 경험에서 얻은 것을 통해, 당신이 자연의 법칙을 무시하는 대신에 순응하는 방법을 배우고 깨닫길 바란다.

자연의 법칙이 붕괴되었을 경우를 생각해보라. 자연의 법칙이 정지돼 버리면 모든 항성과 행성이 제멋대로 움직이는 끔찍한 대혼란이 벌어질 것이다. 그렇게 되면 하늘에서 수시로 폭죽이 터지는 일들이 벌어지겠지만, 다행스럽게도 자연의 법칙은 무질서하지 않다. 우주는 따라야 할 아주 분명한 법칙을 가지고 있다.

내가 제시하는 열일곱 가지 성공의 원칙을 보면 이 원칙들이 자연의 법칙을 완벽히 따른다는 것을 알 수 있을 것이다. 그중 '기대를 뛰어넘을 정도로 최선을 다하라'는 원칙을 예로 들어보자.

자연은 철저히 이 원칙을 따른다. 나무에 열리는 꽃은 적당히 꽃을 피우지 않는다. 바람과 폭풍이 지나가고 나서도 꽃들이 살아 남을 수 있도록 최선을 다해 최대한 꽃을 피운다. 개울과 강의 물고기는 적당히 알을 낳지 않는다. 황소개구리와 물뱀 그리고 새 등은 천적으로부터 알과 새끼를 잃고 나서도 종을 보존할 수 있을 정도로 최선을 다해 최대한의 알을 낳는다. 그럼으로써 종의 보존이라는 목표를 이룬다. 이처럼 자연의 만물은 최선을 다해 종을 번식하고자 한다.

이런 자연의 법칙에 따라 인간 또한 최선을 다해야만 살아남아 종족을 번영시킬 수 있다. 인간이 지혜를 짜내 한 알의 밀알을 심은 것에 대한 보상으로 자연이 500알의 밀알로 되돌려주지 않았더라면, 인류는 기아에 허덕여 생존하기 힘들었을 것이다. 이처럼 인간이 자신의 역량을 최대한으로 사용하면 자연은 풍요로움으로 돌려준다.

자기 암시를 사용하라

명확한 목표를 세우기 위한 방법을 마지막으로 소개한다. 그것은 바로 자기 암시를 통해 소망하는 목표를 이룰 것이라고 자기 최면을 거는 것이다. 최면에 걸리거나 또는 자기 최면을 걸어본 적이 있는가?

당신은 분명 자기 최면을 걸어본 적이 있다. 우리는 매일 우리 자신에게 최면을 건다. 의식을 잃어버리고 걸리는 최면을 의미하는 것이 아니라, 자기 암시에 의한 최면 말이다. 자기 암시 또한 일종의 최면이다.

자기 암시라는 최면을 통해, 두려움과 좌절감이라는 부정적인 감정 대신에 인생에서 원하는 멋지고 아름다운 것으로 우리의 잠재의식을 채울 수 있다.

성공한 사람들의 예를 들어보자. 이들은 자기 최면에 대단히 능숙한 사람들이다. 어떤 일을 시작하기 전에 이미, 자신이 그 일을 성공적으로 완수하는 모습을 그린다. 이들은 이런 놀라운 능력을 가지고 있다.

자기 최면은 할 수 없다는 생각이 아니라, 할 수 있다는 생각에 의식을 집중하는 것이다. 자연의 법칙 중 놀라운 점 중 하나는 우리가 삶의 긍정적인 측면에 집중하면, 실제로 삶이 부정적인 측면보다 훨씬 더 긍정적인 부분들로 이루어진다는 것이다. 그러니 우리의 마음과 삶에 침투해 영향을 미치려는 부정적인 것에 대한 집중 대신에, 긍정적인 측면에 집중해야 한다.

NAPOLEON HILL'S

MASTER
COURSE

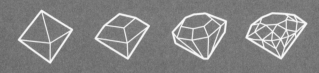

3

마스터 마인드

평범함을 뛰어넘으려는 목표가 있다면,

당신의 배터리를 충전시켜줄 수 있는

충전소가 반드시 필요하다.

그래야 어려움에 굴하지 않고 사람들의 조롱에

개의치 않고 계속해서 목표를 향해 나아갈 수 있다.

마스터 마인드의 첫 번째 전제

우리는 타인과 하나가 된 것처럼 그들이 가진 경험, 교육, 전문적인 지식, 영향력을 온전히 활용할 수 있다. 자신에게 부족한 부분을 타인에게서 얻을 수 있다는 것은 놀라운 일이 아닐 수 없다. 지식의 교환은 세상이 우리에게 주는 가장 큰 선물 중 하나다. 사업 관계를 통한 사업적 이득의 교환도 매우 좋은 일이지만, 나는 그것보다 내가 생각해보지 못했던 아이디어를 타인에게서 얻고, 다른 사람이 생각해보지 못했던 아이디어를 내가 전해주는 아이디어 교환이 더 중요하다고 생각한다.

위대한 발명가인 토마스 에디슨조차도 많은 종류의 과학을 접하고 다뤘지만, 그가 모든 과학을 다 알았던 것은 아니다. 해당 과학 분야에 대해 제대로 된 교육 없이는 그가 일궈낸 모든 업적이 불가능했으리라 흔히 생각될 것인데 말이다. 앤드류 카네기와 처음 만나 이야기를 나눴을 때, 나는 그가 철강 제조나 마케팅에 대해 모른다는 사실에 몹시 놀랐었다.

"카네기 씨, 그럼 당신이 맡은 역할은 무엇인가요?"

"제 역할은 제 마스터 마인드 연합 구성원들이 완벽한 조화를 이룰 수 있도록 하는 것입니다."

"그게 다인가요?"

"혹시 3분 동안 끊이지 않고 두 사람이 동의하도록 해본 적이 있나요?"

"그래 본 적은 없는데요."

"해보시면 사람들이 조화 속에서 협력하도록 하는 일이 인간이 성취할 수 있는 가장 위대한 일 중 하나라는 것을 아시게 될 겁니다."

카네기는 금속공학자, 최고기술책임자, 공장장, 법률고문, 최고재무책임자 등 자신의 마스터 마인드 연합 구성원들 개개인과 그들의 역할에 대해 설명했다.

20명이 넘는 이들이 협력하며 각자가 가진 교육, 경험, 지식이 한데 어우러져 철강 제조와 판매가 이루어지고 있었다. 그래서 그는 자신이 모든 일을 다 알아야 할 필요는 없다고 말했다. 그에게는 각자가 맡은 일을 잘 알고 있는 사람들이 있어서, 그들이 협력해서 조화롭게 일하도록 하는 것이 그가 맡은 역할이었다.

마스터 마인드의 두 번째 전제

두 번째 전제는 두 사람 이상의 마음이 공통된 목표를 달성하기 위해 완벽히 조화를 이뤄 적극적으로 연합하면, 각 개인이 평소에 경험하는 것보다 더 많은 지식을 습득할 수 있으며, 마음이 '신념'의 상태에 이를 수 있다는 것이다.

인간의 뇌는 인체에서 특별한 역할을 담당한다. 뇌를 제대로 이해하고 있는 사람은 없지만, 인체에서 특별한 부분이라는 것은 누구나 알고 있다. 인간의 뇌는 생각의 진동을 내보내고 받아들이는 방송국이자 수신기 역할을 한다. 말 그대로 실제 방송국과 수신기의 원리와 매우 유사하다.

사람들이 모일 때 생각의 진동이 전파되고 수신되는 일이 일어난다. 마스터 마인드 연합, 종교 모임, 사회적 모임에서 사람들이 열정과 유머를 표현하며 마음과 마음이 만나는 과정이 일어난다. 이런 모임은 개개인의 생각 진동을 강화하며, 동조시키고, 더 높은 진동으로 고양된다.

라디오의 원리를 좀 더 설명해보겠다. 방송국에서 사람의 말은 우리가 귀로 들을 수 있는 저주파 가청 주파수에서 인간의 귀로는 들을 수 없는 고주파 무선 주파수로 음성 주파수가 수백 배 증폭된다. 에테르는 이 주파수 진동을 사방으로 퍼져나가게 하고, 수신기는 무선 주파수로 진동을 수신해 다시 우리가 들을 수 있는 가청 주파수로 진동을 변환한다.

이것이 라디오의 원리이자 마음이 작동하는 방식이다. 일상의 틀에서 벗어난 외부의 더 높은 차원의 새로운 정보는 우리의 마음을 자극할 수 있다.

마스터 마인드 연합의 가장 중요한 기능 중 하나는 우리의 방전된 배터리를 충전시켜주는 것이다. 자동차를 예로 들어보자. 자동차를 자주 사용하면 배터리는 결국 방전된다. 시동을 걸려고 해도 시동이 걸리지 않게 되는 것이다. 사람도 마찬가지다. 배터리가 방전되면 기분이 우울해지고, 하루를 시작할 의욕이 생기지 않는다. 이럴 때 필요한 것은 무엇일까?

당연히 배터리를 충전시켜야 한다. 그러기 위해서는 충전소가 필요하다. 예컨대 결혼한 남자가 배터리가 방전됐다면, 아내와 짧게라도 대화를 나눠 에너지를 얻을 수 있다.

마스터 마인드의 세 번째 전제

세 번째 전제는 제대로 작동하는 마스터 마인드 연합은 열정과 목표, 상상력과 용기를 우리에게 줄 수 있다는 것이다.

나의 마스터 마인드 연합 초창기를 예로 들어보겠다. 당시 나의 마스터 마인드 연합은 나와 카네기, 그리고 의붓어머니였다. 모든 사람이 아무런 보수 없이 세상에서 가장 부자인 사람을 위해 일하는 나를 비웃는 동안, 우리 세 사람은 마스터 마인드 철학을 소중하게 다졌다. 당연히 사람들이 나를 비웃을 만도 했다. 금전적인 측면에서 보상 없이 일을 하고 있었기 때문이다. 하지만 비록 시간이 오래 걸리긴 했어도 사람들의 비웃음은 결국 사라졌다. 나의 피나는 노력이 그것을 가능하게 했다.

나와 의붓어머니 그리고 카네기 우리 세 사람의 관계는 친척들과 친구들로부터 쏟아지는 조롱으로부터 나를 안전하게 지켜주었다. 평범함을 넘어서려면 반대에 부딪히게 되고, 우리를 조롱하는 사람들과 마주치게 된다. 게다가 대개 그런 사람들은 우리와 가까운 사람들이다.

평범함을 뛰어넘으려는 목표가 있다면, 당신의 배터리를 충전시켜줄 수 있는 충전소가 반드시 필요하다. 그래야 어려움에 굴하지 않고 사람들의 조롱에 개의치 않고 계속해서 목표를 향해 나아갈 수 있다.

사람들의 조롱은 내가 입고 있는 방탄조끼를 뚫지 못하고 후두둑 떨어진다. 나는 호의적이든 호의적이지 않든 그 어떤 종류의 비난에도 완전히 면역되어 있다. 특정한 몇몇 사람들과 가진 마스터 연합 덕택이다. 이런 관계가 없었다면 여러분이 읽고 있는 책을 완성할 수도, 나의 성공 철학을 배울 수도 없었을 것이며, 전 세계 수백만 명의 사람들에게 나의 성공 철학이 널리 알려지지 못했을 것이다. 호시탐탐 기회를 엿보며 도중에 그만두게 할 수백만 가지의 이유들을 극복하지 못했을 것이다. 그 이유들 하나하나가 나를 크게 유혹했었다. 때론 중간에 포기하지 않으면 스스로 바보스럽게 느껴질 정도였다. 하지만 나에겐 카네기와 의붓어머니와의 놀라운 관계가 있었기 때문에, 유혹이 찾아오고 힘이 들 때마다 언제나 이들을 찾아갈 수 있었다. 의붓어머니는 나와 마주 앉아 이야기를 나누면 "신념을 꺽지 마라. 끝내 해낼 수 있을 거야. 네가 해낼 거라는 걸 안단다."라고 말씀해주시곤 했다.

호주머니에 동전조차 없어 사람들이 나를 조롱할 때도 의붓어머니는 "너는 친척들 가운데서 가장 큰 부자가 될 거야. 네가 반드시 그럴 거라는 걸 난 알아."라고 말씀해주셨다. 실제로 나는 외가와 친가를 통틀어 3대에 걸친 모든 친척의 재산보다 많은 부를 가지고 있다. 의붓어머니는 알고 계셨다. 내가 하는 일이 나를 부자로 만들어 줄 것을 말이다. 한 가지 분명히 해두고 싶은 것은 여기서 내가 말하는 '부'란 금전적인 부를 말하는 것이 아니라, 많은 사람들에게 봉사하고 베풀 수 있는 넓은 의미의 '부'를 의미한다는 점이다.

마스터 마인드의 네 번째 전제

마스터 마인드 연합은 실제로 기능해야 한다. 그저 사람들을 모아놓고 "나를 포함해 누구누구가 포함된 이 모임이 우리의 마스터 마인드 연합이야."라고 할 수는 없다. 실질적인 활동이 이루어지기 전까지는 의미가 없다. 연합에 속한 각 멤버들은 몸과 마음, 재정적인 측면 등 모든 면에서 서로 돕는 협력을 해야 한다. 명확한 목표를 추구해야 하며 완벽한 조화 속에서 움직여야 한다.

완벽한 조화와 평범한 조화의 차이를 설명해보겠다. 나는 현재를 살아가는 그 어느 누구보다 많은 사람들과 조화로운 관계를 가지고 있다고 생각한다. 하지만 일반적인 조화로운 관계가 아닌 완벽히 조화로운 관계는 흔하지 않다. 내가 가지고 있는 완벽히 조화로운 관계는 열 손가락으로 꼽을 수 있을 정도로 귀하다. 나는 많은 지인들과 기분 좋게 예의를 지키는 관계를 가지고 있지만, 그렇다고 모든 관계가 완벽한 조화 속에 움직이는 것은 아니다. 많은 사람들과 일적으로 관계를 맺고 있지만, 완벽하거나 영원한 조화를 갖춘 관계는 아니다.

완벽한 조화란 마스터 연합의 멤버가 뭔가를 필요로 하고 원할 때, 그것을 가지고 있는 다른 멤버가 기꺼이 그리고 즉시 줄 수 있을 때만 가능하다. 그러기 위해선 사심을 버려야 한다.

카네기는 완벽히 조화로운 관계의 중요성을 거듭 강조했다. 그는 완벽히 조화로운 관계가 없다면 그것은 진정한 마스터 마인드 연합이 아니라고 말했다. 조화가 없다면 그 관계는 그저 평범한 협력 관계 또는 우호적인 노력의 결합체에 지나지 않는다.

'마스터 마인드는 연합 내에 다른 멤버의 정신력을 온전히 활용할 수 있게 해준다.' 이것은 단순히 다른 사람의 재정적인 힘이나 지식을 활용하는 것을 넘어, 그 사람이 가진 정신력의 도움을 얻을 수 있는 것이다. 그리고 영구적인 마스터 마인드 연합을 구축함으로써 당신이 가지게 되는 느낌은, 우리가 인생을 통틀어 가질 수 있는 가장 중요하고 즐거운 경험 중 하나다. 마스터 마인드 연합에 속하게 되면 신념이 크게 강화돼서 당신이 시작하는 모든 일을 잘할 수 있을 거라는 생각이 들게 된다. 의심과 두려움 그리고 자신에게 스스로 정한 한계가 사라지는 놀라운 기분을 느낄 수 있다.

마스터 마인드의 다섯 번째 전제

다섯 번째 전제는 평범한 수준을 뛰어넘는 모든 개인의 성공은 혼자만의 노력만으로 가능하지 않으며 마스터 마인드 연합을 통해 얻어진 결과라는 것이다.

만약 우리가 다른 사람들의 도움을 일체 받지 않고 혼자서 일하려고 한다면, 과연 얼마나 성취할 수 있을까? 다른 사람의 협력 없이는 아주 작은 성취밖에 이뤄내지 못할 것이다.

당신이 치과 의사 또는 변호사라고 해보자. 그런데 환자 또는 변호 의뢰 고객에 대한 영업 마인드가 전혀 없다고 하면, 반복해서 찾아오는 환자와 고객이 늘 수 있을까? 뛰어난 전문 직업인들은 기존의 고객을 사로잡아 다른 신규 고객을 창출하는 중요성을 잘 이해하고 있다. 그러려면 고객의 기대를 뛰어넘는 서비스를 제공해야 한다. 그래야 그 서비스에 감동한 고객이 새로운 고객을 데려온다. 이처럼 마음을 움직이는 서비스는 개인의 힘으로 시작되지만, 새로운 고객을 불러오는 것은 기존의 고객으로 이는 마스터 마인드 연합이 없이는 불가능함을 보여준다. 결국 마스터 마인드 연합을 통해 평범함을 뛰어넘는 성공이 가능한 것이다.

프랭클린 루스벨트Franklin D. Roosevelt 대통령의 첫 임기 기간에 영광스럽게도 그의 고문관으로 활동했다. 신문 헤드라인에 '경기 침체' 대신에 '경기 회복'이라는 긍정적인 단어를 넣는 홍보 계획을 짠 사람이 바로 나였다.

1929년 '블랙 먼데이'를 아는 사람이라면 당시 은행들이 문을 닫고 주가가 대폭락했던 것을 기억할 것이다. 모든 사람들이 은행이 망하기 전에 예금해놓았던 돈을 인출하기 위해 은행 앞에 길게 줄을 섰다. 모두가 공포에 질려 있었다. 사람들의 마음에는 국가와 은행 그리고 자기 자신과 다른 사람들에 대한 신뢰가 사라졌었다. 그야말로 공포가 지배하는 시기였다.

우리는 백악관에 모여 회의를 했고, 그동안 미국 역사에서 볼 수 없었던 가장 위대한 마스터 마인드 가운데 하나를 만들어 경제를 회복시키기 위한 계획을 세웠다. 그 결과 우리는 국민들의 마음속 두려움을 빠르게 진화시킬 수 있었다. 돈을 벌 수 없어서 가게를 운영할 돈이 고갈돼버린 상인들도 얼굴에 화색이 돌며 더 이상 두려움에 떨지 않게 되었다.

나 또한 이때 돈을 쓸 수 있는 길이 막혀 고생했다. 상황이 어떻게 될지를 내다보고 일부러 1천 달러짜리 지폐로 돈을 가지고 있었는데, 아이러니하게도 이 돈으로 아무것도 살 수 없었다. 아무도 이 돈을 받고 잔돈을 내주려 하지 않았기 때문이다. 차라리 10센트짜리 동전을 가지고 있는 게 더 나았다. 1천 달러 지폐는 5센트만도 쓸모가 없었다. 하지만 모두가 나와 같은 처지였기 때문에 두렵지 않았다. 그렇긴 해도 이런 상황을 해결할 어떤 조치가 필요했다.

루스벨트 대통령은 위대한 리더였다. 그는 위대한 상상력과 용기를 가지고 있었다. 우리는 먼저 상하원이 대통령과 조화롭게 협력하도록 했다. 미국 역사상 처음으로 상하원 모두와 민주당과 공화당 모두가 자신들의 정치적 신념을 뒤로하고 대통령을 도왔다. 민주당과 공화당이라는 당파를 초월해 하나가 되어 두려움의 물결을 멈추기 위해 대통령에게 필요한 모든 일을 아낌없이 지원했다. 이런 모습은 살면서 본 적이 없는 풍경이었다. 그만큼 대단히 위급한 시기여서 해결책이 급박하게 필요한 시기였다.

또한, 우리는 대부분의 신문을 통해 정부 정책을 국민에게 알리며 안심시켰다. 신문사들은 정부와 국민을 위해 지면을 크게 할애하며 협조했다. 라디오 방송사들 또한 자신들의 정치적 신념을 떠나 정부에 크게 협력했다. 종교계도 종교와 종파를 초월해 정부에 협력했다. 가톨릭과 기독교, 유대인과 비유대인이라는 구분을 넘어 모두가 미국의 국민으로서 하나가 되었다.

위대한 시기였다. 이처럼 각계각층의 사람들이 대통령을 도왔다. 이들 모두가 빠짐없이 국민의 마음에 믿음을 회복시키기 위해 노력했다.

그런 위대한 시기가 되살아나 각계각층이 힘을 모아 국민들의 마음에 힘을 불어넣는 일을 다시 한 번 할 수 있다면 얼마나 좋을까?

국민들이 국민으로서 누리는 소중한 권리와 가치들을 재인식하는 캠페인이 있으면 좋을 것이다.

서른 명이 채 안 되는 소수의 인원이 워싱턴에서 이 나라의 모든 일을 관장하고 있다는 사실을 알고 있는 사람은 많지 않다. 하원에는 약 사백 명의 의원들이, 그리고 상원에는 아흔여섯 명의 의원들이 있다. 대개 사람들은 약 오백 명의 의원들이 국민을 대표해 국민의 권리를 옹호하고, 국정에서 중요한 역할을 한다고 생각한다. 하지만 그런 생각은 버리는 것이 좋다. 실질적으로는 양 정당의 리더인 약 30명의 사람들이 국정의 키를 쥐고 있다. 나는 역사상 처음으로 이 리더들이 모두 백악관에 모여 우호적으로 대통령이 원하고 필요로 하는 것을 이해하고 해결하는 모습을 보았다. 기존에 볼 수 있었던 정치적인 논쟁은 사라졌다.

모든 사람들이 어렵던 그 시기에 루스벨트 대통령을 마치 하늘에서 내려온 구세주처럼 생각했다. 나 또한 그렇게 생각했다. 이처럼 숨 가쁘게 위급한 상황에서 루스벨트 대통령의 위대함에 대해 사람들은 의심하지 않았다. 나는 대혼란의 상황을 수습한 루스벨트를 최고의 대통령으로 생각하지 않는 사람을 만나 본 적이 없다.

나의 정치적인 성향을 오해하지 말길 바란다. 나는 단지 위대한 리더의 지도력이 필요한 시기에 훌륭하게 사태를 수습한 한 사람의 위대한 남자에 대해 말하고 있는 것이다. 결론적으로, 그가 이처럼 위대한 업적을 이뤄낼 수 있었던 것은 바로 그에게 마스터 마인드 연합이 있었기 때문이었다.

다양한 마스터 마인드 연합

이제 마스터 마인드 연합의 다양한 종류에 대해 살펴보도록 하자. 우선 순수하게 사회적이고 개인적인 이유로 친지, 친구, 종교 모임으로 구성된 연합이 있다. 물질적인 이득 관계가 없는 연합이다. 이러한 형태 가운데 가장 중요한 연합은 남편과 아내 사이의 마스터 마인드 연합이다. 만약 당신이 결혼한 사람이라면 부부의 관계를 마스터 마인드 연합으로 만드는 작업에 당장 착수하기를 바란다.

그것은 대단히 중요한 일이며, 당신이 결코 생각해본 적 없던 즐거움과 건강, 그리고 성공을 삶에 가져다줄 것이다. 남편과 아내 사이의 진정한 마스터 마인드 연합은 정말 놀라운 결과를 가져온다.

그리고 경제적 동기를 기반으로 한 개인들로 구성돼 사업상 또는 직업상의 발전을 도모하는 연합이 있다. 아마 이 책을 보고 있는 대부분의 독자들은 재정적인 목표를 위해 첫 번째 마스터 마인드 연합을 구성할 거라 생각된다. 그것은 더할 나위 없이 옳은 일이다. 당신은 재정적인 증진을 원할 것이다. 그 목표를 위한 마스터 마인드 연합을 당장 만들어서 시작해야 한다.

당신과 또 다른 한 명으로 시작해도 좋다. 그 한 명과 시작해서 또 다른 세 번째 사람을 같이 찾아라. 혼자서는 적합한 세 번째 사람을 잘 찾을 수 없다. 둘이서 같이 찾아야 한다. 그리고 서로 동의하에 세 번째 사람을 선택하라. 이제 세 사람이 되면 새로운 네 번째 멤버를 같은 방식으로 신중하게 찾아서 선택하라. 그리고 다시 네 명의 멤버가 다섯 번째 멤버를 선택하라.

마스터 마인드 연합에서 한 사람이 모임을 쥐고 지배하는 일은 없어야 한다. 대개 한 사람이 조정자와 리더 역할을 하게 될 것이다. 그러나 그는 멤버들 위에 군림해서는 안 된다. 멤버들을 지배하기 시작하는 순간, 바로 저항과 반대에 부딪히게 될 것이다. 비록 공개적으로 저항이 드러나지 않더라도, 언젠가 반드시 반대는 표면화될 것이다. 또한 멤버들은 마치 한 사람인 것처럼 완벽한 조화의 마음으로 하나가 되어야 한다.

현대 철도 산업계는 산업계에서의 마스터 마인드가 훌륭하게 적용된 사례다. 철도 회사 직원들 간의 관계가 언제나 완벽히 조화로운 것은 아니지만, 오랫동안 근무한 직원에 대한 존중은 있다. 이들에 대한 존중이 없었다면 철도는 제대로 운영되지 못했을 것이다.

미국의 자유 시장체제는 마스터 마인드 원리의 또 다른 본보기다. 미국인들의 생활 수준을 역대 최고 수준으로 끌어올렸기 때문이다. 비록 완벽한 조화는 없을지라도, 미국식 자본주의체제에는 사람들로 하여금 최선을 다하도록 자극하는 동기 부여가 있다.

점점 더 많은 산업계와 재계가 한 걸음 더 나아가는 시도가 가능하다는 것을 알고 있다. 경영진과 근로자들 사이에 단순한 협력 관계를 넘어 경영 문제를 공유하고, 이윤을 공유하며, 모든 것을 공유함으로써 마스터 마인드 원리를 사용할 수 있다는 것을 깨닫고 있다. 내가 이와 같은 경영 정책을 채택하도록 영향을 미친 회사들은 모두 예전보다 많은 매출을 올리고 있고, 직원들의 급여는 증가해서 노사가 모두 만족하고 있다.

마스터 마인드의 원리를 크게 확장해서 가장 잘 구현한 사례 중 하나가 맥코믹 티 앤 스파이스McCormick Tea & Spice Company다. 이 회사 또한 나의 영향을 받았다. 그전에는 현장 감독자가 근로자를 단독으로 해고할 수 있어서 근로자들 사이에 불평과 불만이 많았다. 지금은 예전에 비해 해고에 걸리는 기간이 다섯 배 늘어났다. 심지어 사장을 비롯해 회사의 어느 누구도 근로자를 함부로 해고할 수 없다.

만약 어떤 근로자의 근무 태도에 대한 지적과 함께 해고 건의가 접수되면, 그는 각각 같은 수의 경영진과 근로자들이 참여하는 자리에서 설명할 기회를 가지게 된다. 결국 만장일치로 해고가 결정될 경우 회사 측은 그를 무작정 해고해서 다른 일할 곳을 찾게 하지 않는다. 회사 측은 그의 해고 사유와 충돌이 일어나지 않는 회사를 찾을 때까지 해고를 유보한다. 실로 바람직한 운영이지 않은가?

직원으로서 갖춰야 할 여섯 가지 자질

성경의 말씀 중 '형제를 지키는 자'라는 구절이 있다. 다른 사람이 마치 나인 것처럼 그를 보호하고 돌보라는 것이다. 이 말씀을 이론으로만 알게 아니라 실천할 수 있다면 얼마나 좋은 일이겠는가? 예컨대 누군가와 관계를 정리해야 할 때, 서로 악수하며 이렇게 말하는 것이다. "여기까지가 우리가 같이 갈 수 있었던 길인 듯합니다. 당신이 갈 길은 저 길이고 제가 가야 할 길은 이쪽이니까요. 진심으로 성공하시길 바랍니다." 헤어져야만 할 때 이처럼 상대방을 아끼는 말과 함께 각자의 갈 길을 간다면 얼마나 아름다울까? 하지만 현실에서는 대개 분노와 비난, 다툼과 상대를 모욕하는 말과 함께 상대방과 헤어진다.

예수와 그의 제자들은 마스터 마인드 연합체였다. 이들의 시작은 미약했지만 단단한 마인드 연합을 통해 이제 기독교는 세상에서 가장 큰 영향력을 가진 단체 중 하나가 되었다.

그런데 당신도 알다시피 예수의 제자 가운데 예수를 배신한 자가 있었다. 그리고 그의 말로는 비참했다. 나는 인간관계와 사업, 직장과 가정에서 신의를 버리는 이와 같은 경우를 계속해서 봐왔다. 나는 현재 나의 사업 동료인 클레멘트 스톤이 장차 국제적인 기업으로 키워나갈 회사를 만들어가도록 돕고 있다. 이 과정에서 내가 직원들을 뽑으며 가장 먼저 살펴보는 자질이 두 가지 있다.

그것은 바로 '신의'와 '신뢰성'이다. 신뢰성은 직원이 갖춰야 할 자질 중 으뜸이다. 만약 어떤 사람이 신뢰할 만한 사람이 아니라면, 그가 아무리 똑똑하고 학력 수준이 높다고 해도 같이 일하고 싶지 않다. 신뢰할 만한 사람이 아니라면, 교육 수준이 높을수록 그는 더욱 위험한 사람이 될 수 있다.

또한 신의가 없는 사람의 경우도 마찬가지다. 신의와 충직함을 지켜야 할 사람이라면 그러지 못한 사람과는 같이 일하고 싶지 않다.

다음으로 요구되는 자질은 일을 맡아서 해낼 수 있는 '능력'이다.

신뢰성과 신의가 먼저 확인되지 않고서는 이 자질은 내게 소용이 없다. 그래서 능력은 신뢰성과 신의 다음으로 요구되는 세 번째 자질이다.

직원이 갖춰야 할 네 번째 자질은 '긍정적인 정신 자세'다. 부정적인 자세로 분위기를 흐트리는 사람을 좋아할 사람이 누가 있겠는가? 이런 사람들은 멀리 해야 한다.

다섯 번째 자질은 '보상을 바라지 않고 최선을 다하는 자세'다. 여섯 번째 자질은 '실행하는 신념'이다. 이 여섯 가지 자질을 모두 갖춘 사람을 찾았다면 제대로 된 직원을 찾은 것이다. 그런 직원에게서는 온전한 신의를 기대할 수 있다.

로터리클럽Rotary Clubs은 마스터 마인드를 훌륭히 보여주는 사례다. 하지만 그런 로터리클럽에도 한 가지 부족한 점이 있어서 완벽하게 마스터 마인드를 구현하고 있다고 볼 수는 없다.

로터리클럽은 명확한 목표와 그 목표를 위한 주목할 만한 계획이 부재하기 때문이다. 그렇게 보면 로터리클럽 회원들은 영향력 있는 당대 최고의 흑인 연예인인 빌 로빈슨Bill Robinson이 말했듯 모여서 먹고, 마시고, 수다를 떨다 집에 돌아가는 게 전부라고 할 수 있다. 그렇다고 폄하하는 것은 아니다. 나 역시 클럽이 처음 생겼을 때 초대 회원이었고, 빌 로빈슨이 말한 것은 다른 봉사 클럽들에게도 해당되는 말이다. 많은 봉사 단체들이 크진 않아도 훌륭한 일들을 하고 있긴 하지만, 이들에게는 더 종합적인 계획이 필요하다.

로터리클럽, 키와니스Kiwanis, 라이온스클럽Lions Club, 익스체인지

클럽Exchange Club과 기타 모든 봉사 단체들이 한 나라의 정신을 바꾸는 일을 대대적으로 한다면 얼마나 좋겠는가? 그들이 가진 잠재력과 힘이 세상에 제대로 구현된다면 놀라운 일이 벌어질 것이다. 예컨대 라이온스클럽이 나의 성공 철학을 받아들여서 온 나라에 소개할 수 있도록 후원하고, 라이온스클럽이 있는 모든 도시에 스터디클럽을 만든다면 어떤 일이 벌어질지 생각해보자. 그들은 수익의 일부를 가지고 각 도시에 청소년을 위한 보이스클럽Boys Clubs을 만드는 데 사용할 수 있을 것이다.

청소년들의 비행이 사회적 문제가 되고 있다. 그런데 만약 청소년들의 관심을 끄는 모임이 있다면 그들은 파괴적인 습관에 더 이상 빠지지 않을 것이다. 각지에 있는 라이온스클럽이 이런 아이디어를 실행한다면 놀라운 결과가 생기리라 생각한다. 그리고 나는 실제로 이미 마샬 스퀘어 라이온스클럽의 후원을 받아 지난주에 한 보이스클럽에서 강의를 할 수 있었다.

로터리클럽과 같이 봉사와 나눔이라는 선한 목적을 가진 마스터 연합이 있다는 것은 매우 좋은 일이다. 하지만 아직 충분하지 않다. 이들에게는 더욱 사회에 도움을 줄 수 있는 보다 역동적이고 훌륭한 계획이 필요하다.

마스터 마인드 연합의 구성

이제부터는 마스터 마인드 연합을 어떻게 구성하고 유지하는지에 대해 설명하고자 한다.

우선, 연합이 달성할 명확한 목표를 정하라. 그리고 그 목표를 달성하는 데 가장 큰 기여를 할 수 있는 교육, 경험, 영향력을 갖춘 사람들을 구성원으로 선택하라.

그렇다면 마스터 마인드 연합에 가장 적합한 구성원의 숫자와 사람들은 구체적으로 어떤 기준으로 정해야 할까?

그 과정은 회사에서 직원을 뽑는 것과 같다. 당신이 사장이라면 어떤 직원을 뽑겠는가? 회사에서의 일을 수행하기에 필요한 자질을 갖춘 직원을 뽑으려고 할 것이다.

적합한 구성원의 숫자는 얼마일까? 그것은 당신이 하려는 사업의 규모에 따라 다를 것이다. 아주 작은 크기의 가게를 한두 개 운영하려면 당신 외에 또 한 사람만 있으면 되겠지만, 수십 개의 가게를 운영하고자 한다면 수십 명의 직원이 필요할 것이다.

마스터 마인드 연합 구성원의 자질은 앞서 설명한 적합한 직원이 갖춰야 할 여섯 가지 자질과 동일하다. 연합의 구성원이 되려면 신뢰성, 신의, 능력, 긍정적인 마음 자세, 보상을 바라지 않고 최선을 다하는 자세, 실행하는 신념을 가져야 한다. 이 중 하나라도 빠져서는 안 된다. 여섯 가지 자질 중 다섯 가지만 충족하는 사람이 있다면 조심하는 것이 좋다. 여섯 가지 자질 모두 마스터 마인드 관계에서 중요하기 때문이다.

연합의 구성원이 될 사람이 이 자질들을 가지고 있는지 주의해서 잘 살펴야 한다. 이 자질들을 다 갖추지 못한 사람과 협력하면 완벽한 조화를 이룰 수 없으며 마스터 마인드 연합을 가질 수 없다. 많은 사람들이 그렇듯 기능적으로 돌아가는 협력체를 가질 수는 있지만, 진정한 마스터 마인드가 가진 모든 잠재력을 누릴 수 없다.

그리고 연합의 협력을 통해서 각 구성원이 적합한 혜택을 얻게 될지 보라. 아무런 보상 없이 뭔가를 하는 사람은 아무도 없다는 것을 기억해야 한다.

아무런 대가도 바라지 않는 사랑을 할 수 있다고 말하는 사람도 있을 것이다. 하지만 사실 당신은 그 사랑을 통해 많은 것을 얻게 된다. 사랑할 수 있다는 것 자체가 하나의 특별하고 가치 있는 경험을 주기 때문이다. 그 사랑을 통해 사랑이라는 마음의 상태를 경험하게 되고, 성숙하고 발전하게 된다.

아무런 대가 없이 이루어지는 것은 아무 것도 없다. 어떤 보상도 없이 뭔가를 하려는 사람은 아무도 없다. 세상에는 다양한 형태의 보상이 존재한다. 사람들이 마스터 마인드 연합을 통해 얻는 이득이 있을 경우를 제외하고는, 연합에 불쑥 합류해 당신이 부자가 되도록 도와준다거나 어떤 형태로든 도움을 줄 거라는 기대를 하지 마라.

혜택에 관련해 당신이 따라야 할 기준이 하나 있다. 연합의 각 구성원은 그것이 물질적인 혜택이 됐건, 사회적인 혜택이 됐건, 또는 행복감이나 평화로운 마음이 됐건 당신과 대략 동일한 만큼의 혜택을 얻어야 한다는 점이다.

또한, 아홉 가지 기본적인 동기를 고려해야 한다. 이 아홉 가지 동기로 사람들은 뭔가를 하길 원하게 되거나 원치 않게 된다. 적합한 동기 제공 없이 사람들이 뭔가를 하길 바라거나 요구하지 말아야 한다.

내가 은행에 가서 1만 달러의 돈을 빌리고 싶다고 해보자. 은행 입장에서 그 돈을 내게 빌려주기에 충분한 동기는 무엇일까?

금전적인 측면에서 두 가지 동기를 생각해볼 수 있다. 은행은 담보만 있다면 담보에 해당하는 돈을 기쁘게 빌려줄 것이다. 은행의 입장에서는 돈을 빌려주는 대가로 담보가 있어야 하고, 대출의 대가로 이자를 통해 수익을 올릴 수 있기에 돈을 빌려주는 것이다. 이것이 은행이 영업을 하고 수익을 올리는 방식이다.

이제 금전적인 동기에 기반하지 않는 상호 교류의 형태에 대해 살펴보자. 예컨대 한 남자가 사귀는 여성에게 결혼 프로포즈를 할 때 각자의 동기는 무엇일까?

흔히 사랑이라고 생각하지만 항상 그렇지만은 않다. 나는 사랑보다 우선하는 다른 동기로 결혼한 커플을 수도 없이 많이 봤다.

나의 아버지가 의붓어머니와 결혼했을 때의 이야기를 들려주고 싶다. 아버지는 당시 평범한 농부였고, 흰색 셔츠를 입고 넥타이를 맨 적이 없었다. 그런 아버지는 늘 파란색 셔츠만 입었다. 이와 반대로 의붓어머니는 대학 교육을 받은 교양 있는 분이어서, 그들은 북극과 남극만큼이나 서로 달랐다.

그런데 언젠가부터 의붓어머니는 아버지에게 흰색 셔츠를 말쑥하게 차려입게 했다. 물론 그러기까지는 상당한 시간이 걸렸다. 그리고 아버지는 흰색 셔츠를 입고 돈을 벌어오는 유능한 사람이 되어갔다. 의붓어머니의 덕택이었다.

어느 날 나는 의붓어머니에게 물었다.

"아버지의 어떤 점이 좋아서 결혼을 결심했어요? 동기가 뭔가요?"

"나는 아버지에게 훌륭한 앵글로 색슨계 피가 흐르고 있다는 것을 알아봤단다. 그래서 그 가능성을 내가 끄집어내 줄 수 있다고 믿었단다."

이처럼 많은 경우 여성은 남성의 가능성을 보고 결혼을 결심하기도 한다. 사람마다 금전적인 측면을 먼저 고려하기도 하고, 어떤 사람은 사랑을 우선 고려한다. 이처럼 사람마다 각기 다른 기준과 동기가 있다. 따라서 사람들과 교류를 할 때는 그 사람이 교류를 통해 얻고자 하는 것이 무엇인지 동기를 이해할 수 있어야 한다.

사람들에게 원하는 것이 있다면 그가 원하는 적합한 동기를 잘 파악해서 원하는 것을 얻을 수 있다는 마음을 심어주어야 한다. 그렇게 하면 당신은 사람들의 마음을 사로잡는 사람이 될 수 있다. 당신이 그에게서 원하는 것을 얻고, 그는 당신에게서 필요한 것을 얻게 하는 훌륭한 거래를 성사시킬 수 있는 것이다.

그다음으로, 연합을 결성하게 되면 연합의 목표를 달성하기 위해 각 멤버가 기여할 수 있는 명확한 계획을 세워야 한다. 그 계획에 대해 서로 논의할 수 있는 명확한 시간과 장소를 정하라. 명확하지 않은 계획과 추진은 반드시 실패할 것이다. 그리고 연합의 모든 멤버들 사이에 정기적으로 연락할 수 있는 수단을 만들어라.

누군가와 가졌던 친목 관계가 식어버리고 마침내 교류를 끊게 된 적이 있는가? 대부분의 사람들이 분명 이런 경험이 있을 것이다. 그렇게 되는 이유는 무엇이라 생각하는가?

그것은 바로 관계를 등한시한 탓이다. 매우 가깝고 소중한 사람들과 지속적으로 좋은 관계로 남고 싶다면, 꾸준히 연락을 주고받는 것이 유일한 방법이다. 단지 가끔 편지나 메시지를 보내는 것만으로도 충분할 수 있다. 오래전에 뉴욕에서 내 수업을 들었던 수업 참가자가 있었다. 그녀는 매번 내 생일 때마다 생일 축하 카드를 놓치지 않고 보내온다. 한 번은 그녀가 휴가를 가느라 잊을 뻔한 적이 있었는데, 그날 오후에 늦게나마 기억을 떠올리고 내게 생일 축하한다는 내용의 전보를 보냈다. 전국 각지에서 내 강의를 들은 수천 명의 수업 참가자 중 그녀가 가장 꾸준하게 내게 연락을 지금도 하고 있다. 그녀가 나와 그토록 가까운 관계를 유지한 덕에 그녀에게 사업상으로나 직업상으로 여러 번 도움을 줄 수 있었다. 예컨대 나의 소개로 그녀는 더 높은 연봉을 주는 다른 직장으로 직급을 승진하며 이직한 적이 있었다.

마스터 마인드 연합의 멤버들과는 꾸준히 연락을 주고받아야 한다. 정기적으로 만나는 자리를 가져야 한다. 연락을 계속해서 유지하도록 하라. 그렇지 않으면 관계가 식어버리고, 서로 무관심해지며, 마침내는 서로에게 별다른 가치가 없게 된다.

놀라운 여성의 힘

헨리 포드의 부인과 토마스 에디슨의 부인은 남편이 성공하는 데 여성이 어떻게 일조할 수 있는지를 잘 보여주는 예다. 헨리 포드의 부인이 마스터 마인드 원리를 이해하지 못했더라면(비록 그녀가 그것을 두고 '마스터 마인드'라고 부르지는 않았지만), 헨리 포드라는 이름은 세상에 알려지지 않았을 것이고, 지금의 포드는 존재하지 못했을 것이며, 자동차 산업은 꽃을 피우지 못했을 것이다. 헨리 포드를 계속해서 앞으로 나아갈 수 있게 격려하고, 어려움을 헤쳐나갈 지혜를 주고, 일이 힘들 때 그리고 사람들이 그의 차를 두고 흉측하게 생긴 말 같다고 비난할 때 그에게 자신감을 불어 넣어준 것은 바로 헨리 포드의 아내였다. 그녀는 헨리 포드가 힘든 시간을 버틸 수 있도록 지탱해줬다.

여러분들 또한 인생에서 이런 힘든 시기를 겪을 것이다. 언젠가 힘들고 고된 시기가 인생에 찾아오기 마련이다. 나 또한 그런 시기가 있었다. 하지만 나는 정신적으로나 육체적으로나 인내심을 가지고 그 시기를 견뎌냈다. 지금 돌아보면 놀라울 정도다. 분명 내 인생에 커다랗고 명확한 목표가 있었기 때문이었으리라 생각한다.

NAPOLEON HILL'S
MASTER COURSE

4

실행하는 믿음

어떤 것에 대한 신념이 있기 전에

먼저 명확한 목표와 목적이 있어야 한다.

신념은 어떠한 두려움과 의심 없이,

무한한 지성이 주는 영감을 통해 명확한 어떤 것을

성취해내겠다는 올곧은 마음의 자세다.

교육, 성장 배경, 국적, 종교는 당신이 성취해내는 능력과 아무런 관계가 없다. 성취해내는 능력은 오직 당신의 마음 상태에 달려 있다. 오직 마음 상태만이 어떻게, 무엇을, 언제 이뤄낼 것인지를 결정한다. 인간이 자신의 마음을 소유할 수 있다는 사실은 내가 인류에 대해 알고 있는 모든 것 중에서 가장 심오한 사실이다. 우리는 마음을 우리가 원하는 대로 색칠할 수 있다. 마음을 보다 높은 곳으로 쏘아 올릴 수도 있고, 시궁창으로 처박을 수도 있다. 마음을 통해 자신을 성공하게 만들 수도 있고, 실패하게 만들 수도 있다. 마음의 자세를 바꾸는 것만으로 성공을 실패로 즉시 바꿀 수 있다.

1년 전, 미시시피의 한 도시에 있는 치과 협회에서 5일간 마스터 코스 강의를 하러 갔을 때의 일이다. 아침 8시부터 정오까지 4시간 동안 매일 강의를 하고, 원고 작성과 함께 지방 방송국 출연을 하던 때였다. 오후 1시에서 4시까지는 강의 참가자들을 개별적으로 만나 문제를 듣고 해결책을 들려줬다. 나머지 시간에는 한가하게 빈둥거리며 시간을 보냈다.

그러던 어느 날, 갑자기 독감에 걸리게 됐다. 의사는 강의를 중단하고 병원에 입원해야 한다고 말했다. 하지만 나는 병원에 입원하지 않은 채로, 마음의 힘으로 상황을 극복할 수 있다는 깨달음을 얻으며 독감을 이겨냈다. 강의에서 마음의 힘을 강조하는 내가 몸의 시험에 굴복하고 싶지 않았다. 마음의 힘으로 독감을 이겨냈다고 생각하니 그 순간만큼은 인생에서 가장 기분이 좋았다. 그러면서 우리 마음의 한계를 설정하는 것은 바로 마음밖에 없다는 사실을 깨달았다. 이때의 기억은 내가 인생을 통틀어 가장 심오하면서 아름다운 경험을 한 순간 중 하나다.

앞서 말했듯 나는 전에 몰랐던 진리를 이때 깨달았다. 우리가 마음의 힘으로 육체를 지배할 수 있다는 사실을 말이다.

신념은 불타는 열망에서 시작된다. 불타는 열망은 집착이다. 집착은 우리를 사로잡는 열망이다. 세상에는 많은 욕망이 있지만, 대개가 불타는 열망 또는 집착하는 욕망이 아니다. 대부분의 사람은 사는 동안 강박적인 욕망을 전혀 경험하지 않는다. 사람들은 희미한 희망과 소망을 갖는다. 실행하지 않으면서 많은 돈을 소유하길 원한다. 그리고 포드를 몰면서 캐딜락을 몰기를 바라고, 퀼트 코트를 입고 있으면서 밍크코트를 입기를 바라는 것이 사람들의 마음이다.

내가 스톤과 함께 회사 매니저들의 부인들을 대상으로 마이애미에 강의하러 갔을 때의 일이다. 강의에서 그들에게 토끼털 코트 대신에 밍크코트를 입고, 포드 대신에 캐딜락을 모는 것이 얼마나 쉬운 일이 될 수 있는지에 대해서 설명했다. 그리고 나서 어떤 일이 벌어졌는지 아는가? 불같이 열망하면 이루어진다는 나의 말을 그대로 받아들인 매니저의 아내들은 매일 같이 일하기 시작했다. 그리고 그들이 밍크코트와 캐딜락을 샀다는 이야기를 들었다.

그다음에는 리치몬드에서 같은 이야기를 그 지역 매니저들의 부인들에게 들려줬다. 그들 또한 캐딜락과 밍크코트를 가질 수 있는 방법을 배우길 원했다. 그래서 다음과 같이 말했다. "우리의 마음에는 한계가 없다. 밍크코트를 원한다면 그보다 작은 것에 만족하지 마라. 당신의 남편이 나가서 밍크코트를 사기에 충분한 돈을 벌어오는지를 보라. 캐딜락을 원한다면 캐딜락을 갖겠다는 마음을 먹어라. 그리고 현실적으로 캐딜락을 가질 수 있을 정도로 노력을 쏟아라. 캐딜락을 몰고 싶다는 마음이 없다면, 남은 여생 동안 계속해서 포드를 몰게 될 것이다."

무언가를 얻기 위해서는 먼저 그것을 원해야 한다. 불타는 열망으로 원해야 하고, 뭔가를 해야 한다. 뭘 해야 할까?

실행이다. 당신의 상황에 맞는 것을 실행에 옮겨야 한다. 당신의 능력에 대한 믿음을 가지고, 상황에서 적합한 것을 실행해야 한다.

개인의 성취를 보여주는 많은 사례가 있지만, 그중에서 특히 소개하고자 하는 사례가 있다. 바로 헬렌 켈러다. 헬렌 켈러는 말하고, 듣고, 볼 수 있는 모든 능력을 어릴 때 잃었음에도 불구하고 자신이 말하는 법을 배울 수 있다는 것을 믿었다. 들을 수도, 볼 수도, 말할 수도 없는 상황인데도 말하는 법을 배울 수 있다는 것이 상상이 되는가? 더 나아가 헬렌 켈러는 전 세계 모든 여성 중에서도 가장 높은 고등 교육을 받은 사람 중 한 명이 됐다. 그리고 모든 신체 감각을 온전히 가지고 있는 여성들보다 더 대담하게 사회 문제 해결에 앞장 섰다. 놀랍게도 그녀가 들을 수 있는 방법은 오직 진동을 통해서였 다. 그녀는 상대방이 말할 때 상대방의 입술에 손을 대고 오로지 손 끝의 진동을 통해서 말을 들을 수 있다. 평생 상상할 수 없는 장애를 가지고 살아야 하는 그녀가 삶의 즐거움을 얻고, 사회에 봉사하며, 사람들에게 강연한다는 것은 정말 놀라운 일이지 않은가?

내가 루스벨트 대통령의 고문관으로 일하고 있었을 때, 백악관 건 너편에 있는 거리 한구석에서 깡통을 놓고 연필을 팔고 앉아 있는 한 남자를 매일 지나쳤다. 그는 루스벨트 대통령처럼 다리를 쓸 수 없는 사람이었다.

들어보니 그는 루스벨트 대통령과 비슷한 시기에 다리를 못 쓰게 됐다고 말했다. 그리고 그가 루스벨트 대통령보다 훨씬 더 나은 고 등 교육을 받았다는 사실도 알게 됐다. 하지만 그는 깡통과 연필을 놓고 하루하루의 생계를 위해 구걸을 하고 있었다. 바로 건너편 백 악관에서는 세상에서 가장 중요하고 책임감 있는 자리에서 그와 똑 같이 다리를 못 쓰는 한 남자가 위대한 나라를 만들고 있었다. 거리 의 그 남자는 안타깝게도 다리와 함께 그의 머리와 자신감까지도 쓸 모없게 만든 것이다.

육체의 장애는 때론 놀라운 축복으로 바뀔 수 있다. 올바른 마음 자세만 있다면 많은 것이 부족해도 우리는 살아갈 수 있다는 것을 깨닫게 된다.

신념을 가지려면 당신이 원치 않는 것에 집중하지 말고, 당신이 원하는 것에 마음을 집중하라.

사전에서 '변화'라는 단어를 검색해서 그 의미를 찾아보라. 물론 의미는 알고 있겠지만, 직접 눈으로 봄으로써 당신의 잠재의식에 각인시킬 수 있다.

원하지 않는 것에 마음을 뺏기지 않는 방법은 당신이 원하는 것으로 마음을 돌리고 그것에 대해 말하고, 이미 그것을 가지고 있다고 생각하며 그것에 대해 감사하는 것이다. 당신은 스스로의 잠재의식에게 말하는 것이고, 그럼으로써 당신 자신을 교육하는 것이다. 당신이 원하는 것에 마음을 계속해서 고정하고 원치 않는 것에는 마음을 두지 않는 것이다. 그러기 위해서는 계속해서 말해야 한다. 계속해서 당신이 원하는 것을 생각해야 한다. 생각하지 않고 말할 수 있는 사람은 없다. (그럴 수 있는 사람도 있긴 하지만, 대부분의 사람은 그렇게 하지 못한다.) 계속해서 당신이 원하는 것을 말하라.

기분이 우울하거나 의욕 또는 자신감을 잃었을 때 좋은 치료법이 있다. 테이블에 앉아 종이 위에 번호를 매기며 적어라. 1번에는 당신이 가장 원하는 것을 적어라. 2번에는 그다음으로 원하는 것을 적어라. 3번에는 세 번째로 원하는 것을 적어라. 당신이 살고 싶은 집을 적게 될 경우에는 구체적으로 적도록 하라.

얼마나 큰 크기의 집인지, 언덕 위에 있는 집인지, 길가에 있는 집인지, 방은 몇 개인지, 어떤 가구 배치를 하고 싶은지 구체적으로 적어라. 각 방에 가구를 배치해보며 즐거운 시간을 가질 수 있을 것이다. 마음속에서는 한계가 없기 때문에 실제로 집과 가구를 보고 다니는 것보다 훨씬 더 낫다. 실제로 걸어 다니면서 보면 다리도 지치고 시간도 많이 소요되지만, 마음속으로 그려보면 힘은 덜 들면서도 실제와 같은 기분을 느끼게 될 것이다. 이처럼 당신은 당신의 마음을 건설적인 방향으로 이끌 수 있고, 잠재의식을 옳은 방향으로 훈련할 수 있다.

이 방법은 바보스러운 방법이 아니다. 해보면 실제로 즐거움을 느끼게 될 것이다. 마음이 우울하고 의욕이 떨어질 때 당신이 원하는 것을 적어보라.

우리가 원하는 것을 정하고 그것을 가지기로 마음먹을 때, 우주의 모든 힘이 우리를 돕는 이유를 나는 알지 못한다. 이유는 알 수는 없지만 분명 우주가 우리를 돕는다는 사실은 알고 있다. 내겐 그것으로 충분하다. 이 세상에는 내가 이해할 수 없어도 사용할 수 있는 많은 혜택이 있다. 나는 어떤 버튼을 눌러야 원하는 결과가 일어나는지를 안다. 버튼을 누르는 것과 결과 사이에 어떤 일이 벌어지는지를 알 필요는 없다. 다만 나의 성공 철학을 잘 따라온다면 당신의 마음을 당신의 것으로 만들 수 있고, 인생에서 원하는 것을 얻고, 인생을 원하는 대로 만들 수 있을 것이다.

그렇다면 상황을 그대로 수용하는 대신에 우리의 의지대로 삶을 만들어 갈 수 있다는 것을 나는 어떻게 알게 됐을까? 내가 그것을 알 수 있었던 방법은 단 한 가지다. 바로 나의 경험을 통해서다. 나는 내가 원하는데 가지고 있지 못하거나 쉽게 가질 수 없는 것은 이 세상에서 아무것도 없다고 진심으로 말할 수 있다.

원하는 것을 얻는 비밀을 알기 전과 비교해보면 내가 이렇게 말할 수 있다는 사실은 대단히 놀라운 일이다. 기회라는 집을 언제라도 태워버릴 수 있는 성냥을 호주머니 속에 넣고 다니던 때가 있었지만, 당시에는 그 사실조차 몰랐다. 나는 그 성냥을 없애버렸고, 기회라는 집을 짓기 시작했다. 그리고 집 내외부의 모습은 내가 머릿속에 그린 그림대로였다.

어떤 것에 대한 신념이 있기 전에 먼저 명확한 목표와 목적이 있어야 한다. 신념은 어떠한 두려움과 의심 없이, 무한한 지성이 주는 영감을 통해 명확한 어떤 것을 성취해내겠다는 올곧은 마음 자세다.

하지만 신념은 안내자에 불과하다. 신념이 당신에게 캐딜락과 밍크코트, 새로운 집, 더 나은 직장, 더 나은 사업과 당신이 필요로 하는 고객들을 그냥 가져다주지는 않는다. 당신에게 어떻게 할 수 있는지 방향을 안내해줄 뿐, 당신은 맡은 몫을 해야 한다.

창조주가 슬기롭게 이미 준비해놓으신 땅으로부터 우리는 먹을거리를 생산해낼 수 있다. 우리가 먹고, 사용하는 모든 것은 지구로부터 나온다. 그리고 무한한 지성은 우리가 땅으로부터 먹을거리를 얻을 수 있는 시스템을 주었다. 우리는 자연의 법칙에 순응하며 땅에 씨를 심는다. 아무 데나 씨를 심지 않고, 씨를 키울 수 있는 영양분이 함유된 토양인지 확인된 땅에 씨를 심는다. 그리고 알맞은 계절과 시기에 맞춰 씨를 심는다. 씨를 심을 때는 알맞은 깊이에 맞춰 심는다. 이 모든 일은 건성건성 해서는 안 되고 최선을 다해서 해야 한다.

씨를 뿌리고 나서 다음 날 바로 추수를 할 수 있는가?

그렇지 않다. 적당한 시간을 기다려야 한다. 우리는 자연이 한 알의 밀알을 오백 개 또는 천 개의 밀알로 변화시키기 위해 필요로 하는 시간에 대해 이해한다. 이것이 바로 자연의 법칙에 순응하는 것이다.

신념도 이와 같다. 신념은 안내자 역할을 하고, 우리는 우리의 역할을 해야 한다. 신념을 발현시키기 위해서는 무엇을 해야 하는지 그 방법을 찾고 그것을 해야 한다. 신념이 있다고 해서 모든 것이 저절로 이루어지는 것은 아니다.

신념은 '아마도' 잠재의식을 통해 작용한다. 내가 '아마도'라고 한 것은 정말 그렇게 작용하는지 아직 아무도 확실히 모르기 때문이다. 더 나은 이론이 나오기 전까지 하나의 이론으로서 '아마도'라는 단어를 사용했다.

신념은 의식과 무한한 지성 사이의 통로 역할을 하는 잠재의식을 통해 작용하는 것으로 보인다. 당신이 기도할 때 이루어지는 일은 이렇다고 생각한다. 당신은 기도를 통해 당신이 원하는 것이 무엇인지 알게 된다. 마음을 준비하고 나서 당신이 원하는 것을 담은 명확한 그림을 당신의 잠재의식으로 보낸다.

잠재의식은 당신과 무한한 지성 사이를 연결하는 중재자, 문지기 역할을 한다. 잠재의식만이 당신을 위해 무한한 지성의 힘을 부를 수 있다. 잠재의식만이 당신이 무한한 지성에 이를 수 있는 유일한 길이다. 나의 경험으로는 분명 그렇다.

신념 개발의 단계

이제 신념에 기반한 자기 신뢰 개발을 위해 필수적인 단계들에 대해 살펴보자. 사람들에게 무엇보다 필요한 것이 하나 있다면 그것은 바로 자기 자신에 대한 믿음 즉, 자기 신뢰다.

자기 신뢰를 개발하기 위해서는 우선, 명확한 주요 목적을 정해서 1장에서 설명한 방법을 따라 목표를 달성하기 시작하라. 이것이 자신감을 키우는 첫걸음이다. 자신이 무엇을 원하는지 알고, 원하던 것을 얻기 시작할 때 자기 신뢰가 시작된다. 시작은 곧 자신에 대한 신뢰가 시작됐음을 의미한다. 자신의 목표를 더욱 추구할수록 스스로에 대한 믿음은 더욱 강해질 것이다.

그다음으로 아홉 가지 기본 동기와 주요 목표를 최대한 연계하라. 어떤 목표를 추구할 때 최대한 아홉 가지 기본 동기로 자신에게 의욕과 영감을 불어넣어라.

예컨대, 뭔가를 너무 사고 싶은데 추가 비용이 필요한 경우, 돈을 더 벌어야겠다는 경제적 이득에 대한 동기가 생겨나고 계획을 세우기 시작한다. 나의 작은 아들 블레어가 여섯 살이었을 때 50달러짜리 전기 기차를 가지고 싶어 했다. 기차를 사주면 50달러에 해당하는 선물을 다른 두 아이에게도 각각 줘야 했기에 부담스러운 금액이었다. 그래서 아들에게 이야기했더니 아들은 이렇게 말했다.

"사달라고 말씀드린 건 아니에요. 사도 되는지 허락만 받고 싶었어요."

아들과 대화를 나눈 다음 날, 큰 눈이 내렸다. 아들은 삽을 들고 나가 사람들이 지나다니는 길에 쌓인 눈을 치우기 시작했다. 작은 아이가 자신의 집 앞길에 쌓인 눈을 치우는 모습을 보자 동네 이웃들이 아이에게 다가와 기특하다고 말했다. 그러자 아이는 이렇게 말했다.

"사람들이 지나다니기 좋게 눈을 치우면 좋을 거라 생각했어요. 아직 아무도 안 치웠길래 시작했어요. 좋아해주시면 좋겠다고 생각했어요."

기특하게 생각한 이웃들은 자신들을 대신해 눈을 치워준 아이에게 고마움의 표시로 25센트, 50센트, 심지어 1달러를 손에 쥐어주었다. 어떤 이웃은 5달러를 주기까지 했다. 그렇게 눈을 치우기 시작해 그 달이 끝날 무렵, 아이는 기차를 살 수 있는 50달러를 초과해 100달러를 넘게 벌 수 있었다.

아들은 전기 기차라는 목표가 생기고 나서 그것을 사기 위한 경제적 동기가 생겼고, 그 동기로 인해 계획을 떠올리고 실행에 옮겨 자신의 목표를 이루게 된 것이다.

명확한 주요 목표를 달성했을 때의 모든 이점을 목록으로 정리해 적고, 매일 이 목록을 의식적으로 보며 마음에 각인시켜 성공 지향적인 마음을 만들어라.

건강해지기 위해서는 건강을 늘 의식하는 마음을 가져야 한다는 것을 아는가? 건강에 대한 염려를 하면서도 담배 또는 술을 끊지 못하거나 안 좋은 식습관 등 나쁜 습관을 고수하며, 완전히 건강을 의식하는 습관이 들지 않으면 절대 건강해질 수 없다.

성공에 대한 마음 자세도 마찬가지다. 두려움이나 자격지심을 떨쳐버리지 못하고, 자신이 성공할 수 있고 성공해야 한다는 기대와 의식을 키우지 못하면 절대 성공할 수 없다. 당신의 주요 목표가 물질적인 것 또는 돈이라면, 그것을 가지고 있는 당신의 모습을 마음속에 그려라.

의식적으로 떠올리는 것이 매우 중요하다. 그래야 신념의 힘이 작동하기 때문이다. 시작 전에 그것을 가지고 있는 자신의 모습을 떠올릴 수 없을 정도로 신념이 강하지 않으면, 신념의 힘을 활용할 수 없다.

당신과 당신의 주요 목표에 공감하는 사람들과 교류해서, 그들로부터 격려와 지지를 받도록 하라. 당신의 목표에 공감하는 아주 가까운 사람들 또는 당신의 마스터 연합 멤버들에 한해서다. 당신이 완전히 신뢰할 수 있고, 신의가 있으며, 가깝지 않은 사람들에게는 당신의 목표를 공개하지 마라. 특히 당신의 아이디어가 좋은 것일 경우 사람들은 당신이 그 아이디어를 사용하기 전에 자신의 것으로 만들어버리거나, 주변에 당신에 대한 험담을 하거나, 낙담시키는 말을 하기 때문이다.

단 하루도 목표 달성을 위한 발걸음을 멈추지 말고, 당신이 롤 모델로 삼을 수 있는 사람을 정하라. 이미 성공했고, 자기 자신을 신뢰하는 롤 모델을 따라잡는 것을 넘어서 그 사람보다 더 나을 수 있도록 노력하라.

신념은 적극적인 마음 자세다. 마음 자세는 당신이 하는 모든 말로 그대로 반영되어 드러난다. 당신의 마음 자세는 당신의 생각이 집약돼서 만들어지는 것이다. 적극적이고 긍정적인 마음 자세는 우리의 의지에 뿌리를 두고 있다. 역경을 기회로 바꾸는 것은 바로 마음 자세다.

당신에게 자기 암시를 줄 수 있는 글귀 또는 단어를 종이에 적어 매일 쉽게 볼 수 있는 곳에 붙여놓고 의식에 완전히 각인되도록 하라. 어디를 보든 눈에 띄어 긍정적이고 적극적인 마음 자세를 기를 수 있게 하는 자기 암시의 글을 붙여놓아라.

성공한 사람의 집이나 사무실에 가면, 그가 롤 모델로 삼는 성공한 사람들의 사진이 그의 주변을 채우고 있다. 또한 좌우명이 벽에 붙어 있는 것도 자주 볼 수 있다. 나는 수백 명의 사람들이 이와 같이 하고 있는 것을 실제로 봤다.

내 친구인 제닝스 랜돌프Jennings Randolph 의원의 사무실을 방문한 적이 있는데, 모든 벽면이 그가 롤 모델로 삼고 있는 위대한 인물들의 사진으로 가득 차 있었다. 위대한 인물들의 삶처럼 살겠다는 적극적인 의지와 소망을 계속해서 지키기 위함이었다.

당신이 가장 오랫동안 머무르는 공간이 집이건, 사업장이건, 사무실이건 그 공간을 당신의 마음 자세에 영감과 자극을 줄 수 있는 글과 사진으로 채우도록 하라. 하루를 마치고 매일 밤 잠을 청하는 공간인 침대맡도 좋다.

하루를 마치고 또 다른 내일을 시작하기에 앞서, 당신에게 긍정적이고 적극적인 생각을 고취할 수 있는 뭔가를 침대 주변에 두어 의식에 각인시킨다면 좋을 것이다. 아마 그 긍정적인 효과에 놀라게 될 것이다.

NAPOLEON HILL'S

MASTER COURSE

5

사람들의 기대 이상으로
최선을 다해 일하는 습관

최선을 다하는 자세는

개인의 중요한 특성 중 하나인 진취적인 자세를 기른다.

주위를 둘러보며 당신의 도움을 필요로 하는 곳을 찾게 만들고,

사람들이 말하지 않아도

당신이 먼저 나서서 해결하는 습관을 길러준다.

이제 사람들의 기대 이상으로 일하는 습관에 대해 살펴보자. 이것은 당신이 받기로 되어 있는 보상보다 더 많이 그리고 더 훌륭하게 일하는 것을 말한다. 그리고 항상 그렇게 일하는 습관, 즐거운 마음 자세로 일하는 것을 말한다.

세상의 수많은 사람이 성공하지 못하고 실패하는 한 가지 이유는 최선을 다하는 노력을 기울이지 않는 데 있다. 이들은 얼마 노력해 보지도 않고 쉽게 불평을 쏟아내며 주위 사람들을 괴롭힌다.

나는 사람들에게 필요한 일을 해주는 데 최선의 노력을 하는 것보다 더 빠르게 기회를 가져다주는 것을 알지 못한다. 이것은 대가를 바라지 않고 사람들에게 해줄 수 있는 일이다. 자신이 하는 일을 더 잘할 수 있도록 항상 노력하며 최선을 다하는 것이다. 설령 당신이 노동조합에 속해 있어서 천 개 이상의 벽돌을 쌓지 않도록 규정이 되어 있다고 하더라도, 쉽게 할 수 있는 일이라면 그 이상의 일을 최선을 다해 할 수도 있다. 최선을 다하며 즐겁게 일할 수 있는 것을 가로막을 것은 아무 것도 없다. 당신의 그런 능력을 높이 평가하며,

노동조합의 규정을 따를 필요가 없는 더 좋은 직장이 당신을 원한다면 이직해서 역량을 마음껏 펼칠 수 있다.

최선을 다해 일하고 자신을 꼭 필요한 사람으로 만드는 습관을 들이지 않으면, 경제적으로 자유로워지고 스스로 결정할 수 있는 자유를 바라지 말아야 한다. 나는 최선을 다해 일하며, 사람들의 기대 이상으로 일하고, 올바른 마음 자세로 일하는 것 외에 스스로를 꼭 필요한 존재로 만드는 다른 방법은 알지 못한다.

마음 자세가 중요하다. 최선을 다해 일하고 사람들의 기대를 뛰어넘지 못한다면, 당신에게 그리 큰 보상은 돌아오지 않을 것이다.

자연에서 배우자

최선을 다해야 한다는 원칙을 강조하는 것은 자연을 통한 나의 경험에서 비롯됐다. 자연이 흘러가는 모습을 살펴보고 깨달은 것이다. 자연의 모습을 따라하면 잘못될 일이 없다. 바꿔 말해서 자연이 흘러가는 방식을 살펴서 인식하지 못하면, 곧 문제에 부딪히게 될 것이다. 우주에는 우주가 작동하는 정해진 방식이 있다. 조물주 또는 창조주가 만들어놓은 하나의 방식, 자연의 법칙이 있다. 이 일련의 자연의 법칙을 깨달아 그에 맞게 순응하는 것은 우리의 책임이다.

자연의 법칙에 따라 모든 생물은 먹이를 찾고 생존하기 위해 각고의 노력을 다해야 한다. 이 법칙을 따르지 않았다면 인간은 한 계절조차도 버티지 못했을 것이다. 또한, 자연의 법칙에 따라 기다릴 줄 알아야 한다. 예컨대, 농부는 땅에 씨를 뿌리고 나서 그다음 날 바로 수확할 수 있기를 바라지 않는다.

설령 당신 스스로를 1백만 달러 이상의 가치로 일하는 사람이라고 생각해도, 다음날 바로 그만한 돈은 들어오지 않는다. 당신의 능력을 인정받기까지는 시간이 걸린다. 충분히 인정받기 전까지는 당신이 기울인 노력은 보상받지 못할 것이다. 사람들이 노력의 가치를 충분히 인정해주기 전까지는 멈추지 않고 일에 각고의 노력을 기울여야 한다는 뜻이다.

하지만 마냥 기다려서는 안 된다. 노력의 가치를 인정받기까지가 지나치게 오래 걸린다면, 그 가치를 제대로 볼 줄 아는 사람을 찾아야 한다. 현재의 직장이 당신의 가치를 제대로 알아보지 못한다면, 현재 직장과 경쟁 관계에 있는 직장에 당신의 가치를 알려라. 상황에 따라 주도적으로 당신의 가치를 알릴 수 있다.

보상 증가의 법칙

사람들의 기대를 뛰어넘는 일을 해야 하는 이유, 최선의 노력을 해야 하는 이유에 대해 앞에서 설명했다. 이제 동기가 생겼을 것이다.

최선을 다해야 하는 가장 중요한 이유 중 하나를 더 소개한다. 그것은 바로 '보상 증가의 법칙'이다. 보상 증가의 법칙은 당신이 하는 일의 결과는 당신이 한 일보다 더 크게 되돌아온다는 뜻이다. 좋은 일을 하면 좋은 결과가 더 크게, 나쁜 일을 하면 안 좋은 결과가 더 크게 돌아온다. 이것이 자연이 움직이는 원리다. 당신이 다른 사람에게 한 일은 당신에게 배가 되어 돌아온다. 긍정적인 영향은 긍정적인 결과로, 부정적인 영향은 부정적인 결과로 배가 되어 돌아온다. 여기에 예외란 없다.

여기서 다시 한번 시간이 중요하다. 당신이 한 일에 대한 결과가 언제나 빠르게 되돌아오지는 않는다. 때론 당신이 기대했던 것보다 더 오래 걸린다. 하지만 당신이 부정적인 영향을 미친 결과는 조만간 빠르게 되돌아올 수 있다. 설령 당신이 전에 했던 부정적인 영향의 결과란 걸 깨닫지 못하더라도, 그 결과는 당신을 지나쳐가지 않고 언젠가 되돌아올 것이다. 보상 증가의 법칙은 영원한 것이며, 필연적이고, 언제나 작용하는 것으로 중력의 법칙과 같은 불변의 법칙이다. 세상의 어느 누구도 이 법칙을 멈추게 할 수도, 피해갈 수도 없다.

보상 증가의 법칙은 당신이 최선의 노력을 통해 받기로 한 보수보다 더 많이 더 훌륭하게 일하면, 더 많은 것을 반드시 돌려받게 된다는 뜻이다. 예컨대, 당신이 샐러리맨이라면 급여가 늘어나게 되거나, 더 많은 기회가 있는 좋은 자리로 이동하게 되거나, 승진하게 되거나, 사업을 시작하게 될 것이다. 보상 증가의 법칙에 따라 결과는 수천 가지의 다양한 방식으로 돌아온다.

종종 보상은 원래 서비스를 제공한 곳으로부터 돌아오지 않기도 한다. 그러니 욕심 많은 바이어나 고용주에게 훌륭한 서비스를 제공하기를 주저하지 마라. 당신이 누구를 위해 훌륭하게 일하는지는 상관없다. 올바른 신념과 올바른 정신으로 계속해서 최선을 다하는 습관을 가진다면, 반드시 그에 대한 보상을 받게 될 것이다.

보상 증가의 법칙은 초창기에 나를 골치 아프게 만들기도 했다. 이 법칙을 포함한 여러 가지 법칙을 시험하기 시작했을 무렵, 나는 무료로 사람들이 수업을 듣도록 했다. 많은 사람들이 수업을 들었지만 그들은 고마워하지 않았다. 한 사람도 빠짐없이 문제를 일으키거나 수업을 통해 어떤 좋은 점도 배워가지 못한다는 것을 발견했다. 공짜로 뭔가를 얻길 기대하는 사람들은 아무 것도 얻을 수 없다는 것을 알게 된 것이다. 보상 증가의 법칙 그대로였다.

이 법칙을 적용할 때는 당신이 서비스를 제공하는 사람들을 지나치게 조심해서 가릴 필요가 없다. 사실 만나는 사람이 누구든 가리지 않고 적용해야 한다. 어떤 형태로든, 어떤 방식이든 당신이 만나는 모든 사람에게 유용하고 최선을 다하는 서비스를 제공하도록 하라.

당신이 제공하는 서비스의 양과 질이 인생을 결정한다

당신이 이 세상에서 차지하는 공간을 늘리는 유일한 방법은 당신이 제공하는 서비스의 양과 질에 달려 있다. (여기서 '공간'이란 당신이 차지하는 물리적인 공간을 말하는 것이 아니라 정신적인 공간을 말한다.) 당신이 제공하는 서비스의 양과 질, 그리고 마음 자세가 당신이 인생에서 얼마나 멀리 나아갈 수 있는지, 얼마나 많은 것을 얻을지, 얼마만큼의 마음의 평화를 얻을지를 결정할 것이다.

또한, 당신이 제공하는 서비스는 당신에게 승진 기회를 줄 수 있는 사람의 호의에 찬 주의를 끈다. 어떤 회사에 가든 눈치가 빠른 사람이라면 그 회사에서 어떤 사람이 최선을 다할 사람인지 빠르게 알 수 있을 것이다. 또한, 그들이 승진할 사람이란 걸 알아볼 것이다. 그런 사람들은 상사에게 먼저 유리한 승진을 부탁하지 않아도 된다. 그럴 필요가 전혀 없다.

고용주들은 최선을 다하는 사람이 누구인지를 자연스럽게 찾아보기 때문이다. 최선을 다하는 사람은 다양한 인간관계에서 꼭 필요한 사람이 되므로, 평균 이상의 보상 요구가 가능해진다.

도움되는 사람이 느끼는 즐거움

최선을 다하는 마음 자세는 우리 내면의 영혼을 기쁘게 한다. 자기 일에 최선을 다해야 하는 이유가 없다고 하더라도 이것만으로도 충분하다. 인생에서 벌어지는 많은 일은 우리에게 부정적인 감정과 기분 나쁜 경험을 유발하곤 한다. 하지만 자기 일에 최선을 다하는 자세는 우리에게 좋은 기분을 줄 수 있다. 당신의 경험을 돌아보면 다른 사람에게 도움이 되는 친절한 행위를 했을 때 기분이 좋았을 것이다. 정작 사람들이 당신에게 고마워하지 않았던 경우가 있더라도 그것은 중요하지 않다. 친절한 행위는 사랑과 같은 것이다. 사랑하는 대상이 있다는 것만으로도 우리는 기쁘다. 상대방에게 준 사랑이 되돌아오는 것은 중요하지 않다. 사랑을 줄 수 있는 대상이 있어서 사랑이라는 감정을 가지게 됐다는 것 자체가 이미 힐링이기 때문이다.

자기 일에 최선을 다하는 자세도 도움이 되는 행위다. 그것은 당신에게 큰 용기를 준다. 사람들에게 최선을 다해 도움이 되는 사람이 되고자 하는 자세는 우리로 하여금 오랫동안 가지고 있던 한계와 자격지심을 깨도록 용기를 준다.

사람들이 자신을 위해 최선을 다하는 당신에게 "이렇게까지 수고하지 않아도 되는데요."라고 미안해해도 너무 놀라지 마라.

또한, 최선을 다하는 자세는 정신적으로 성장하게 하고 육체적으로 건강하고 근면하게 함으로써 일을 더 잘할 수 있도록 역량을 키워준다. 당신이 하는 일에서 매번 그전보다 더 노력을 기울이겠다는 마음을 가져라. 다시 말해서 항상 예전의 자신에게 도전하겠다는 마음을 가지라는 뜻이다. 그렇게 하면 급속도로 발전하는 모습을 발견하게 될 것이다.

나는 늘 예전 강의보다 더 나은 강의를 하기 위해 노력했다. 강의 참가자가 어떤 사람들이든, 작은 수업이든 큰 수업이든 상관하지 않았다. 강의 참가자들에게 유용한 강의를 전달하기 위해서이기도 했지만 나 자신의 성장과 발전을 위해서이기도 했다. 노력과 분투, 그리고 자신의 숨겨진 능력을 사용함으로써 우리는 성장한다.

대비의 법칙은 최선을 다하는 당신을 두드러지게 한다

최선을 다하는 습관은 대비의 법칙을 통해 당신을 돋보이게 한다. 강점을 굳이 사람들에게 애써서 광고하려고 하지 않아도 저절로 당신이 돋보인다는 의미다. 당신과 동종 업계인 사람들이 최선을 다하지 않는 반면, 최선을 다하는 당신의 모습은 눈에 띄기 때문이다. 모든 사람이 자기 일에 최선을 다한다면 이 세상은 정말 아름다울 것이다. 하지만 불행인지 다행인지 자기 일에 최선을 다하는 사람들은 그리 많지 않다. 어쩌면 각고의 노력을 다하는 사람은 당신 혼자뿐일 수도 있다.

당신과 함께 일하는 동료들은 최소한의 노력조차 안 하는 사람일지도 모른다. 자신과 당신이 모든 면에서 대비되니, 당신이 노력하는 모습을 좋아하지 않을 수도 있다. 그들이 당신이 노력하는 모습을 탐탁지 않게 여긴다고 해서 그들처럼 노력하지 않고 성장하길 멈출 것인가?

물론 그렇지 않을 것이다. 이 세상에서 성공하는 것은 각자의 책임이다. 성공은 전적으로 당신 자신의 책임에 달려 있다. 어느 누구의 의견과 생각도 당신의 성공을 막게 내버려 둬서는 안 된다. 다른 사람들에게 반칙을 쓰지 않고 정정당당하게 그들과 경쟁해야 한다.

그들이 머물러 있다고 해서, 그리고 당신의 노력하는 모습을 질투해 가로막으려고 해도 주저앉아 있을 필요는 없다. 사람들이 성공하고자 하는 당신의 의지를 꺾게 해서는 안 된다. 당신이 대비의 법칙을 사용하고, 성공을 막는 사람을 허용하지 않길 바란다.

최선을 다하는 자세는 긍정적인 태도를 만든다

최선을 다하는 자세는 호감 가는 성격을 만들어주는 가장 중요한 특성 중 하나인 긍정적이고, 즐거운 마음 자세를 만든다.

우리는 뇌의 화학 작용을 쉽게 바꾸어 부정적인 마음 대신에 긍정적인 마음을 가질 수 있게 한다. 그것은 최선을 다해 다른 사람을 속이는 일 없이 도움이 되는 일을 하겠다는 마음 자세를 가짐으로써 가능하다. 선한 의도와 함께 보상을 바라지 않고 원래의 보수보다 더 많고 나은 서비스를 제공하면, 언젠가는 결국 더 큰 보상을 받게 될 것이다. 이것이 바로 보상의 법칙이며, 불변의 법칙이다. 당신이 최선을 다한 대가는 결코 잊히지 않는다. 장부에 빈틈없이 기록되듯이 잘 기록된다. 올바른 마음 자세로 서비스를 제공하면, 당신에 대한 신용이 어딘가에 쌓여 조만간 보상이 배가 되어 돌아올 것이라는 것을 믿어도 좋다.

또한, 최선을 다하는 습관은 창의력을 예민하게 길러준다. 최선을 다하는 습관은 더 새롭고 효율적인 유용한 서비스를 끊임없이 찾도록 하기 때문이다. 최선을 다하다 보면 신기하게도 새로운 방법들을 계속해서 발견하게 될 것이다. 사람들에게 도움이 되는 서비스를 주기 위해 방법을 찾다 보면 그것이 곧 자신을 발전시키는, 자신에게 도움이 되는 자세임을 알게 될 것이다.

도움을 주는 사람이 되면 좋은 결과가 돌아온다

당신에게 문젯거리 또는 불쾌한 상황이 생겼는데 해결 방법을 찾지 못하거나 알고 있는 모든 방법을 동원해봐도 해결할 수 없을 때 할 수 있는 한 가지 방법이 있다. 그 방법을 쓰면 문제를 해결할 수 있을 뿐 아니라 큰 교훈을 얻게 될 것이다.

그 방법이란 이렇다. 당신이 가진 문제와 같거나 더 큰 문제를 가진 사람을 찾아서 그 사람을 돕는 것이다. 그러면 무한한 지성이 당신의 뇌와 연결되면서 문제에 대한 해답을 알려줄 것이다.

인생에는 우리가 모르는 것들이 대단히 많다. 그리고 알면서도 하지 않는 것들도 많다. 바로 이 방법은 내가 이유는 알지 못하지만 실천하는 방법이다. 문제를 해결할 수 있는 기회를 얻으려면 다른 사람을 돕는 것이 가장 좋은 방법임을 알기 때문에 늘 이 법칙을 따른다. 이 성공 철학을 완전히 내 것으로 소화한 이후부터 나는 이 법칙을 벗어난 적이 없다. (완전히 정립하기 전에는 약간 벗어난 적도 있다.) 주위를 둘러보고 당신의 도움을 필요로 하는 사람들을 찾아보라.

지난주에 클레멘트 스톤과 함께 미주리주의 한 시골 산 중턱에 자리한 학교를 방문했다. 아이를 학교에 보낼 형편이 안 되는 농부들의 자녀를 위해 세워진 학교였다. 그곳을 방문하는 동안 아이들을 위한 강의를 하면 더없이 좋겠다는 생각을 떠올리게 됐다. '산 중턱에 소중하게 세워진 학교의 아이들을 위해 비록 한 번의 강의일지라도 무료로 나의 철학을 나눠주면 좋겠다.'는 생각이었다.

학교 관계자들은 나의 말을 듣고 대단히 기뻐했다. 일반 대중을 대상으로 한 나의 강연은 강연비가 꽤 높은데, 무료로 학생들이 강의를 들을 수 있게 됐기 때문이었다.

'나 역시 학생들보다 훨씬 더 힘들게 공부한 시절이 있었는데, 오히려 이 학생들에게 나의 철학을 알려줌으로써 얻는 감동에 대한 대가를 다 지불할 수 없을 정도지. 나의 철학이 학생들에게 큰 도움이 될 것이라는 사실에 감사할 뿐이지.' 나는 속으로 이렇게 생각했다.

그런데 수천 수백 달러를 기부하며 학교 설립에 중대한 역할을 한 기부자가 마침 이 소식을 들었다. 그리고 뜻밖에도 자신이 소유한 회사의 800여 명에 달하는 직원들에 대한 교육을 우리에게 위탁했다.

뜻하지 않게 되로 주고 말로 받은 격이었다. 그뿐이 아니었다. 미국 최대의 백화점 업체인 J. C. 페니Penney 백화점의 과반수 지분 주주였던 그는 자신의 직원 팔백 명 외에도 J. C. 페니 백화점의 직원들을 대상으로 한 교육도 위탁한 것이었다.

우리는 이런 기회를 바라고 학교에 간 것이 아니었다. 단지 아이들에게 좋은 이야기를 들려주겠다는 생각뿐이었다. 올바른 마음 자세로 우리가 할 수 있는 일을 했을 뿐인데, 뜻밖에도 아이들을 위해 좋은 일을 하자마자 좋은 결과가 벌어졌다. 이것이 바로 다른 사람을 도우려는 선한 마음으로 자기 일에 최선을 다하면 벌어지는 일이다.

최선을 다하는 자세는 진취적인 자세를 기른다

최선을 다하는 자세는 개인의 중요한 특성 중 하나인 진취적인 자세를 기른다. 주위를 둘러보며 도움을 필요로 하는 곳을 찾게 만들고, 사람들이 말하지 않아도 당신이 먼저 나서서 해결하는 습관을 길러 준다. 꾸물거리며 할 일을 자꾸만 뒤로 미루는 사람은 많은 문제를 일으킨다. 사람들은 엊그제 했어야 할 일을 내일모레가 되도록 미루곤 한다. 이로부터 자유로운 사람은 아무도 없다. 나 역시도 그렇지만 과거의 나보다는 낫긴 하다.

지금은 사람들을 위해 할 수 있는 일들을 비교적 쉽게 찾을 수 있다. 사람들을 위한 일을 찾아서 최선을 다해 할 때 즐거움을 느끼기 때문이다. 최선을 다할 때마다 당신은 일에 즐거움을 느끼게 될 것이다. 즐거움을 느끼지 못한다면 그것은 당신이 최선을 다하지 않고 있다는 뜻이다.

최선을 다하는 습관은 목표를 명확하게 한다

사람들은 당신이 최선을 다하는 습관을 보고 당신의 성실성과 능력에 대한 신뢰를 쌓게 된다. 또한 최선을 다하는 습관을 통해 우리의 목표는 명확해지며 성공을 꿈꿀 수 있다. 그것만으로도 장점은 이미 충분하다. 목표가 명확하면 어항 속의 금붕어처럼 반복해서 같은 자리를 맴돌지 않게 된다.

또한 당신의 일을 무거운 짐이 아니라 즐거운 일로 받아들이게 한다. 당신의 일을 사랑하게 된다. 만약 당신의 일을 사랑하지 않는다면, 인생에서 시간을 낭비하고 있는 것이다. 세상에서 가장 큰 즐거움 중의 하나는 다른 어떤 일보다 사랑하는 자기 일이 있다는 것이다.

최선을 다해서 하는 일은 스스로가 좋아서 하는 일이다

우리가 최선을 다해 일하는 것은 누가 시켜서 그러는 것이 아니다. 우리가 그렇게 일하길 누군가가 기대해서도, 시켜서도 아니다. 고용주는 직원들에게 최선의 노력을 다하라고 말은 하겠지만, 아마도 귀가 따갑도록 이야기하지는 않을 것이다. 따라서 최선을 다해 일하는 것은 당신 스스로 하는 것이고, 그럼으로써 스스로가 자신의 일을 소중하게 만든다. 설령 도랑을 파는 일이라고 하더라도, 누군가에게 도움이 되는 일이다. 자기 일을 소중하게 생각하면 일에서 생기는 피로와 고달픈 마음도 한결 쉽게 사라진다.

나는 밤늦게까지 불을 밝히며 많은 시간을 일했지만, 한 번도 일이 힘들다는 생각은 하지 않았다. 스스로가 좋아서 한 일이었고, 그래서 즐겁게 일했다. 즐겁게 일하니 결과도 성공적이었다.

당신이 좋아서 한 일 중에서 가장 큰 즐거움을 주었던 일은 무엇이었는가? 결혼이라고 말하는 사람도 있을 것이다. 좋아하는 상대의 마음을 얻으려고 노력하며 연애를 하던 시기에 우리는 놀라울 정도로 연애에 빠진다. 연애에 쏟았던 그런 자세로 당신의 일과 사업에 관련된 사람들을 대한다면 아마도 놀라운 결과가 나올 것이다.

연애에 불꽃같은 열정을 쏟아부었던 시절을 떠올리며 다시 가정에서부터 시작해보자. 당신의 남편 또는 아내에게 최선을 다하면 다시 커다란 즐거움을 느끼게 될 것이다. 실제로 많은 부부들이 이 방법을 통해 새로운 열정과 즐거움을 되찾았다. 마찰과 싸움이 현저히 줄었고, 좋아진 관계를 통해 서로 의논하며 현명하게 가계 지출을 꾸려나가게 됐다.

가정은 최선을 다하는 자세를 시작하기에 가장 좋은 장소다. 하지만 배우자에게 갑자기 지나치게 잘해주지 않도록 주의하는 것이 좋다. 다소 재미있는 에피소드를 하나 소개한다.

내 강의를 들은 참가자 중 한 명이 너무 갑자기 자신의 아내에게 최선을 다하는 모습을 보이자, 이를 의아하게 생각한 아내는 사설탐정을 고용해서 자신의 남편을 지켜보게 했다. 그런데, 아내가 탐정을 고용해 자신을 지켜보고 있다는 사실을 알게 된 남편은 내게 찾아와 어떻게 하면 좋겠는지 묻기에 이르렀다. 그리곤 그는 또 어떤 일을 벌였을까? 그는 속옷 가게에서 아내를 위해 사보지 못했던 멋진 란제리를 사고, 고급 프랑스 향수와 커다란 꽃다발까지 한 아름 샀다. 한꺼번에 아내를 위해 지나치게 많은 선물을 산 것이 또 화근이었다. 아내는 남편이 무슨 꿍꿍이가 있어서 이러는지 의심을 하기 시작한 것이었다.

더 나은 관계를 만들고 싶다고 말하라

누군가에게 최선을 다하려고 할 때, 그와 앉아서 이야기를 나누라. 당신이 지금부터 최선을 다하는 모습으로 바뀔 것이며, 서로 최선을 다하는 모습을 보이기로 약속하자고 말하라. "이제부터 서로 최선을 다했으면 좋겠습니다. 새로운 마음으로 서로 최선을 다한다면 더 즐겁고, 행복할 겁니다."라고 말하라. 당신의 배우자에게도 이렇게 말해보라. 도움이 됐으면 됐지 전혀 해가 되는 말이 아니니, 이렇게 말하는 것을 두려워하지 마라.

한동안 관계가 껄끄러웠던 직장 동료에게 내일 아침 웃음 띤 얼굴로 악수를 청하며 이렇게 말해보라. "오늘부터 다시 즐겁게 일해보자고. 어때?" 이 방법이 안 통할까? 직접 해보라. 분명 통할 것이다.

이 세상에서 우리에게 손해만 주는 것은 한낱 아무것도 아닌 자존심이다. 자존심이 상할까 봐 두려워할 필요 없다. 당신이 항상 시간을 보낼 수밖에 없는 상대방에게 먼저 손을 내밀며 더 좋은 관계를 맺을 수 있다면, 그것은 전혀 자존심이 상할 일이 아니다.

기대 이상으로 일하는 것은 사람들에게 신용을 얻는 방법이다

직장에서 승진 또는 급여 인상을 요구할 수 있는 유일한 방법은 사람들의 기대를 넘어 더 많은 일을 더 잘하는 것뿐이다. 지금 받는 보수 이상으로 더 일하고, 기대를 뛰어넘는 모습을 한동안 꾸준히 보이지 않고서는 더 많은 돈과 승진을 요구할 수 없는 법이다.

자신이 받는 돈만큼 일한다면, 최대한 받을 수 있는 돈은 딱 그만큼의 돈이라는 건 간단한 이치다. 따라서 다른 사람에게 뭔가를 요청하기 전에 당신이 먼저 기대 이상의 일을 해서 상대방이 감사함과 더불어 갚아야 할 신세를 지도록 해야 한다. 만약 그렇게 해서 당신에게 신세를 진 사람들이 많다면, 필요할 때 언제라도 도움을 요청할 사람들이 많아지게 된다.

내가 1,000달러 혹은 5,000달러, 또는 1만 달러나 2만 5,000달러 (1950년대 기준으로 당시 달러의 가치는 지금 달러의 열 배 가치다 - 옮긴이)를 빌릴 일은 없다. 하지만 전화를 돌리면 몸을 낮춰서 부탁하지 않아도 이만한 돈들을 군말 없이 빌려줄 사람들은 대여섯 명 정도 된다. 그만한 관계가 형성되어 있고 이들은 내게 신세를 진 사람들이기 때문이다. 적어도 열다섯 명의 백만장자들이 내게 신세를 지고 무일푼에서 자수성가해 부를 이뤘다. 내가 2만 5,000달러를 빌려달라고 하면 거절할 사람은 아무도 없을 것이다. 필요할 때 돈을 선뜻 빌려줄 수 있는 사람들이 있을 정도로 신용을 쌓아두고 있다는 것은 매우 기분 좋은 일이다. 당신 또한 사람들로부터 이와 같은 신용을 쌓기를 바라고, 그럴 수 있도록 방법을 계속해서 가르쳐줄 것이다.

늘 최선을 다하는 자연에서 배우자

자신이 할 수 있는 최대한의 노력을 기울여야 한다는 법칙은 자연을 관찰함으로써 단서를 찾을 수 있다. 앞에서도 말했지만 자연에는 다양한 변수가 있다. 모든 만물은 종의 보존을 위해 최대한의 노력을 기울여 꽃을 피우고, 씨앗과 열매를 맺고, 알을 낳는다. 알과 새끼를 노리는 상위 어종과 포유류들과 거친 자연에 맞서 종을 보존하기 위해서는 최대한의 알과 새끼를 낳아야 한다.

자연의 생물들은 실로 놀라울 정도로 풍부하게 알과 새끼를 낳고, 꽃을 피우고, 열매를 맺는다. 자연에서 모든 생물은 살아남기 위해 최대한의 결실을 맺어야 한다. 꿀벌은 매력적인 꿀을 머금고 있는 꽃을 열심히 수분시킨 대가로 꿀을 얻는다. 꿀이라는 보상을 얻으려면 먼저 암수 꽃의 수분이라는 자기 일을 충실히 완수해야 하는 것이다.

하늘을 나는 새와 밀림의 맹수가 다른 생물들에 비해 특별히 하는 일 없이 먹이를 얻는 것처럼 보여도 실은 그렇지 않다. 이들을 관찰해보면 일을 하지 않고서는 먹이를 얻을 수 없다는 것을 알 수 있다. 옥수수밭의 까마귀 떼를 예로 들어보자. 이들은 무리를 지어 규칙에 따라 이동한다. 이들 중에는 감시병이 있어 위험 신호를 무리에게 전달한다. 먹이를 안전하게 먹기까지는 많은 훈련이 필요하다.

인간 또한 자연에 순응하기 위해서는 각고의 노력을 다해야 한다. 땅에서 작물을 길러 곡식을 얻으려면 먼저 땅에 씨를 뿌려야 한다. 자연 그대로의 상태로 인류가 필요로 하는 곡식을 얻기에는 턱없이 부족하다. 그래서 우리는 땅에서 작물을 기르는 노력을 들여야 한다. 먼저 땅을 개간하고, 밭을 갈아야 한다. 작물을 해치는 동물들을 막기 위해 울타리도 쳐야 한다. 많은 노동과 시간 그리고 돈을 들여야만 하는 것이다.

농부들은 작물을 길러내기 위해 수많은 노력과 최선의 노력을 기울여야 한다는 사실을 잘 알고 있다. 최선을 다해 작물을 기르지 않으면 먹을 수 있는 작물도, 내다 팔 수 있는 작물도 충분히 얻을 수 없다는 사실을 잘 알고 있다. 농부는 씨앗을 심기 전에 제대로 작물이 열리는 씨앗인지 주의 깊게 확인한다. 그리고 적당한 깊이에 씨앗을 심는다. 알맞은 시기에 씨앗을 심고 곡식을 추수한다.

다시 한번 시기의 중요성을 강조하고 싶다. 신입 직원이 최선을 다했다고 해서 채용된 지 얼마 되지도 않았는데 갑자기 급여를 인상하고 승진을 시켜달라고 요구할 수 있겠는가? 먼저 꾸준히 신용과 평판을 쌓아야만 한다. 보상을 요구하기에 앞서 먼저 자신이 받는 보수 이상으로, 기대 이상으로 일하는 사람이라는 인식을 심어줘야 한다. 사실 당신이 올바른 마음 자세로 일하기만 한다면, 보상을 먼저 요구할 필요도 없다. 자동적으로 승진과 급여 인상이 당신에게 주어질 것이기 때문이다.

보상의 법칙

전 우주에는 보상의 법칙이 대단히 잘 적용되고 있다. 랄프 왈도 에머슨Ralph Waldo Emerson이 설명한 바와 같이, 자연의 예산은 균형이 잘 잡혀 있다. 모든 것은 서로 대칭되는 음과 양으로 이루어져 있다. 음과 양의 에너지, 밤과 낮, 뜨거움과 차가움, 성공과 실패, 단맛과 쓴맛, 행복과 불행, 여성과 남성으로 모든 것에는 짝이 있다.

모든 곳에서 우리는 작용과 반작용의 법칙(뉴턴의 세 가지 운동 법칙 가운데 하나로, 모든 작용에는 크기가 같고 방향이 반대인 반작용이 항상 존재한다는 것을 말한다-옮긴이)을 볼 수 있다. 모든 작용은 반작용을 야기한다. 당신이 하는 모든 것, 모든 생각은 반작용을 야기한다. 당신이 생각을 내보낼 때, 그것이 끝이 아니다. 속으로 조용히 생각을 해도 생각은 우리의 잠재의식에 자국을 남기며 각인된다.

당신이 잠재의식을 부정적인 생각으로 채우면, 당신은 부정적으로 변한다. 만약 긍정적인 생각만 내보내는 습관이 있다면, 잠재의식은 긍정적인 패턴으로 채워지고, 당신이 원하는 것을 끌어올 것이다. 당신이 부정적이라면 부정적인 생각과 잠재의식은 당신이 원하는 것을 쫓아내고 당신이 원하지 않는 것을 끌어올 것이다. 이런 보상의 법칙 또한 자연의 법칙이다.

사람들의 기대 이상으로 일하는 습관은 당신이 원하는 것을 끌어오고 원하지 않는 것을 물리칠 수 있도록 잠재의식을 훈련하는 가장 좋은 방법 중 하나다. 사람들의 기대 이상으로 일하는 자세를 계발하고 실천하는 것을 소홀히 하면 결코 성공할 수 없고, 경제적인 자유를 얻을 수 없다.

나는 수천 명의 사례를 통해 기대 이상으로 일하는 습관을 실천한 사람과 실천하지 않은 사람을 봤다. 그리고 이 두 부류의 사람들 간의 결과에서 벌어지는 차이를 봤다. 기대 이상으로 일하는 습관을 들이지 않고 평범한 삶을 뛰어넘을 수 있는 사람은 아무도 없다. 만약 내가 기대 이상으로 일하지 않고도 정상의 자리에 선 사람을 보게 된다면, 예외적인 일이라고 말할 것이다. 하지만 거기엔 결코 예외가 없다고 여기서 말할 수 있다. 그런 경우를 지금까지 결코 본 적이 없기 때문이다. 그리고 나의 경험으로 볼 때 사람들의 기대 이상으로 일해서 좋은 결과를 가져보지 못한 적이 결코 없었다는 것을 분명히 말하고 싶다.

카네기와 같이 일을 시작했을 때, 그는 내게 인터뷰할 시간을 3시간 주고 나서 3일간 머물게 했다. 나는 굳이 3일씩이나 그를 인터뷰할 필요는 없었다. 내가 일했던 잡지사는 3일 동안 머물며 일한 것에 대한 보수를 지급하지 않을 것이기 때문이었다. 그리고 3시간의 인터뷰로도 잡지에 실을 카네기의 이야기는 충분히 얻어냈었다.

하지만 나는 즐거운 마음이었다. 카네기가 자신의 철학을 전파할 사람으로 나를 낙점할 정도로 그에게 좋은 인상을 주었다는 사실이 기뻤다. 그것만으로도 보상이 충분했다.

최고로 성공한 사람들의 사례를 들어서 설명하고 있지만, 당신의 모범 사례를 수집하길 바란다. 모범 사례로 삼는 사람들이 모두 토마스 에디슨이나 헨리 포드, 나폴레온 힐과 같은 사람들일 필요는 없다. 누가 됐든 기대 이상으로 일을 함으로써 자신의 분야에서 성공한 사람들을 본받을 사례로 삼도록 하라.

세계 최고의 인물들에 대해 지나치게 많이 이야기하면, 사람들은 자신이 결코 헨리 포드나 에디슨과 같은 사람이 될 수 없다고 생각해 그런 이야기를 불편해하고 현실감 있게 받아들이지 못한다는 사실을 뒤늦게 깨달았다. 일반적인 사람들은 그저 사람들과 잘 지낼 수 있을 정도의 적당히 경제적 안정과 건강, 마음의 평화를 누리길 바란다. 최고가 되길 원하지 않는 사람들은 성공한 사람들의 사례가 가슴에 와닿지 않는다.

그러니 그런 사람들에게 나폴레온 힐이라는 사람을 사례로 들어 말하길 바란다. 그는 아무런 보상 없이도 세계 최고의 부자를 위해 20년씩이나 일해준 바보 같은 사람이다. 그의 형제와 아버지가 정확히 그렇게 말했고, 그의 의붓어머니와 카네기를 제외하고는 그가 아는 모든 지인이 그에게 한 말이 정확히 그랬다. 그는 중간에 그만둘 생각조차 하지 못할 정도로 센스가 떨어지는 사람이었다. 사람들에 따르면 그는 머리가 모자란 남자였다.

하지만 그런 그에게도 마침내 카네기와 만나기 위해 필요한 교통비를 더 이상 부탁하지 않아도 되는 날이 찾아왔다. 그는 자신의 교통비를 스스로 마련할 수 있게 되었다. 카네기의 작은 도움조차 필요치 않게 된 것이다. 굉장한 발전이지 않은가?

그가 처음 카네기와 세계 최고 부자들의 성공 철학을 정리하는 일을 시작했을 때, 그는 부자들을 만나기 위해서 카네기가 써준 소개서가 필요했다. 하지만 어느덧 카네기의 소개서가 필요하지 않게 되었다. 그는 누구에게도 자신을 스스로 소개할 수 있을 정도의 위치가 된 것이었다.

이것이 바로 내가 당신에게 바라는 모습이다. 나는 당신이 실력과 힘을 키워서 다른 사람의 도움 없이 자립할 수 있기를 바란다. 그때가 당신이 보상을 받는 시기이다. 이 세상에서 당신이 원하는 것은 무엇이든지 할 수 있는 때다. 사람들이 당신을 도와주길 원하든 원하지 않든, 스스로 무엇이든지 할 수 있는 때다. 그때 느끼는 기분은 인생에서 최고로 즐거운 기분이다. 나는 무엇을 하고 싶거나 할 수 있다. 그것을 하기 위해서 심지어 아내를 포함해서 누군가에게 부탁할 필요가 없다. (하지만 아내와는 사이가 좋기 때문에 가끔 부탁을 할 때도 있다.) 당신이 이처럼 될 수 있는 방법들이 있다.

마음의 평화

사람들의 기대 이상으로 일하면 마음의 평화가 찾아온다. 내가 지난 20년간 사람들의 기대 이상으로 일하면서 누렸던 것이다.

20년간 보상 없이 일할 수 있는 사람들이 이 세상에 얼마나 될까? 3일간 일한 대가로 보상이 주어질지 불확실한 가운데 일할 사람이 얼마나 있을까?

그럴 사람은 아마 지극히 적을 것이다. 하지만 이것은 우리가 가질 수 있는 가장 큰 기회 중 하나를 간과하는 것이다. 스스로 운명을 개척할 수 있고 자신이 원하는 대로 표현할 수 있는 나라에서는 특히나 더 그렇다. 연설과 활동의 자유, 교육의 자유가 있고, 자신이 원하는 어느 분야에서든 역량을 최대로 마음껏 발휘할 수 있다는 것은 놀라운 기회다. 그런데도 대부분의 사람은 그렇게 하지 않는다. 이것은 성공학을 가르치는 사람들에게는 기회다. 세상의 모든 사람이 다 쉽게 성공한다면 성공학 강사가 필요 없을 것이기 때문이다.

나의 생애를 통틀어서 지금처럼 사람들에게 성공 철학이 필요하고 절실하게 받아들일 준비가 되어 있던 적은 없었다. 현재 전 세계의 사람들이 두려움과 좌절, 실망감과 패배 의식으로 고통받고 있다. 불안정한 정치적 상황은 다른 요인들만큼이나 크게 이런 상황에 기여했다. 나는 오늘날과 같이 정치인들이 서로 헐뜯으며 비참하게 나락으로 떨어지는 것을 보지 못했다. 수많은 사람들이 정신적으로 아파하는 모습을 보지 못했다. 성공 철학으로 치료해야 할 수많은 환자들이 당신을 기다리고 있다.

시대를 탓하고만 있을 수는 없다. 성공 철학으로 치료해야 할 수 많은 사람들이 우리를 기다리고 있다. 번영을 누리고, 두려움 없이 말하고, 걱정 없이 지내던 시절에는 자신의 결점을 들여다보려는 사람들이 많지 않았다. 오늘날에는 거의 모든 사람들이 문제를 안고 산다. 기사를 읽을수록 세상살이에 대한 온갖 걱정거리가 늘어간다. 기사를 보면 세상에는 문젯거리가 너무나 많다.

나는 세상에 무슨 문젯거리가 있나 살펴보는 대신에, '나'라는 인간을 어떻게 하면 뜯어고칠 수 있을까를 고민하려고 한다. 나는 하루도 어김없이 이 남자와 밥을 먹어야 하고, 자야 하고, 매일 아침 세수와 면도를 해줘야 한다. 가끔은 목욕까지 시켜줘야 한다. 이 남자를 위해 해줘야 할 일이 너무 많아서 다 헤아릴 수 없을 정도다. 하루 24시간을 같이 살아야 하는 것이다. 그래서 나는 나 자신을 발전시키고, 책을 쓰고 강의를 하면서 주변의 사람들, 그리고 수강생들이 발전하도록 돕는 데 시간을 쓰고 있다. 그것이 신문을 펴고 매일같이 지면을 장식하는 온갖 종류의 살인 기사와 남의 이혼 다툼 등을 읽는 것보다 훨씬 더 값진 일이다.

앤드류 카네기의 요구를 받아들여 20년 동안 아무런 대가를 받지 않고 일했던 남자는 인생의 늘그막에 행복한 나날을 보낼 것이다. 사람들의 가슴에 친철함과 도움이라는 씨앗을 뿌려두었기 때문이다.

만약 내가 다시 인생을 살 수 있다면, 내가 살아온 그대로 다시 살 것이다. 내가 저질렀던 그 모든 실수를 다시 저지를 것이다. 인생 초년 시절에 실수를 해서 실수를 바로잡을 충분한 시간을 벌 것이다. 내가 마음의 평화를 얻게 되고 인생을 어느 정도 이해할 시기는 인생의 전반이 아닌 후반일 것이다. 젊을 때는 고난을 받아들일 수 있고, 견딜 수 있기 때문이다. 하지만 중반을 지나 후반으로 갈수록 몸과 마음의 기운이 예전만큼 왕성하지 않아서, 고난을 견디기가 힘들 것이다. 인생의 후반에는 우리가 저지른 실수를 바로잡을 만한 힘과 시간이 그리 많지 않다.

인생의 후반에 있는 내가, 지금 느끼는 마음의 평온과 평화는 성공 철학을 통해 얻은 커다란 기쁨 가운데 하나다. 인생을 통해 내가 받은 가장 큰 보상이 무엇이냐고 묻는다면, 지금 느끼는 마음의 평화라고 말할 것이다. 지금 내 나이대의 사람들 그리고 심지어 나보다 훨씬 나이가 적은 사람들조차 마음의 평화를 누리지 못하고 있다. 그들은 계속해서 마음의 평화를 얻지 못할 것이다. 마음의 평화를 엉뚱한 곳에서 찾고 있기 때문이다. 그리고 마음의 평화를 얻기 위해 아무런 노력도 하지 않고 있다. 누군가가 자신들을 위해 대신해서 마음의 평화를 주는 뭔가를 해주길 기대하고 있다. 하지만 마음의 평화는 당신 스스로 노력해서 얻어야 한다.

나는 내 마음속에 있는 높은 벽 너머에서 마음의 평화를 찾는다. 매일, 하루에도 여러 번 명상을 통해 이곳을 찾는다. 이곳이 내가 진정한 마음의 평화를 얻는 곳으로, 벽 너머로 들어가 세속의 모든 잡음을 차단하고 우주의 더 높은 존재와 교감할 수 있는 곳이다. 대단히 즐거운 경험을 당신을 포함한 누구나 할 수 있다. 성공 철학을 다

익히고 나면 당신이 원하는 대로 나처럼 또는 나보다 더 잘할 수 있을 것이다.

매일 한 가지라도 사람들에게 도움이 되는 사람이 되라

이제 한 가지 해야 할 숙제를 내주려고 한다. 매일 적어도 한 가지씩이라도 누군가에게 도움이 되는 사람이 되라는 것이다. 자신의 상황에 맞는 것을 택해서 하면 된다. 예컨대, 한동안 연락이 뜸했던 지인에게 오랜만에 연락해서 안부 인사를 전하는 간단한 일도 좋다.

"생각나서 전화했어. 계속 생각이 나서 잘 지내는지 궁금하더라고. 어떻게 지내?"

이렇게 물으며 안부 전화를 하면 안부 전화가 당신과 지인 모두에게 미치는 영향에 놀라게 될 것이다. 꼭 가까운 지인에게 전화를 할필요는 없다. 사실 당신이 아는 사람이 아니어도 상관없다. 알지 못하는 사람이지만 알고 싶은 사람이어도 좋다.

비가 내리던 어느 날 오후, 내가 세상에서 들어본 목소리 중에 가장 유쾌한 목소리의 한 여성이 사무실로 전화를 했다.

"나폴레온 힐씨, 당신과 데이트를 하고 싶은데 허락해주시겠어요?"

"언제, 어디서, 그리고 어떤 이유인지에 달려 있습니다만."

"우드워드 백화점에 있는 남성 의류 매장으로 오시면 보여드릴 것이 있어요. 보시면 틀림없이 좋아하실 거예요. 한번 와보시겠어요?"

"지금 바로 가보죠."

호기심이 일어났다. 만나는 장소는 충분히 안전해보였다. 만약 무슨 일이 생기면 백화점에 있는 사람들이 달려와 줄 거라고 생각했다. 매장에 도착해보니 그녀는 한 남성에게 레인코트를 판매하고 있었다. 비가 오는 날에 손님에게 판매하기에 딱 맞는 옷이었다. 나 또한 그녀에게서 레인코트를 샀고, 따로 위아래 옷 한 벌을 더 사고 백화점을 나왔다. 그녀는 나를 몰랐고 나 또한 그녀를 몰랐지만, 그녀의 목소리에는 그녀를 알고 싶게 만드는 뭔가가 있었다.

목소리에 당신만의 특별한 것을 담으면 사람들은 당신이 전달하려는 내용을 귀 기울여 듣게 된다.

나의 경험에서도 볼 수 있듯이 당신이 모르는 사람과 전화 통화를 할 수 있다는 것은 그리 틀린 말이 아니다. 물론 대화하는 상대방이 만족하도록 설득하기 위한 동기는 반드시 줘야 한다. 그렇지 않으면 낯선 이와 통화를 하기가 그리 쉽지 않을 것이다.

사람들에게 도움이 되는 또 다른 방법은 지인이 하는 일을 30분 정도라도 쉴 수 있게 대신 봐주는 것이다.

누군가에게 도움이 되는 사람이 되는 것은 당신에게 도움이 되는 부분이 더 많다. 인생에서 성공과 실패는 아주 작은 것들로 이루어져 있는데, 사람들은 종종 이를 무시하고 넘어가곤 한다. 성공하게 만드는 것들이 너무나 작고 중요하지 않아 보이기 때문에 성공의 진짜 요인들이 무시되곤 한다.

내가 아는 어떤 사람들은 적을 만들지 못한다. 이유는 사람들이 그들을 매우 따르고 좋아하기 때문이다. 그래서 그들에게는 적이 생길 수가 없다. 그런 사람 중 한 명이 성공한 사업가이자 나의 사업 동료인 클레멘트 스톤이다. 나는 그에게 영원히 적이 생길 수가 없다고 생각한다. 그는 사람들을 매우 사려 깊게 대하고, 매사에 최선을 다하고, 사람들에게 도움이 되는 사람이 되려고 하기 때문이다. 그는 사람들의 기대를 계속해서 뛰어넘는다. 각고의 노력을 통해서 이전보다 계속해서 발전하는 모습을 보여준다. 그리고 일관되게 진심으로 사람들에게 도움이 되는 사람이 되려고 한다. 이런 그의 모습에 사람들이 감동하는 것이다. 만약 자신들이 일을 잘못해서 회사 경영이 어려워지는 경우가 생기더라도 클레멘트 스톤과 함께 일하겠다는 직원들이 많다. 한 직원이 실제로 내게 그렇게 말했다.

"만약 저와 저희 직원들이 일을 못해서 회사 경영이 어려워지게 되면, 회사 운영에 자비를 보태서라도 사장님과 함께 계속해서 일하겠습니다."

그 직원은 이후에 클레멘트 스톤과 일하면서 큰 부를 쌓았다.

클레멘트 스톤은 사람들과 자기 자신에 대한 마음가짐을 제외하고는 보통 사람들과 다를 바 없다. 그는 최선을 다해 일하고, 최선을 다해 사람들에게 도움을 주려고 한다. 그래서 가끔 그를 이용하려는 사람들이 있다. 하지만 그는 그런 경우에 대해 크게 걱정하지 않았다. 사실 그는 어떤 일에 대해서도 전혀 걱정하지 않는다. 사람들에게서 큰 즐거움을 얻으며 삶에 적응하는 방법을 깨달았기 때문이다.

지인들에게 응원의 편지를 써서 보내는 것도 사람들에게 도움이 될 수 있는 좋은 방법이다.

직장에서 당신이 받는 급여와 보상에 비해 좀 더 노력해서 일해도 좋다. 같이 일하는 동료의 마음이 좀 더 즐겁고 행복해지도록 노력해보라.

NAPOLEON HILL'S

MASTER COURSE

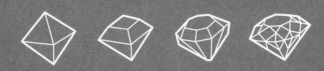

6

호감 가는 성품

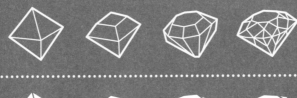

성공할수록 내 가슴속에서

겸손한 마음이 커 가는 것을 느낄 수 있다.

내가 이룬 성공은 어떤 것이든지 다른 사람들의

호의와 사랑, 애정과 협력이 없었다면

불가능했을 일이다.

내가 이 세상에서 가장 멋지다고 생각하는 사람을 여러분에게 소개 하겠다. 그 사람은 바로 이 글을 쓰고 있는 사람이다. 호감 가는 성품 을 만드는 스물다섯 가지 요인으로 그 사람을 하나하나 분석해보면, 그 사람의 어디가 어떻게 호감이 가고 매력이 있는지 정확히 알게 될 것이다.

당신에 대해서도 점수를 매겨보길 바란다. 자신을 평가해보고 0에 서 100 사이의 점수를 매겨보라. 어느 정도 점수를 매겨야 할지 확 신이 서지 않는 경우에는 자신을 유리하게 해석해서 좋은 점수를 주 지 않도록 하라. 그럴 경우에는 점수를 높게 주기보다는 낮게 주도 록 하라.

각각 점수를 매기고 난 후에는 전부 더해서 25로 나눠라. 평균 점 수가 당신이 얼마나 호감 가는 사람인지를 보여준다. 점수가 50을 넘으면 당신의 매력도는 꽤 괜찮은 것이다. 여러분들이 50보다 높은 점수를 받기를 바란다.

1. 긍정적인 마음 자세

사람들로부터 어김없이 호감을 받는 성격의 첫 번째 특징은 '긍정적인 마음 자세'다. 부정적인 사람들 옆에는 아무도 있고 싶어 하지 않기 때문이다. 아무리 다른 좋은 장점이 많더라도 긍정적인 마음 자세가 없다면 사람들은 당신을 호감 가는 사람으로 보지 않을 것이다. 0에서 100 사이에서 자신의 점수를 매겨보라. 만약 100점이라는 점수를 자신에게 줄 수 있다면 루스벨트 대통령과 같은 등급에 속하는 것이다.

2. 유연함

그다음 특징은 '유연함'이다. 유연함이란 상황에 맞춰 자신을 굽힐수 있는 능력이다. 많은 사람이 자신의 틀을 고집하며 불편한 상황이나 자신이 동의하지 않는 점에 대해 자신을 맞추지 못한다.

역대 미국 대통령 중에서 루스벨트 대통령이 국민에게 가장 인기 있는 대통령 중 한 명으로 꼽히는 이유를 아는가? 모든 사람에게 자신을 맞출 수 있었기 때문이다. 내가 그의 집무실에서 직접 본 바에 따르면, 상하원 의원들이 그를 잡아먹을 듯 집무실로 왔다가도 그를 찬양하는 노래를 부르면서 나갔다. 그 이유는 그들에 대한 루스벨트의 태도 때문이었다.

다시 말해서 루스벨트는 상대방에게 자신을 맞추는 유연한 자세를 가졌고, 상대방이 화가 났더라도 같이 화를 내며 반응하지 않았다. 상대방이 화가 나 있을 때 맞대응하지 않을 정도로 유연한 자세는 상대방에게 자신을 맞추는 아주 훌륭한 방법이다. 만약 화를 내고 싶다면 상대방의 기분이 좋을 때 하도록 하라. 그래야 상대방으로부터 반격을 덜 받을 수 있다.

그동안 나는 여러 명의 미국 대통령을 봐왔고, 그중에 몇 명과는 직접적인 교류를 했다. 그래서 나는 유연한 자세라는 성격적 특징이 세계 최고의 자리에 있는 사람들에게 얼마큼 중요한 것인지 알고 있다. 허버트 후버Herbert Hoover 전 대통령은 역대 미국 대통령 중에서 가장 경영가적인 감각이 뛰어났던 사람 중 한 명이었다. 하지만 그는 사람들을 잘 설득하지 못했다. 자신을 굽히지 못했기 때문이다. 그는 지나치게 자신의 틀이 강한 사람이었다.

캘빈 쿨리지Calvin Coolidge 전 대통령은 허버트 후버와 비슷했고, 우드로 윌슨Woodrow Wilson 전 대통령도 그런 면이 어느 정도 있었다. 그는 지나치게 근엄했고, 자신의 틀을 고집하며 바꿀 줄 몰랐다. 다시 말해서 윌슨은 누군가 자신의 어깨를 툭 치며 친근하게 "우디"라고 부르도록 허락하지 않았다. 자신의 주장을 굽히지 않고 상대방이 자신을 따르도록 했다. 이에 반해 루스벨트는 무엇이든 상대방이 원하는 대로 하도록 했다. 누군가 그의 어깨를 툭 치며 말을 걸면 그 또한 상대방의 어깨를 허물없이 치며 말을 거는 식이었다. 그는 사고가 유연했다. 능수능란하게 자신을 상대방에게 맞출 줄 알았다.

그러니 세상을 살면서 마음의 평화와 건강을 지키려면, 자신을 상대방에게 그때그때 맞출 줄 알아야 한다. 자신에게 유연함이 부족하다면 지금부터 노력해서 충분히 유연해질 수 있다.

3. 호감 가는 말투

세 번째는 호감 가는 말투다. 적지 않은 사람들이 귀에 거슬리거나 코맹맹이 소리를 내는 등 듣기에 편하지 않은 목소리를 가지고 있다. 단조로운 목소리로 말하는 사람을 예로 들어보자. 단조로운 목소리에는 사람들의 귀를 잡아끄는 흡입력이 없다. 어떻게 사람들을 설득해야 할지 이해하지 못하는 것이다. 백만 년이 지나도 그런 목소리로는 사람들의 마음을 훔칠 수 없다. 당신이 대중 앞에서 이야기하거나, 개인적으로 사람들과 좋은 대화를 나누려면, 어떻게 해야 호감 있는 어투를 만들 수 있는지 익혀야 한다. 조금만 연습하면 가능하다. 때로는 목소리를 조금만 낮춰서 지나치게 크게 이야기하지 않는 것만으로도 간단하게 호감 가는 목소리를 만들 수 있다. 목소리의 크기는 사람들을 고역스럽게 만들 수도 있다. 너무 낮거나 지나치게 크지 않은 중간 정도의 적당한 목소리 크기는 사람들의 주의를 끌 수 있다. 그래서 대화하거나 많은 사람들 앞에서 이야기해야 할 때 가장 적당한 목소리다.

호감 있는 목소리를 어떻게 내야 하는지 다른 사람들에게 배우기보다는 스스로 연습해서 가장 좋은 목소리를 찾아야 한다. 당신이 화가 나 있거나 대화하는 상대를 좋아하지 않는데 호감 가는 목소리를 낼 수는 없지 않은가? 겉으로는 호감 가는 목소리를 낼 수 있더라도 속마음과 다르면, 그 효과는 그리 크지 않다.

내가 3~4분 안에 청중들의 마음을 사로잡고 원하는 만큼 오랫동안 관객들을 집중할 수 있게 하는 비결이 무엇인지 아는가? 첫째, 나는 자연스러운 어조로 진심을 담아 이야기한다. 다시 말해서 평소에 일대일로 대화하는 그대로 말하고, 열정을 담아 이야기할 필요가 있을 때는 열정을 담아 이야기한다.

강의를 하고 대중 앞에서 이야기하는 사람이라면 배워야 할 요령이 또 하나 있다. 나는 내가 원하는 때 언제라도 청중들의 박수를 유도할 수 있다. 그저 박수를 달라고 요청하면 된다. 먼저 당신의 마음이 즐거워야 유쾌한 마음으로 청중들에게 박수를 달라고 서슴없이 요청할 수 있다. 사람들의 눈에서 즐거움을 보는 것보다 더 보람된 일은 내게 없다. 호감 가는 어조로 말하고 즐거운 마음으로 청중들을 즐겁게 만들 수 있는 능력은 성공 비결 중 하나다.

4. 관용

'관용'이란 무엇일까? 많은 사람이 관용의 제대로 된 의미를 이해하지 못하고 있다. 관용이란 모든 사람에 대해, 어떤 문제에 대해서건 열려 있는 마음을 의미한다. 기꺼이 언제나 생소한 말이라도 열린 마음으로 듣는 것이다.

이 세상에 열린 마음을 가진 사람이 얼마나 적은지 알게 된다면 깜짝 놀라게 될 것이다. 어떤 사람들은 마음의 문이 너무 닫혀 있어서 쇠 지렛대로도 열 수가 없다. 그런 사람들의 마음에서는 어떤 새로운 생각도 찾아볼 수 없다. 마음의 문이 닫힌 사람들이 즐거워하는 모습을 본 적이 있는가?

당신은 열린 마음을 가져야 한다. 당신이 사람들과 그들의 종교, 정치적 신념, 사회 경제적 위치 등에 편견을 보이는 순간, 그들은 당신을 멀리할 것이기 때문이다.

종교와 상관없이, 피부색과 상관없이 많은 사람들이 내 수업을 듣고 있다. 내가 그들과 왜 잘 지내는지 아는가? 나는 열린 마음으로 그들 모두를 사랑하기 때문이다. 그들은 모두 나의 형제자매다. 나는 어떤 사람이든 종교, 정치, 사회 경제적 위치와 관련지어 생각하지 않는다. 그가 자신을 더 발전시키려 노력하고 있는지, 다른 사람에게 도움을 주고 그 사람의 성장을 위해 노력하고 있는지를 본다. 이것이 내가 사람들에 대해 생각하는 방식이고, 사람들과 잘 지내는 이유이기도 하다.

나는 과거에 그리 열린 마음을 가진 사람은 아니었다. 많은 것에 마음이 닫혀 있었고, 몇 가지에 대해서는 특히 편견이 심했다. 하지만 그랬던 내가, 이제 열린 마음을 유지한다는 것이 얼마나 놀라운 일인가. 열린 마음을 가지지 않으면 우리는 많은 것을 배울 수 없다.

당신의 마음이 닫혀 있다면, 당신에게 필요한 수많은 정보를 놓치게될 것이다. 열린 마음이 아니고서는 우리에게 필요한 많은 정보를얻을 수 없다.

닫힌 마음은 당신의 내면에 영향을 미친다. 당신이 상대방 또는어떤 것에 마음을 닫아 버리고 더 이상의 정보를 차단해버리면, 당신의 성장은 멈추게 된다. 어떤 일이건 당신이 마음의 문을 닫는 순간 당신은 이렇게 말하는 것과 같다. "난 더 이상 듣고 싶지 않아. 나는 더 이상의 정보를 원하지 않아."

5. 유머 감각

내가 말하는 '예리한 유머 감각'이란 꼭 농담을 해야 한다는 것을 의미하지는 않는다. 그보다는 그런 성격적인 부분을 가지라는 말이다.당신에게 유머 감각이 없다면, 유머 감각을 길러서 살면서 벌어지는유쾌하지 않은 모든 상황에 자신을 맞출 줄 알아야 한다. 너무 심각하게 그런 일들을 받아들여서는 안 된다.

예전에 칼럼니스트로 이름을 날리고 있는 프랭크 크레인Frank Crane목사의 목사실에서 그의 인상적인 좌우명을 본 적이 있다. '지나치게 딱딱한 사람이 되지 마라Don't take yourself too damn seriously'라는 좌우명이었는데, 그가 말하길 '댐damn'은 말하는 내용을 강조하기 위해 덧붙이는 비격식적인 말이기도 하지만 '저주하다'의 의미가 있으니, 자신을 지나치게 딱딱한 사람으로 만들면 결국 자신에게 저주를 내리는 꼴이라고 설명했다. 그의 말을 들으니 전혀 경박한 표현이 아니었다. 그래서 그 좌우명을 지금도 좋아한다. 지나치게 딱딱하고 답답한 사람이 되지 않도록 우리를 일깨워주는 좋은 좌우명이라고 생각한다.

만약 내가 성공하고 나서 유명한 사람들로부터 존재를 인정받아 자만심과 허영심에 빠져 딱딱하고 가까이하기 어려운 사람이 됐다면, 지금과 같이 사람들과 잘 어울리거나 계속해서 성공하지는 못했을 것이다. 사람들로부터 전혀 신뢰를 받지 못했을 것이다. 자만심과 허영심에 빠져서 근엄한 척하는 사람을 좋아할 사람은 아무도 없다.

또한, 유머 감각을 가지면 몸에도 좋다. 당신이 예리한 유머 감각을 가진 사람이라면 위궤양에 걸릴 일이 없다. 위궤양은 단 한 가지 원인에 기인하고, 제대로 치료하는 것에도 단 한 가지 방법이 있다. 그것은 바로 유머 감각을 기르는 것으로, 언제나 효과 있는 방법이다.

나는 신문에 실리는 연재 만화를 즐겨본다. 웃을 수 있기 때문이다. 그중에 결혼 상대를 구하려고 무척이나 노력하지만, 번번이 허탕만 치는 두 노처녀의 이야기를 다룬 만화가 있다. 이들의 이야기가 우리의 삶과 무척 닮아 있어서 곧잘 웃곤 한다. 간혹 웃지 못할 때는 아내에게 신문 구독료를 뜯겼다고 농담하곤 한다.

우리가 필요로 하는 비타민과 건강 보조 식품 외에도 몸에 좋은 강장제 중 하나는 하루에 여러 번 웃는 웃음이다. 웃을 일이 없다면 억지로라도 웃을 일을 만들어라. 예컨대 거울을 보고 자신의 얼굴을 우습게 만들어 보라. 틀림없이 웃을 수 있을 것이다. 웃는 동안 자신의 마음이 바뀌는 것에 놀라게 될 것이다. 근심 걱정이 차츰 사라지며 고민할 때보다 작아질 것이다.

나의 유머 감각이 예리한지는 모르겠지만 눈치는 빠른 편이다. 나는 대부분의 상황에서 웃음을 찾을 수 있다. 지금은 유머 감각을 길러서 과거라면 고통스러웠을 상황에서조차도 웃을 수 있는 거리를 찾을 수 있다.

6. 솔직함

그다음 특징은 '솔직한 말과 행동'이다. 솔직하되 말하기에 앞서 생각을 먼저 하고 나서 어떤 말을 할지 분별해서 말해야 한다.

대부분의 사람은 먼저 말하고 나서 그다음에 생각한다. 그리고 후회한다. 사람들에게 말하기에 앞서 자신의 말이 상대방에게 해가 되는 말인지 도움이 되는 말인지, 그리고 스스로에게 해가 되는 말인지 도움이 되는 말인지 판단하라. 입을 열기 전에 조금만 생각하고 판단해보면, 생각한 말의 반은 말하지 않게 될 것이다.

어떤 사람들은 아무런 생각 없이 말해서 자신이 한 말도 기억하지 못한다. 말은 하지만 이들의 의식은 그 말 속에 담겨 있지 않다. 그래서 늘 자신의 말로 인해 곤경에 처하곤 한다.

솔직하게 말하고 행동해야 한다는 뜻이 모든 사람에게 당신의 생각을 있는 그대로 말해야 한다는 뜻은 아니다. 그렇게 하면 당신에게는 친구가 없을 것이기 때문이다. 또한, 당연한 말이지만 솔직함은 말을 얼버무리며 모호하게 말하는 것이 아니다. 모호하게 말하는 사람을 좋아할 사람은 아무도 없다. 사람들은 항상 애매하게 말하며 자신의 의견을 내놓지 않는 사람들 또한 좋아하지 않는다.

7. 호감 가는 표정

일곱 번째 특징은 '호감 가는 표정'이다. 이미 거울을 보며 표정 연습을 해본 경험이 있을 것이다. 거울을 보며 웃는 연습을 하면 자신의 마음이 저절로 즐거워지는 것에 놀라게 될 것이다. 사람들과 말할 때 웃으면서 말할 수 있도록 연습하면 놀라운 결과가 일어난다. 얼굴을 찡그리거나 심각한 얼굴로 이야기할 때보다, 웃으면서 말할 때 훨씬 더 효과적으로 전달되고 받아들여지는 것에 놀라게 될 것이다. 어떤 표정으로 말하는지에 따라 듣는 사람에게 엄청나게 다른 영향을 미친다.

나는 마치 온 세상이 자신의 어깨 위에 놓인 것처럼 심각한 표정을 짓고 있는 사람과 말하기를 대단히 싫어한다. 그가 무슨 말을 할지가 나를 불안하게 만든다. 하지만 그가 연습을 해서 루스벨트가 그랬듯이 백만불짜리 미소를 지을 수 있다면, 아무리 평범한 말을 하더라도 마치 음악처럼 또는 현명한 말처럼 들릴 것이다. 웃음이 심리학적인 영향을 미치기 때문이다.

마음을 담지 않고서는 이가 보일 정도로 활짝 웃으며 말하지 마라. 마음을 담아 웃도록 연습하라. 웃음은 입술과 얼굴에서 먼저 시작되는 것이 아니라 가슴에서 먼저 시작된다. 아름답고 잘생겨야 웃을 수 있는 것은 아니다. 웃는 얼굴은 당신의 얼굴을 매력적으로 보이게 만들어준다. 웃음은 표정을 더 아름답게 만들어준다.

8. 강한 정의감

그다음 특징은 '강한 정의감'으로 모든 사람을 대하는 자세다. 다시 말해서 자신에게 불이익이 되는데도 다른 사람을 정의롭고 공정하게 대하는 것이다. 손해가 되는 일인데도 불구하고 정의롭고 공정하게 일을 하면, 사람들은 당신을 좋아하게 된다. 당신에게 이득이 되는 일인 동시에 다른 사람에게도 정의롭고 공정한 일인 경우는 딱히 미덕이라고 할 수 없다.

하지만 많은 사람이 자신에게 똑같이 되돌아올 때만 정의롭고 공정하게 일을 처리하려고 한다. 정직하지 않을 때 이득이 된다는 것을 알게 되면 사람들이 얼마나 빠르게 부정직해지는지 아는가? 안타깝게도 그렇게 되는 사람들의 비율은 매우 높다.

9. 진실성

아홉 번째 특징은 '진실성'이다. 말과 행동이 진실하지 않고, 자신의 진짜 모습과는 다르게 행동하며, 속마음과는 다른 말을 하는 사람을 좋아할 사람은 아무도 없다. 비록 심각한 거짓말이 아니라고 하더라도 진실하지 못한 말과 행동은 심각한 거짓말에 거의 유사하다.

10. 박학다식

'박학다식'은 자신이 관심 있어 하는 분야 이외에도 사람들과 세상이 돌아가는 일에 대해 광범위하게 아는 것이다. 관심 있는 한 가지 분야밖에 모르는 사람은 다른 분야에 관한 이야기가 나오는 순간 따분한 사람이 된다. 아마 이런 사람을 쉽게 떠올릴 수 있을 것이다. 평소에 상대방이 관심 있어 하는 분야에 관해 이야기할 수 있을 정도로 박식하게 알고 있는 사람이라면, 흥미로운 대화를 하기에 좋은 대화 상대가 된다.

호감 가는 사람이 되는 가장 좋은 방법이 무엇인지 아는가? 사람들이 관심 있어 하는 것들에 관해 이야기하는 것이다. 사람들이 관심 있어 하는 것에 대해 이야기하고 나서, 당신이 관심 있어 하는 것에 대해 이야기하면 사람들은 당신의 말에 훨씬 더 귀 기울일 것이다.

11. 요령 있는 말과 행동

열한 번째 특징은 '요령 있는 말과 행동'이다. 사람들에게 자기의 생각과 마음을 있는 그대로 다 드러내면, 당신이 원하지 않을 때도 사람들은 당신의 속을 훤히 들여다볼 수 있다.

요령이 있다는 것은 조금 나쁘게 말하면 잔꾀를 부리는 것이고 약삭빠른 것이다. 상황에 따라서는 자신의 속마음을 내비치지 않고 상대방과 협상을 해야 할 때가 있다. 도로 위에서의 교통사고가 대표적인 경우다. 단순 접촉 사고로 차 표면이 살짝 벗겨진 경우, 사람들은 실제 생각하는 비용보다 더 큰 비용을 보상으로 요구한다. 그러면서 점차 가격 차이를 좁히며 협상에 이른다. 또는 누구의 과실이라고 보기에 애매한 경우나 자신의 실수가 조금 더 명백한 경우에도 일단 상대방의 과실로 주장한다. 그러면서 자신에게 유리하게 조정해나간다. 요령 있게 사람들을 대하면 놀라울 정도로 다른 결과를 볼 수 있다. 사람들에게 무엇을 해달라고 말하는 대신, 해줄 수 있겠는지 물어보는 것이 종종 더 나은 결과를 낳는다. 설령 당신이 사람들에게 지시를 내리는 위치에 있더라도 지시의 형태보다 물어보는 형태가 더 낫다.

내가 아는 가장 뛰어난 고용주 중 한 명은 자신의 직원들에게 결코 직접적인 지시를 내리지 않았다. 앤드류 카네기는 언제나 사업동료와 직원들에게 해줄 수 있겠는지, 그렇게 해줘도 괜찮겠는지, 쉽게 해줄 수 있는 일인지, 무리가 없겠는지 물었다. 그는 언제나 지시를 내리는 대신에 묻는 형식을 취했다. 그것이 바로 그가 직원들과 좋은 관계를 유지하고 성공할 수 있었던 비결 중 하나였다.

12. 신속한 결정

다음 특징은 '신속한 결정'이다. 결정에 필요한 사실들이 눈앞에 갖춰졌는데도 불구하고 계속해서 결정을 미루는 사람을 좋아하는 사람은 없다. 신속한 결정이라고 해서 조급하게 결정을 서둘러야 한다거나 어떤 일이 있을 때 즉각 판단해야 한다는 말은 아니다.

결정을 위한 모든 것이 준비되어 있고, 해야 할 때가 됐을 때 결정을 내리는 습관을 들이도록 하라. 잘못된 결정을 내렸다면 언제든지 결정을 바꿀 수 있다. 바꿔야 할 결정의 규모가 지나치게 크거나 매우 작다고 해서 변경을 포기하거나 무시해서는 안 된다. 잘못된 결정을 변경했을 때 당신과 다른 사람들에게 옳은 일이라면 매우 이로운 변경이다.

13. 무한한 지성에 대한 믿음

'무한한 지성에 대한 믿음'에 대해서는 많은 말을 할 필요가 없을 것 같다. 당신에게 종교가 있다면 종교적인 믿음에 대해서는 잘 알고 있을 것이다. 믿고 있는 종교를 충실히 따르고 있는 사람이라면, 이 특징을 분명 개인적으로 높이 평가할 것이다.

많은 사람이 무한한 지성에 대한 믿음을 입으로만 말하고 정작 실천은 거의 하지 않거나, 뚜렷하게 하지 않는 경우가 많다. 당신이 믿는 신이 그것에 대해 어떻게 느낄지 모르겠지만, 선한 의도나 믿음을 잔뜩 내면에 쌓아두는 것보다는 한 번의 실천이 더 낫다.

14. 적절한 어휘 사용

'적절한 어휘 사용'은 비속어, 말장난을 하지 않는 것이다. 나는 지금처럼 사람들이 비속어나 모호한 말장난을 많이 사용했던 때를 보지 못했다. 이런 언어를 사용하면 자신들이 세상 물정에 밝고 똑똑해 보인다고 생각하겠지만, 듣는 사람은 그렇게 생각하지 않는다. 상대방이 웃을 수도 있지만 이런 말을 지나치게 사용하는 사람의 말에 큰 인상을 받지 못할 것이다.

15. 절제된 열정

다음은 '절제된 열정'이다. 열정을 왜 절제해야 할까? 열정은 자유로워야 하는 것이 아닌지 물을 수도 있다. 하지만 통제되지 않은 열정은 문제를 일으킨다. 열정은 우리가 전기를 다루는 것과 매우 흡사하게 다뤄져야 한다. 우리는 전기로 옷을 빨며, 토스트를 굽고, 스토브에서 요리를 할 수 있지만 필요할 때 전기 스위치를 켜고 필요 없을 때는 전기 스위치를 내려야 한다.

당신의 열정도 이처럼 조심스럽게 다뤄야 한다. 필요할 때 열정 스위치를 켜고, 필요할 때 재빨리 스위치를 내릴 수 있어야 한다. 스위치를 켤 때처럼 빠르게 내리지 못하면, 누군가 당신이 쏟아붓지 않아야 할 곳에 열정을 쏟아붓도록 할 수도 있다. 사람들의 열정을 이용하는 이런 경우를 본 적이 있지 않은가?

열정이 때론 지나쳐서 일종의 최면술처럼 될 때가 있다. 자신에 대해 열정으로 최면을 걸 수 있고, 마찬가지로 다른 사람에게 최면을 걸 수도 있지만 지나치지 않아야 한다. 당신의 지나친 열정이 다른 사람들의 혼을 쏙 빼놓을 수도 있다. 가끔 지나친 열정을 가진 영업 사원들이 나를 찾아오는데, 이런 사람들을 두 번 다시 만나지는 않을 것이다. 굳이 나의 혼을 뺏길 이유가 없기 때문이다.

청중들의 혼을 빼가는 강연자들의 강연과 목사들의 설교를 들은 적이 몇 번 있다. 나라면 이런 사람들의 강연과 설교를 계속해서 들으며 에너지를 뺏기지 않을 것이다. 참가자들은 정신을 잃고 열정의 배터리를 있는 대로 폭발시키며 다 써버리게 된다. 이런 경우 당신이 할 수 있는 일은 멀리 피해서 열정 스위치를 끄는 것이다.

제때에 적합한 정도로 열정의 스위치를 켰다가 끌 수 있는 사람은 호감 가는 성품을 가진 사람으로 간주될 것이다. 반면에, 자신이 원하는 때에 열정의 기운을 내뿜을 수 없는 사람은 호감 가는 성품을 가진 사람으로 생각되지 않는다. 열정의 기운을 뿜어내야 할 때는 따로 있기 때문이다. 수업, 강의, 발표 또는 당신 업무 분야의 기타 대인관계 상황에서 어느 정도의 열정을 내보여야 할 때가 있다.

다른 모든 성격적 특징과 마찬가지로 열정 또한 당신이 계발할 수 있다. 우리가 계발할 수 없는 성격적 특징은 단 한 가지가 있다. 앤드류 카네기는 다른 사람이 계발을 도와줄 수 없는 성격적 특징이 단 한 가지가 있다고 말했다. 그것은 개성 즉, 개인만이 가지고 있는 독특한 매력이다. 지나치게 개성이 넘치는 사람이라면 자신이 넘치는 개성을 조절하고 바꿀 수는 있지만, 다른 사람들이 이를 길러줄 수는 없다.

16. 스포츠 정신

다음 특징은 패자는 깨끗하게 패배를 인정하고 승자는 패자를 배려하는 '스포츠 정신'이다. 인생에서 우리는 항상 이길 수는 없다. 항상 이길 수 있는 사람은 아무도 없다. 당신도 인생에서 질 때가 있을 것이다. 그럴 때는 깨끗하게 패배를 인정하라. "비록 졌지만 최선을 다한 결과이고, 이번 패배는 앞으로 더 잘할 수 있는 최고의 기회다. 다음 번 상대를 이길 때까지 역량을 갈고 닦겠다."라고 자신에게 이야기할 수 있어야 한다. 어떤 패배든 너무 심각하게 받아들이지 마라.

대공황 시기에 내 친구 중 네 명이 목숨을 끊었다. 그중 두 명은 높은 빌딩에서 뛰어내렸고, 한 명은 머리에 총을 쐈고, 다른 한 명은 독약을 마셨다. 나는 그들이 잃은 재산보다 두 배 더 많은 재산을 잃었지만 빌딩에서 뛰어내리지도, 권총 자살을 하지도, 독약을 마시지도 않았다. 당시 나는 스스로에게 이렇게 되뇌었다.

'재산을 잃은 것은 내겐 축복이야. 많은 재산을 잃었으니까 다시 시작해서 그전보다 더 많은 돈을 벌 수 있게 됐잖아.'

또한, 이렇게 말했다.

'내가 가진 모든 돈을 다 잃고 마지막으로 남은 양복, 심지어 속옷까지 다 잃어버려도 내게 사람들 앞에 설 수 있는 곳만 있으면 난 다시 일어날 수 있어. 내 강의를 들을 사람들만 있으면 돈을 다시 벌 수 있을 거야.'

이런 자세를 가진 사람을 쓰러트릴 수 있을까? 아무리 넘어져도 이런 사람은 다시 일어선다. 펀치를 맞고 넘어져도 다시 일어서고, 마침내 상대방을 쓰러트리고 이길 것이다.

17. 기본적인 예의

기본적이고 일상적인 예의를 지키는 것은 매우 훌륭한 일이다. 특히 사회 경제적 약자에 대한 예의는 더욱 소중하다. 그들을 정중하고 올바르게 대할 때 그들과 당신 모두가 느낄 수 있는 무언가가 있다.

나는 누군가 다른 사람 위에서 군림하는 모습을 언제나 대단히 싫어한다. 음식점에서 종업원에게 계속해서 이것저것 까다롭게 주문하고 모욕까지 서슴지 않는 모습보다 보기 싫은 것은 없다. 이유가 있건 없건 공공장소에서 다른 사람에게 모욕을 주는 사람은 대단히 문제가 많은 사람이다.

필라델피아에서 살았던 시절, 머물고 있던 호텔 식당에서 식사를 하고 있었는데 종원업이 실수로 뜨거운 수프를 내 목덜미에 엎지르고 말았다. 가벼운 화상을 입은 내게 식당 지배인이 뛰어와서 사과를 하고, 조금 지나니 호텔 총지배인이 달려와서 죄송하다며 의사를 부르려고 했다. 나는 괜찮다며 이렇게 말했다.

"심각하게 데인 게 아닙니다. 그저 종업원이 실수로 조금 수프를 제 목에 흘렸을 뿐인데요."

"저희가 양복을 세탁해드리겠습니다."

"아닙니다. 당황해하지 않으셔도 됩니다. 저는 아무렇지도 않습니다."

종업원은 일을 마치자 내 방으로 와서 말했다.

"어떻게 감사함을 말로 다 표현할 수 있을지 모르겠습니다. 제가 해고당할 만한 일을 해서 저를 충분히 해고되게 하실 수도 있었는데요. 아까처럼 말씀해주시지 않았더라면 틀림없이 저는 해고당했을 겁니다."

그 일이 종업원에게 그렇게 도움이 될지를 몰랐지만, 그 덕에 나는 기분이 좋을 수 있었다. 기본적인 예의도 없는 사람처럼 그 일로 종업원을 괴롭히지 않았으니 말이다.

내가 기억하는 한 인생에서 의도적으로 누군가에게 모욕을 준 적은 없었다. (의도하지 않았는데 그런 적이 있었을지는 모르겠다.) 이렇게 말할 수 있어서 좋고, 사람들에게 기본적인 예의를 갖춰 대한다는 사실에 기분이 좋다. 내가 사람들을 대하는 그대로 사람들은 내게 대하게 되어 있다. 뿌린 대로 거두는 법이다. 우리는 인간 자석인 셈이다. 우리의 가슴과 영혼에서 내보낸 것들이 성질이 같은 것을 우리에게 다시 끌어오게 되어 있다.

18. 적절한 옷차림

'적절한 옷차림'은 사회생활을 하는 사람들에게 중요하다. 화려하거나 튀는 옷차림은 삼가고 자신의 개성에 맞는 적절한 옷차림을 하는 것이 좋다. 또한 상황에 맞는 옷을 적절하게 입어야 한다.

나는 극히 드문 경우를 제외하고 예복을 입을 일이 별로 없다. 그런데 언젠가 시카고에서 영업 이사들을 대상으로 강의를 했을 때, 턱시도를 입고 참석해야 한다는 사전 통지를 받았다. 20년간 턱시도를 사 본 적이 없던 나는 그날 행사를 위해 턱시도를 샀다.

연단에 올라 저녁 식사 전 칵테일 룸에서 한 은행가와 나눈 이야기를 들려줬다.

"나폴레온 힐씨, 대중 앞에서 말씀하실 때 긴장하시나요?"

"평소에는 안 그런데 오늘은 긴장이 되는군요."

"왜 오늘만 그러시죠?"

"이놈의 턱시도 때문에요."

평소에는 잘 안 입는 옷이어서 불편하고 어색했기 때문이었다. 청중들은 공감하며 내 이야기를 재미있게 들었다. 다소 특별한 경우의 옷차림에 관한 이야기였지만, 사회생활을 위해서는 이처럼 자리에 어울리는 옷을 적절히 갖춰 입어야 한다.

무엇을 어떻게 입어야 할지 지나치게 고민할 필요는 없다. 그저 당신의 개성에 잘 어울리면 된다. 어떤 자리에서 가장 옷을 잘 입은 사람이 어떤 옷을 입고 있었냐는 질문을 받는다면, 대답을 잘 못할 것이다. 어떤 옷을 입을지 지나치게 고민하기보다, 상황에 어울리는 옷차림인지가 더 중요하다.

19. 쇼맨십

자신이 하는 말에 사람들의 귀를 잡아끄는 흡입력이 있게 하려면 '쇼맨십'을 가져야 한다. 보다 극적으로 말하는 방법을 알 필요가 있다.

당신이 사람들에게 세상에서 가장 뛰어난 인물에 대해 설명한다고 해보자. 만약 사람들이 재미 있어할 만한 구체적인 내용이나 일화에 대한 언급 없이 사실 위주로만 이야기한다면, 사람들은 이야기에 흥미를 잃을 것이다. 당신과 거래하는 사람들에게 어떤 것에 관해 이야기할 때는 무미건조하지 않게, 생동감 있게 해야 한다.

20. 최선을 다하는 자세

'최선을 다하는 자세'에 대해서는 상세하게 설명한 5장 '기대 이상으로 최선을 다해 일하는 습관'을 참고하기 바란다.

21. 절제력

'절제력'은 넘치지도, 모자라지도 않는 것을 말한다. 과식은 지나친 음주만큼이나 해롭다. 나는 담배를 피우고 술을 마셔도 주객이 전도되지 않도록 주의한다. 내가 담배를 피우는 게 아니라 담배가 나를 피울 정도가 된다고 생각하면 멈춘다. 칵테일도 세 잔까지는 즐겁게 마시지만, 술이 나를 지배할 정도가 되기 전에 서둘러 자리를 떠난다.

나는 언제나 스스로를 지나치지도 않고 모자라지도 않게 온전히 통제할 수 있기를 바란다. 뭐든지 지나치지만 않으면 살면서 그리 나쁜 상황은 벌어지지 않는다.

음주와 흡연을 아예 하지 않아야 한다는 주장이 있는 반면, 음주와 흡연을 해도 괜찮다는 주장이 있다. 옳고 그름은 상대적인 것이다. 무엇이 옳고 그른 것인지는 어떤 결과를 가져오느냐에 달려 있다. 나쁜 결과를 가져오면 그른 것이고, 이로운 결과를 가져오면 옳은 것이다. 대부분의 사람은 이렇게 세상을 바라본다.

22. 인내력

우리가 인생을 살아가는 한, 모든 상황에서 '인내력'이 필요하다. 인내심 있게 나에게 유리한 시간이 올 때까지 기다릴 줄 알아야 한다. 인내심을 가지지 않고 급하게 서두르면 결국 아무것도 얻지 못하거나 거절을 당할 수 있다.

사람들과 관계를 형성하기 위해서는 시간이 걸린다. 급한 마음을 먹지 않도록 언제나 자신을 다스릴 줄 알아야 한다.

대부분의 사람은 그다지 인내력이 크지 않다. 옳지 않은 말과 행동에 사람들은 바로 화를 내곤 한다.

누군가 내게 옳지 않은 말이나 행동을 한다고 해서 반드시 화가 날 필요는 없다. 화를 낼 수도 있지만 그것은 나의 선택이며 화내지 않는 것을 택할 수도 있다. 내가 원하면 인내심을 가지고 상대방에게 반격할 시간을 기다릴 수도 있다. 누군가 내게 옳지 못한 말이나 행동을 하면 내가 반격하는 유일한 방법은 그에게 호의를 베풀어서 그가 얼마나 작은 사람인지 보여주는 것이다.

23. 품위 있는 몸자세

앉거나 서 있을 때 '품위 있는 몸자세'를 가져야 한다. 나는 청중 앞에서 말할 때 비딱하게 몸을 기대지 않고 바르게 서서 말한다.

24. 겸손

진심에서 우러나오는 겸손만큼 아름다운 것은 없다. 나도 사람인지라 같이 일하는 사람들을 비난할 때가 있다. 하지만 늘 속으로 이렇게 말하고 만다. '신의 은총이 아니었다면 내가 비난하는 저 사람이 나였을 수도 있겠지. 그리고 모르긴 몰라도 내가 저 사람이 한 일보다 열 배는 넘게 비난받을 일을 한 적이 있겠지.'

어떤 사람으로 인해 불쾌한 일이 생겨도 이렇게 겸손한 마음을 유지하려고 노력한다.

성공할수록 내 가슴속에서 겸손한 마음이 커 가는 것을 느낄 수 있다. 내가 이룬 성공은 어떤 것이든지 다른 사람들의 호의와 사랑, 애정과 협력이 없었다면 불가능했을 일이다. 사람들의 애정과 협력이 없었다면 지금처럼 내 이름을 알릴 수도 없었을 것이고, 사람들을 돕는 이로운 일을 하지 못했을 것이며, 지금과 같이 성장하지 못했다. 또한 다정하고 친근한 마음으로 나 자신을 사람들에게 맞추려고 노력하지 않았다면 사람들의 협력을 얻지 못했을 것이다.

25. 매력

마지막으로 설명할 특성은 '매력'이다. 물론 매력은 남성과 여성으로서 뿜어내는 타고난 개성을 말한다. 타고난 개성은 계발하기 쉽지 않은 성격 특성 중 하나지만, 보다 유익한 방향으로 관리할 수 있다. 사실 각 분야에서 뛰어난 리더, 세일즈맨, 연설자, 성직자, 법률가, 강연자, 교사 등은 성 에너지를 자신이 원하는 일에 쏟을 수 있는 창조적인 에너지로 승화시키는 법을 익힌 사람들이다.

한편 '승화'라는 요술 같은 단어는 사전에서 정확히 의미를 찾아서 이해할 만한 말이다.

지금까지 살펴본 스물다섯 가지 호감 가는 성격의 특징에 대해 생각해보아야 할 것들이 많다. 그 과정에서 당신에 대해 많은 것을 새롭게 알게 될 것이다. 이 특징들에 대해 답하며 점수를 매기는 과정에서, 당신이 몰랐던 자신의 단점과 과소평가했을지도 모를 좋은 장점을 발견하게 될 것이다.

당신 자신에 대해 잘 살펴보라. 무엇이 당신을 그렇게 행동하게 했는지, 왜 사람들이 당신을 좋아하거나 또는 싫어했는지 이유를 잘 살펴보라. 만약 당신이 사람들에게 인기가 없고 나와 마주 앉을 수 있다면, 나는 스무 개를 넘지 않는 질문 범위 내에서 그 원인을 찾아낼 수 있다. 당신도 나와 같이 할 수 있다. 그것이 내가 바라는 것이다. 나는 당신이 무엇이 사람들을 인기 있는 사람으로 만들고, 왜 그런 행동을 하게 하는지 이유를 찾을 수 있기를 바란다. 그렇게 할 수 있다면 당신은 매우 훌륭한 강점 중 하나를 가지게 되는 것이다.

이제 이번 장에서 배운 것을 학습하고 자신을 호감 가는 성격의 사람으로 바꿔야 할 차례다. 즐겁게 하길, 그리고 자신에 대해 많은 것을 깨닫게 되길 바란다.

당신의 호감도는 얼마인가

각 항목에 자신이 해당되는 성품의 점수를 0부터 100까지 매겨보라. 각각의 점수를 매기고 난 후에는 전부 더해서 25로 나눠라. 그 평균 점수가 당신이 얼마나 호감 가는 사람인지를 보여준다. 점수가 50을 넘으면 당신의 매력도는 꽤 괜찮은 것이다.

	항 목	점 수
1	긍정적인 마음 자세	
2	유연함	
3	호감 가는 말투	
4	관용	
5	유머 감각	
6	솔직함	
7	호감 가는 표정	
8	강한 정의감	
9	진실성	
10	박학다식	
11	요령 있는 말과 행동	
12	신속한 결정	
13	무한한 지성에 대한 믿음	
14	적절한 어휘 사용	
15	절제된 열정	
16	스포츠 정신	
17	기본적인 예의	
18	적절한 옷차림	
19	쇼맨십	
20	최선을 다하는 자세	
21	절제력	
22	인내력	
23	품위 있는 몸자세	
24	겸손	
25	매력	
	총점	
총점 ( ) ÷ 25		

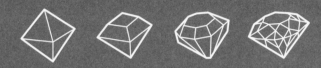

7

리더십과
자기 주도성

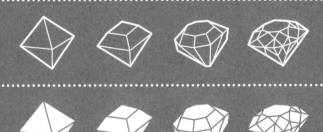

결정에 필요한 모든 사실이 있음에도 불구하고

신속 명확한 결정을 내리는 습관이 없다면,

당신은 빈둥거리며 일을 하고 있는 것이다.

차일피일 할 일을 미루는 것이며,

자기 주도성이라는 당신 삶의 필수 요소를

파괴하고 있는 것이다.

지난 토요일, 항공권 티켓을 일요일 대신에 월요일에 돌아오는 날짜로 변경하기 위해 여행사에 갔었다. 책임자가 내 손을 잡고 자신을 소개하며 『놓치고 싶지 않은 나의 꿈 나의 인생』을 정말 잘 읽었다고 말했다. 그가 계속해서 내 손을 잡고 있는 가운데, 그와 거래 관계에 있는 항공사에서 일하는 남성이 오더니 내 이름을 듣고 나의 다른 손을 잡으며 이렇게 이야기했다.

"제가 항공사에서 일하기 전에 약 백여 명의 직원이 있는 판매사를 운영했습니다. 그러면서 모든 영업 사원에게 당신의 책을 필독하게 했습니다."

두 사람의 이야기를 듣고 기분이 매우 좋았다. 여행사 밖으로 나오니 두 명의 멋진 숙녀들이 길에서 선거 홍보물을 나눠주고 있었다. 그중 한 명이 내게 물었다.

"나폴레온 힐씨 아니세요?"

나는 가던 길을 멈추고 돌아서서 인사하며 말했다.

"네, 그렇습니다만 어떻게 저를 아시죠?"

"2년 전 한 여성 모임에서 강연하시는 것을 들었어요. 이쪽은 제 사촌이고요. 저희 남편들 모두가 선생님 책 덕분에 크게 성공할 수 있었어요."

대화를 마치고 길가에 주차한 내 차로 돌아오니, 한 경찰관이 주정차 위반 티켓을 떼고 있었다. 여행사에서 12분이면 볼일을 보고 나올 수 있으니 1센트면 충분하겠다 싶어 주차료로 그만큼만 지불해두었는데, 여행사와 길에서 기분 좋은 대화를 나누다 보니 주차 예정 시간을 훨씬 넘겨버린 것이었다.

경찰관은 티켓 작성을 거의 반 정도 마친 상태였다. 나는 그에게 다가가 이렇게 말했다.

"이 차의 주인이 나폴레온 힐씨라도 위반 티켓을 발급하시겠어요?"

"누구요?"

"나폴레온 힐이요."

"아니죠, 나폴레온 힐씨라면 티켓을 떼지 않을 겁니다. 하지만 당신은 어림없죠."

나는 내가 나폴레온 힐이라고 말하며 신용카드와 운전면허증을 건넸다.

그러자 경찰관은 작성하던 티켓을 찢으며 이렇게 말했다.

"이런, 이렇게 뵙게 되다니 놀라운 일이네요. 『놓치고 싶지 않은 나의 꿈 나의 인생』을 읽고 경찰관 시험에 합격할 수 있었거든요."

그와 대화를 마치고 차에 올라타 최대한 서둘러 집으로 돌아왔다. 계속 거리에 있다가는 또 누군가 와서 내 성공 철학 덕을 봤다고 이야기할까 두려웠기 때문이었다.

얼마나 성공했고 얼마나 사람들에게 인정을 받는지를 떠나서, 일반적인 사람이라면 사람들이 건네는 순수한 칭찬의 말에 고마운 마음을 느낄 것이다. 나 또한 칭찬을 받았을 때 고마운 마음을 느끼고, 사람들의 칭찬에 고마워하는 마음을 끝까지 잃지 않기를 바란다.

이 일화를 소개하는 이유는 이들이 나의 성공 철학을 알게 되고 나서 실행에 옮겨 성공했기 때문이다. 실행에 옮기지 않으면 이 모든 성공 철학의 원리를 아무리 잘 이해해도 전혀 소용이 없다. 그저 좋은 말을 듣고 마는 것에 그치면 이 성공 철학에서 얻을 가치는 아무것도 없다. 성공 철학을 통해 주도적으로 실행해야 진정한 가치를 얻을 수 있다.

자기 주도성과 리더쉽을 구성하는 서른 한가지인 특성들이 있다. 이 특성들에 0에서 100까지의 점수를 매겨서 자신을 평가해보길 바란다. 각 특성에 대해 점수를 매긴 다음에는 모든 점수를 더해서 31로 나눠라. 평균 점수가 당신의 종합적인 자기 주도성 점수이다. 이렇게 각 특성에 대해 자신은 어느 정도인지 생각해보면서 점수를 매기는 과정이 자기 주도성을 키우는 시작이 될 것이다.

1. 명확한 목표

'명확한 목표'에 대해서는 많은 말을 할 필요가 없다. 인생에서 명확한 목표가 없다면 자기 주도적인 삶을 살지 못하기 때문이다.

명확한 목표를 세우는 것, 다시 말해서 자신이 원하는 것을 찾는 것이 자기 주도적인 삶의 가장 중요한 첫 단계이다. 평생에 걸쳐 당신이 원하는 것이 무엇인지 확실치 않다면, 당장 올해 당신이 원하는 것부터 찾아라. 목표는 지나치게 높지 않게, 그리고 지나치게 멀게 세우지 않도록 하라.

당신이 사업 또는 자영업을 하고 있거나 직장에서 근무하고 있다면, 높은 소득이라는 명확한 목표를 세워볼 수 있다.

연말이 되면 자신이 세웠던 목표와 실제 소득을 비교해보고 다시 목표를 세워라. 한 단계 더 높은 새로운 1년 목표, 또는 5년간의 계획을 세워라. 하지만 자기 주도적인 삶의 시작은 자신이 어디를 향해 갈 것인지, 왜 그 목표를 바라는지, 목표를 이룬 다음에는 무엇을 할 것인지, 목표 달성으로 이루는 소득 증가는 어느 정도인지 답을 찾는 것이다.

자신이 얼만큼의 성공을 원하고 그 성공을 측정하는 기준은 무엇인지 마음을 정할 수 있다면, 세상 사람들 대부분이 크게 성공할 수 있을 것이다.

많은 사람이 더 나은 사회적 위치와 더 많은 돈을 바라지만, 명확하게 어떤 사회적 위치인지, 얼만큼의 돈인지, 그리고 언제까지 원하는지를 목표로 세우지 않는다. 명확한 목표라는 기준에서 스스로에게 어느 정도의 점수를 줄 수 있는지 생각해보면서 점수를 매겨보라.

2. 충분한 동기

'충분한 동기'는 명확한 주요 목표를 끊임없이 실행하여 추구할 수 있도록 자극한다.

자신에게 충분한 동기가 있는지 잘 살펴보라. 주요 목표 달성을 자극하는 동기가 하나 이상 있다면 훨씬 더 좋을 것이다.

아무런 동기 없이 어떤 일을 하는 사람은 아무도 없다. 정신적인 균형이 깨져 있는 사람을 제외하고는 말이다. 사람들은 동기가 강할수록 더 적극적으로 목표를 추구하고 더욱 주도적으로 실행에 나서기 쉽다.

뛰어난 성공을 거두려면 반드시 두뇌가 명석해야 할 필요는 없다. 반드시 높은 교육을 받아야만 성공할 수 있는 것도 아니다. 자신이 가진 것이 작든 크든 목표를 실행에 옮기는 것이 누구나 시작할 수 있는 성공의 첫걸음이다. 물론 이 첫걸음은 당신 스스로가 주도적으로 떼야 한다.

3. 마스터 마인드 연합

'마스터 마인드 연합'은 큰 성공을 위해 필요한 힘을 구할 수 있는 협력체이다.

당신에게 협력이 필요할 때 도움을 요청할 수 있는 지인들이 얼마나 되는지 헤아려보라. 도움이 필요할 때 정말로 의지할 수 있는 사람들의 목록을 만들어보라.

살다 보면 돈이 필요해서 돈을 빌려야 할 때가 생길 것이다. 그럴 때 돈을 빌릴 수 있는 누군가가 있다면 좋지 않겠는가? 물론 은행에서 대출 서류를 작성하고 필요한 만큼의 돈을 대출받을 수도 있다. 하지만 대출 한도 등의 이유로 은행 이외의 방법으로 돈을 빌려야 할 경우가 발생할 수 있다.

특히 보통 이상의 성공을 꿈꾼다면, 당신과 협력할 뿐만 아니라 당신을 돕기 위해 최선을 다하고, 도움이 될 수 있는 특별한 능력이 있는 사람들을 마스터 마인드 연합으로 만들 필요가 있다.

누구의 인생도 아닌 자신의 인생을 위해 주도적으로 마스터 마인드 연합을 구성하는 것은 당신의 선택에 달려 있다. 사람들은 단지 좋은 친구라는 이유만으로 당신과 특별하게 연결되는 마스터 마인드 연합이 되지는 않을 것이다. 계획과 목표를 세워서 연합에 적합한 사람들을 찾아야 한다. 그리고 마스터 마인드 연합이 되고 싶다는 충분한 동기를 그들에게 줘야 한다.

내가 살펴본 결과, 대다수의 사람이 마스터 마인드 연합이라고 할 만한 사람들을 가지고 있지 않다. 당신 또한 지금 그런 사람이 한 명도 없어서 0점밖에 점수를 주지 못하더라도 낙담하지 마라. 다음에 점수를 매길 때에는 더 높은 점수를 줄 수 있도록 목표를 세워 노력하라. 그러기 위한 유일한 방법은 지금 당장 최소한 한 명이라도 당신의 마스터 마인드 연합을 찾는 것이다.

4. 자립심

'자립심'은 명확한 목표와 관련되어 있다. 당신에게 얼만큼의 자립심이 있는지 살펴보라. 스스로 문제를 풀려고 하기보다 다른 사람의 도움에 의지하려는 경향이 있는지 살펴보라.

당신이 자립심이 있는 사람이라고 생각할 수도 있다. 그걸 어떻게 알 수 있을까? 명확한 목표를 가졌는지를 통해 알 수 있다. 목표가 얼마나 명확한지, 얼마큼 큰 목표인지 신중하게 평가해보라.

명확한 목표가 없거나, 현재까지 그 목표를 제대로 달성하지 못하고 있다면, 당신의 자립심은 그리 크지 않은 것이다. 반대로, 자립심이 충분한 것으로 판단되면, 지금까지의 성취보다 한 단계 더 높은 목표를 설정하라. 그러면 한층 높아진 새 목표를 달성하고 싶다는 의지가 강하게 솟을 것이다.

5. 자제력

다섯 번째는 목표를 이룰 때까지 정신을 관리하고 동기를 유지하는 힘인 '자제력'이다. 우리는 언제 가장 자제력이 필요할까? 승승장구하며 일이 잘 풀리고 성공할 때일까?

그렇지 않다. 상황이 어려울 때, 전망이 좋지 않을 때 포기하고 싶고 흔들리는 마음을 다잡을 수 있는 자제력이 필요하다.

그럴 때 긍정적인 정신 자세가 필요하다. 어떤 목표를 향해 나아가고 있는지, 그런 목표를 이룰만한 충분한 자격이 있는지, 어떤 어려움과 반대에 부딪혀도 그것을 뚫고 나갈 의지가 있는지를 스스로 확인하며 흔들리는 마음을 다잡는 자제력이 필요하다.

힘든 상황에서 그만둘까 하는 마음이 들고 이런저런 불평과 핑곗거리를 늘어놓는 대신 끝까지 목표를 바라보고 나아가게 할 자제력을 가져야 한다.

6. 인내력

다음은 끝까지 완수하려는 의지인 '인내력'이다. 우리는 어떤 일을 중도에 그만두거나 다른 것으로 바꾸려고 결심하기 전까지 얼마나 많이 의지가 약해질까? 절대 한 번뿐이지는 아닐 것이다. 해낼 수 없다는 것을 알기 때문에 시작해보기도 전에 약해진 의지로 포기한 사람들에 대해 들어본 적이 있는가?

대다수 사람의 마음은 시작하기도 전에 약해진다. 그래서 생각만 하고 시작을 못 한다. 이런 식으로 생각만 했다가 시작도 못 하는 일들이 한둘이 아니다. 용기 내어 시작한 대다수의 사람도 첫 번째 반대에 중도 포기해버리거나 다른 것으로 방향을 전환해버린다.

사실 내가 가진 가장 두드러진 강점 중 하나가 인내력이다. 내가 가진 두 가지 강점은 한 번 시작한 일을 끝까지 완수하려는 의지인 인내력과 더불어, 힘든 상황일수록 마음을 다잡고 더 열심히 해내려는 자제력이다.

이 두 가지 성격 특성은 지금까지 나와 함께 해왔고, 그리고 앞으로도 함께 할 것이다. 이 두 가지 성격 특성이 없었다면 나는 결코 성공 철학을 완성하지 못했을 것이다.

인내력은 타고난 것일까 아니면 우리가 노력해서 기를 수 있는 것일까? 노력해서 얻을 수 있는 것이 아니었다면, 이렇게 따로 다룰 이유가 없었을 것이다.

인내력은 당연히 우리가 노력해서 기를 수 있다. 그렇다면 우리의 인내력을 키워줄 수 있는 것은 무엇일까?

그것은 동기, 다시 말해서 불타는 열망이다. 동기가 되는 불타는 열망이 우리의 인내력을 키운다.

아내에게 구애를 펼치던 시절, 당시 나의 피나는 인내력과 불타는 열망을 같이 생각하지 않고서는 떠올릴 수 없다. 그 시절보다 더 인내력과 불타는 열망이 있었던 때는 없었다.

구애할 때와 같은 불타오르는 감정을 당신의 사업 또는 직업에 쏟는 에너지로 승화시켜서 당신이 이성에게 자신의 매력을 어필하는 데 성공하기 위해 노력했을 때만큼의 불타는 열정을 가질 수 있다.

앞서 설명했으므로 '승화'의 의미에 대해서는 알고 있을 것이다. 이제 실천할 차례다. 기분이 우울해지고 의욕이 사라질 때, 그런 기분을 용기와 신념의 감정으로 전환해보라.

놀라운 변화를 느끼게 될 것이다. 그렇게 해서 당신의 마음 전체와 뇌 전체, 그리고 온몸을 활성화하라. 훨씬 나아지는 효과를 경험할 것이다.

7. 상상력

다음은 스스로 통제하고 관리할 수 있는 '상상력'이다. 통제하지 않고 관리하지 않는 상상력은 매우 위험할 수 있다. 나는 미국 연방 교도소의 재소자들을 대상으로 조사 분석을 해보고 싶었다. 그래서 법무부를 통해 조사 분석을 실시했다. 그 결과 대다수의 재소자들이 지나친 상상력을 통제하지 않거나 건설적인 방향으로 유도하지 않았기 때문에 범죄를 저질러서 교도소에 수감되기에 이르렀다는 결론을 얻었다.

상상력은 놀라운 것이지만, 통제하지 않고 명확하고 건설적인 목표로 유도하지 않으면 대단히 위험한 것이 될 수도 있다.

8. 의사 결정

다음은 '신속 명확한 의사 결정' 습관이다. 당신은 신속 명확하게 결정을 내리는가? 결정을 내릴 수 있는 모든 사실이 구비돼 있을 때 신속 명확하게 결정을 내리는가?

결정에 필요한 모든 사실이 있음에도 불구하고 신속 명확한 결정을 내리는 습관이 없다면, 당신은 빈둥거리며 일을 하고 있는 것이다. 차일피일 할 일을 미루는 것이며, 자기 주도성이라는 삶의 필수 요소를 파괴하고 있는 것이다.

자기 주도성을 생활화하기에 가장 좋은 것 중 하나가 결정에 필요한 모든 사실이 준비되어 있을 때 단호하고, 분명하게, 빠르게 결정 내리기를 익히는 것이다. 이것은 성급한 판단 또는 섣부른 사실에 기반한 결정과는 다르다. 내가 말하는 신속 명확한 결정이란, 결정에 필요한 모든 정보를 준비하고 정확히 무엇을 할지 마음을 결정하는 것을 말한다. 하지만 많은 사람이 신속 명확하게 결정하지 않고 꾸물거리며 시간을 낭비한다.

당신이 꾸물거리며 의사 결정을 뒤로 미루는 사람이라면, 아마 모든 것에 대해 꾸물거리는 습관이 있을 것이다. 다시 말해서 무엇이든 주도적으로 실행하는 사람이 아닐 것이다.

9. 사실에 근거한 의견 제시

아홉 번째는 짐작에 의한 의견 제시가 아닌 '사실에 근거한 의견 제시'다. 당신이 사실에 근거해 행동하는지 아니면 짐작으로 행동에 나서는지 돌아보라. 아마 짐작으로 움직인 경우가 더 많을 수도 있다. 어떤 것에 대한 의견을 세우기에 앞서, 반드시 사실을 먼저 수집하는 것이 중요하다. 사실 또는 사실이라고 믿는 것에 근거한 의견이 아니라면 언제, 어디서든, 어떤 것에 관해서든 판단을 보류해야 한다. 그렇지 않으면 곤란한 상황을 맞이하게 될 수 있다.

물론 우리는 자연스럽게 수시로, 그리고 무의식적으로 어떤 것에든 의견을 가지게 된다. 그리고 다른 사람이 물어보지 않았는데 전하기도 한다. 하지만 어떤 의견을 가지게 되거나 다른 사람들에게 그 의견을 전하기 전에, 의식적으로 어느 정도의 조사를 하고 나서 사실 또는 사실이라고 믿는 것에 근거해 의견을 세워야 한다. 성공 철학을 전문적으로 전하고자 하는 사람을 포함해, 다른 사람에게 무언가를 가르치는 입장에 있는 사람이라면 특히 주의해야 할 부분이다.

10. 열정

다음은 원하는 때에 '열정'을 조절할 수 있는 능력이다.

열정은 어떻게 일으켜야 할까? 당신은 열정을 행동으로 나타내기에 앞서 열정의 감정을 먼저 느껴야 한다. 그리고 열정의 마음은 명확한 목표와 동기에 의해 촉발되고, 촉발된 열정의 마음이 말과 얼굴 표정으로, 행동의 형태로 드러나게 되는 것이다. '행동'이라는 단어는 '열정'이라는 단어와 불가분의 관계다.

열정에는 두 가지가 있다. 그중 하나가 열정을 느끼지만, 겉으로 표현하지 않는 '수동적인 열정'이다. 열정이든 무엇이든 마음속에 있는 것을 다 드러내 보이면 손해일 때가 있는 법이다.

위대한 리더, 기업가라면 아마도 내면에 엄청난 열정을 가지고 있을 것이다. 하지만 이들은 자신이 원하는 상황에서 원하는 사람들을 대상으로 선택적인 열정을 표출할 것이다. 그들은 열정을 있는 그대로 발산하고 주체하지 못하는 행동을 보이지 않을 것이다. 하지만 많은 사람이 그렇게 행동한다. 자신의 열정을 있는 그대로 발산하고, 얻는 것도 없이 뒤늦은 후회만 한다.

적시에 열정의 스위치를 켜고 적시에 끄는 '절제된 열정'이 중요하다. 자기 주도적인 삶을 사는 사람만이 열정을 절제할 수 있다. 만약 당신이 영업하는 사람이라면, 열정의 스위치를 켜고 끄는 기술을 자유자재로 숙달했을 때 원하는 것은 무엇이든 팔 수 있는 영업의 달인이 될 수 있을 것이다.

입을 열어 말을 해야 할 때는 열정을 담아 이야기하라. 얼굴에는 열정 어린 표정이 떠올라야 한다. 호감 가는 미소를 보여야 한다. 찌푸린 얼굴로 열정적으로 이야기하는 사람은 아무도 없기 때문이다. 표정과 열정은 따로일 수 없다.

열정이 당신의 삶에 주는 혜택을 온전히 누리려면, 열정을 표현하는 법을 익혀야 할 것이다. 그러기 위해서는 자기 주도적이어야 한다. 아무도 당신을 대신해 열정을 표현해주거나, 열정에 대해 말하지 않아도 알아주는 것이 아니기 때문이다.

열정의 요소와 열정을 표현하는 방법에 대해서는 알려줄 수 있지만, 결국 실제로 열정을 표현하느냐 표현하지 않느냐는 당신에게 달려 있다.

11. 정의감

다음은 '정의감'이다. 사람들은 기본적으로 자신이 다른 사람들을 정의롭게 대하고 있다고 믿을 것이다. 실제로는 그렇지 않더라도 생각은 그렇게 할 것이다.

12. 관용

다음은 '관용' 즉 열린 마음이다. 자신의 판단을 정당화할만한 근거에 기초하지 않고서는 어떤 상황에서도, 어떤 사람도 판단하지 않아야 한다. 당신이 좋아하지 않는 사람에 대해 마음을 닫았다고 치자. 그런데 알고 봤더니 그가 세상에서 가장 당신에게 도움이 될 사람이었을 경우에 당신이 잃게 될 기회는 얼마나 클까?

경제 산업계에서 가장 큰 손실을 일으키는 것은 사람들의 닫힌 마음이다. 서로에 대해, 기회에 대해, 자신의 제품과 서비스를 제공하는 사람들에 대해, 자신 스스로에 대해 사람들은 마음을 닫는다.

편협함에 대해 생각할 때 우리는 보통 종교와 정치 때문에 다른 사람의 싫은 부분을 떠올린다. 하지만 이는 빙산의 일각일 뿐이다. 편협함은 인간관계에서 거의 모든 주제에 영향을 미친다. 모든 시대의 모든 사람, 모든 주제에 열린 마음을 유지하는 습관을 들이지 않으면 당신은 결코 위대한 사상가가 될 수도, 매력적인 인격을 가질 수도, 사람들이 대단히 좋아하는 사람이 될 수도 없을 것이다.

상대방이 당신이 진심이고 열린 마음으로 대화하고 있다는 것을 알면, 당신이 좋아하지 않거나 당신을 좋아하지 않는 사람들과도 매우 솔직하게 대화할 수 있다. 상대방의 마음이 이미 닫혀 있어서 자신이 하는 이야기가 아무런 소용이 없음을 알게 될 때 사람들은 참지 못한다.

때때로 나의 성공 철학을 공립 학교 또는 대학교에 도입하길 원하는 사람들이 찾아온다. 나는 오래전에 그런 기대를 그만뒀다. 교육계에는 너무나 많은 사람들의 마음이 닫혀 있기 때문이다. 열린 마음을 유지하는 법을 충분히 가르치지 않는다는 것은 우리 교육계가 짊어진 잘못된 점 중의 하나다.

13. 보수보다 더 많이 일하는 습관

보수보다 더 많이 일하는 습관은 분명 자기 주도적인 자세와 관련이 있다. 보수보다 많이 일해주기를 누구도 당신에게 기대하거나, 말하지 않을 것이기 때문이다. 보수보다 더 많이 일하는 것은 전적으로 당신이 선택하는 문제다. 하지만 당신이 자발적으로, 자기 주도적으로 실행에 옮겼을 때 가장 크게 유익한 결과를 안겨주는 것 중 하나다. 자기 주도적인 실행을 통해 가장 큰 이득을 볼 수 있는 것을 하나 꼽으라고 한다면, 그것은 받는 보수보다 더 많은 일을 더 훌륭하게 하는 것이다.

일회성에 그치지 않고 일하는 것을 꾸준히 습관으로 한다면, 보상 증가의 법칙에 따라 조만간 당신에게 돌아오는 보상이 쌓이기 시작할 것이다. 그 보상은 당신이 한 일보다 더 큰 보상이 되어 돌아올 것이다. 기대 이상으로 최선을 다해 일하고, 원래 받기로 되어 있는 보수보다 더 많은 일을, 다른 사람들보다 더 훌륭하게 한다면 결국 당신이 제공한 서비스보다 훨씬 더 큰 결실로 돌아오게 되어 있다.

굴지의 기술회사인 R.G. 르투르노R.G. LeTourneau에서 1년 반 동안 2천 명의 직원을 대상으로 성공 철학을 가르친 적이 있었다. 교육에 대한 보수는 매우 좋은 수준이었다. 하지만 그 회사에서의 교육을 마치고 나서 수년이 흐른 어느 날, 나는 회사로부터 상당한 액수의 뜬금없는 수표를 받았다. 액수의 절반은 당시 교육을 받은 2천 명의 직원들이 자발적으로 걷은 돈이었고, 나머지 절반은 그만큼에 해당하는 액수를 회사 측이 보낸 것이었다. 그들은 내가 수업에서 이야기했던 보수보다 더 많이 일하는 습관의 가치를 되새기고 싶어 했다. 그들은 보수보다 더 많이 일하는 습관을 내가 계속해서 사람들에게 전하길 바란다는 마음을 전했다.

일했던 회사를 떠나고 몇 년이 흐른 뒤에 보너스를 받았다는 사람의 이야기를 들어본 적이 전혀 없다. 그 일은 내가 살면서 경험할 수 있었던 가장 뜻밖의 일 중 하나였다.

보수보다 더 많이 일하는 성공의 원리를 실천하다 보면, 뜻밖의 일들을 경험하게 될 것이다. 그것들은 하나같이 모두 다 기분 좋은 일일 것이다.

14. 요령 있는 말과 행동

왜 '요령 있는 말과 행동'을 하는 것이 좋을까? 다른 사람들의 협력을 보다 쉽게 얻을 수 있기 때문이다. 만약 당신이 나에게 뭔가를 해야 한다고 말한다면 나는 이렇게 말할 것이다. "안 되겠는데요. 해야 할 다른 일이 있어서요." 하지만 만약 당신이 내게 당당히 요구할 권리가 있더라도 "이 일을 해주신다면 정말로 감사드리겠습니다."라고 말한다면, 매우 다른 결과를 얻게 될 것이다.

앞서도 말했듯이, 앤드류 카네기에게서 내가 배웠던 가장 인상적인 것 중 하나는 그가 결코 누군가에게 어떤 일을 하라고 지시를 내리지 않았다는 점이다. 상대가 누구든 간에 그는 한 번도 지시를 내린 적이 없었다. 그는 항상 이렇게 부탁했다. "이렇게 해주겠나?"

카네기가 부하 직원들로부터 받았던 충성도는 놀라울 정도다. 그들은 그를 위해서라면 밤과 낮을 가리지 않고 언제라도 최선을 다해 일했다. 카네기가 늘 요령 있는 말과 행동으로 그들을 대했기 때문이었다. 부하를 징계할 필요가 있을 때는 보통 자택으로 초대해 성대하게 코스 요리를 대접했다. 식사를 마친 후, 최후의 결전을 위해서 서재로 자리를 옮겨 그는 부하 직원에게 질문을 시작한다.

카네기의 수석 비서 중 한 명이 그의 마스터 마인드 연합의 일원이 되는 것이 거의 확정되어 있었을 때의 일화다. 그는 자신의 승진이 발표만을 남겨 두고 있다는 사실을 알게 되자, 그만 자만심에 빠지고 말았다. 피츠버그에 있는 재계의 야망가들과 어울리며 칵테일 파티에 참석하는 등 많은 시간을 보내기 시작한 것이었다. 얼마 지나지 않아 그는 전날 밤 지나치게 마신 술로 숙취에 찌든 모습으로 아침에 나타나곤 했다.

이를 3개월 동안 지켜보기만 하던 카네기는 그를 저녁 식사에 초대했다. 그날도 어김없이 식사를 마치고 나서 그를 서재로 데리고 가 이렇게 말했다.

"나는 여기 이 의자에 앉아 있고, 자네는 거기에 있는 의자에 앉아 있지 않나. 자네가 내가 있는 이 자리에 앉아 있다면 중요한 승진을 앞둔 부하 직원이 갑자기 자만심이 커졌을 경우 어떻게 할지 알고 싶네. 그가 못된 짓을 하는 망나니들과 어울리며 밤 늦게까지 술을 취하도록 마시고, 자신의 본업 말고 딴 일에 온통 정신을 빼앗겨 있다면 말일세. 자네라면 어떻게 하겠나? 몹시 궁금하군."

"저를 해고하려 하신다는 걸 알고 있습니다. 그러니 지금 바로 해고해주시면 좋겠습니다."

"아니네. 내가 자네를 해고하려고 했다면 이렇게 근사한 저녁 식사를 집까지 초대해 대접하지 않았을 걸세. 집무실에서 했어도 됐을 테니 말이야. 나는 자네를 해고하려는 게 아니야. 자네 자신에게 질문해서 스스로를 해고할 수 있을지 보게 하려는 것뿐이야. 아마 자네는 자네를 해고하고 싶겠지."

다음날부터 그의 자세는 180도 바뀌었다. 그는 카네기의 마스터 마인드 연합 일원이 되었고 훗날 백만장자가 되었다. 카네기의 요령 있는 말과 행동이 그를 구한 것이었다.

카네기의 기지는 대단히 뛰어났다. 그는 사람들을 어떻게 다뤄야 하는지를 알았다. 그는 부하 직원들이 자신을 살펴볼 수 있도록 하는 방법을 알았다. 내가 당신을 살펴보아 봐야 내게 큰 도움이 되지 않지만, 당신이 자신의 부족한 점과 덕목을 잘 살펴보면 스스로에게 큰 도움이 된다.

자기 분석은 자신을 위해 할 수 있는 가장 중요한 일 중 하나다. 나는 하루도 거르지 않고 부족한 점, 개선해야 할 부분, 사람들에게 더 나은 서비스를 제공하기 위해 무엇을 할 수 있는지 점검한다. 믿지 못할 수도 있겠지만 오늘도 마찬가지로 개선해야 할 부분, 더 잘할 수 있는 부분을 찾는다.

이것은 매우 건강한 자기 주도적인 삶의 형태다. 자신이 먼저 주도적으로 부족한 점에 대해 정직해지기로 하는 것이기 때문이다. 얼마나 많은 사람이 자기 자신에 대해 정직하지 못한지 아는가? 그것은 다른 무엇보다 가장 정직하지 못한 행위다. 많은 사람이 자신을 살펴보고, 부족한 점을 찾으며, 그 부족한 점을 메워줄 사람들을 얻기 위해 마스터 마인드 연합을 구성하는 대신, 자신의 행동과 생각을 감추고 정당화할 구실들을 만들어낸다.

당신은 어떤 선택을 하겠는가? 다른 사람이 당신이 소홀히 관리한 결점을 지적하길 기다리겠는가, 아니면 당신이 먼저 결점을 찾아서 고치겠는가?

당신이 먼저 자신의 결점을 찾길 선택했다면, 찾아낸 결점에 대해서 당신만 알도록 하라. 굳이 당신의 결점을 광고하고 다닐 필요는 없다. 다른 사람들이 알기 전에 고치면 된다. 하지만 다른 사람들이 당신의 결점을 찾을 때까지 기다리길 선택한다면, 결점은 더 이상 감출 수 없는 것이 돼버리며 당신을 당황스럽게 만들 것이다. 다른 사람이 당신의 부족한 점을 지적할 때까지 기다린다면, 사람들의 지적은 당신의 자존심에 상처를 줄 수도 있고, 심지어 열등감이 쌓이게 할 수도 있다.

자신의 부족한 점을 먼저 나서서 발견하는 자기 주도적인 삶을 살도록 하라. 사람들이 당신을 싫어하게 만드는 것은 무엇일까? 당신이 훨씬 더 똑똑한데도 불구하고, 왜 다른 사람들이 당신보다 앞서나갈까? 예컨대 이와 같은 질문들을 해보며 자신의 부족한 점을 찾을 수 있을 것이다.

자신의 발전을 위해 자기 주도적으로 할 수 있는 또 다른 일은 당신보다 성공한 사람들과 자신을 비교하는 것이다. 비교하고 분석해서 그들에게는 있지만 당신에게는 없는 것을 찾아라. 다른 사람들, 심지어 그다지 좋아하지 않는 사람들에게서조차 당신이 얼마나 많은 것을 배울 수 있는지 알게 되면 매우 놀라게 될 것이다. 당신보다 앞서 나서는 사람들, 당신보다 더 잘하고 있는 사람들에게서 무엇인가를 배울 수 있다.

당신보다 잘하고 있는 사람에게서는 늘 뭔가 배울 점이 있다. 그리고 때로는 당신보다 잘하지 못하고 있는 사람들에게서도 뭔가를 배울 수 있다. 그 사람이 왜 잘하지 못하고 있는지 이유를 찾으면 당신에게도 그런 부족한 점이 있는지 주의하게 되고 예방할 수 있다.

15. 경청

당신은 말하기보다 '경청'하는 사람인가? 대화에서 자기 주도적인 자세를 가지는 것의 중요성에 대해 생각해본 적이 있는가? 대화 상대방에게 똑똑한 질문을 던져서 상대방이 마음속에 품고 있는 생각을 내보일 수 있도록 하고, 더 많은 말을 하게 하면 당신 마음속의 생각을 굳이 드러낼 필요가 적어진다는 사실을 알고 있는가?

우리는 경청과 관찰을 통해서 배울 수 있다. 대화에서 자신이 할 말만 하면 상대방의 말을 듣지 못하니 많은 것을 배울 수 없다.

하지만 대다수의 사람이 다른 사람의 말을 듣기보다 자기 할 말만 더 많이 한다. 상대방의 이야기를 들으면 자신에게 도움이 되는 내용을 들을 기회가 생기는데도 불구하고, 듣기보다 말하기에 집중한다. 기회는 말할 때보다 들을 때 온다.

로스앤젤레스에서 큰 규모의 한 임원 모임에서 강의했을 때의 일이다. 강의를 마치고 참가자들에게 주제를 주고 서로 의견을 내며 토의하는 공개 토론을 제안했다. 일방적인 강의와는 다른 방식이었다.

나는 세 가지 주제를 제시했다. 토론의 내용을 통해 나폴레온 힐 협회와 성공 철학의 보급, 그리고 이 철학을 가르치거나 앞으로 가르치게 될 사람들의 미래에 매우 중요한 해결 방안이 도출될 주제들이었다.

그중 하나는 만약 참가자가 나폴레온 힐 협회의 이사라면 각 기업에 어떻게 성공 철학을 소개해서 중요한 직책에 있는 사람들이 성공 철학을 배우게 할 수 있을까였다.

두 번째 주제는 만약 참가자가 나라면 개인의 성취를 다룬 최초의 실용적인 성공 철학을 전 세계에 보급하기 위해 어떤 일을 할 수 있을까였다. 약 20명의 참가자들이 이에 대해 의견을 제시했다. 세 번째 주제는 그리 중요한 주제는 아니었다. 내가 가장 의견을 듣고 싶었던 것은 첫 번째 주제였다.

이 주제들을 통해 나는 많은 아이디어를 얻을 수 있었다. 또한 내가 지난 10년 동안 강연하길 원했던 모임에서 강연할 기회를 얻게 되었다. 그날 일방적으로 내가 할 말만 전하며 강의했더라면 얻지 못했을 아이디어들과 기회였다. 내가 오랫동안 강연하길 원했던 모임은 전국의 생명 보험 업계에서 고소득 설계사들이 모인 전문가 단체인 '백만 달러 원탁회의'였다.

공교롭게도 그날 참가한 사람 중 한 명이 다음 해에 '백만 달러 원탁회의'의 회장이 될 사람이었다. 그는 나의 책을 읽고 나에 관한 많은 이야기를 들으면서 모임에 초청할 계획을 세우고 있었지만, 만날 기회가 없었다. 그래서 일단 그 모임에서 나의 강연을 들어보고 초청 여부를 결정할 생각이었다. 인생이란 참 묘한 것이다. 살다 보면 간혹 누군가가 우리를 유심히 지켜보다가 큰 기회를 줄 때가 있다. 우리가 올바른 말과 행동을 하고 준비가 되어 있으면 기회를 잡을 수 있지만, 옳지 않은 행동과 말을 하면 기회는 왔다가 도망가 버린다.

그러니 많이 듣고 필요할 때만 말하도록 하라. 다음에 다른 사람과 말다툼이 벌어질 상황이 있으면 먼저 들으라고 한 나의 말을 떠올리길 바란다. 당신이 먼저 화를 쏟아내기 전에 상대방이 먼저 화를 쏟아내기를 기다려라. 상대방에게 화를 내고 싶거나 공격하고 싶은 말이 있어도 상대방에게 그 기회를 돌려라. 아마도 화를 다 쏟아냈을 때쯤이면 상대방은 먼저 미안해하며 자책할지도 모른다. 그러면 당신이 먼저 입을 열 필요가 없었던 셈이 되는 것이다. 입을 열기 전에 먼저 생각해보고, 말은 적게 하라.

16. 관찰

당신은 예리한 관찰력의 소유자라고 생각하는가? 만약 백화점 매장의 한쪽 끝에서 다른 쪽 끝까지 걸어가며 각 매장의 쇼윈도를 지나쳐 간 후, 쇼윈도에 있던 물건들을 하나하나 떠올리려고 한다면 얼마나 많이 기억해낼 수 있을까?

필라델피아에서 살 때 작은 것까지 세밀하게 관찰하는 것의 중요성을 가르치는 수업을 들은 적이 있다. 강사는 우리 인생의 성공과 실패를 가르는 것이 바로 '작은 디테일의 힘'이라고 말했다. 우리가 평소에 중요하지 않다고 생각하며 지나쳤거나, 굳이 세세히 관찰하고 싶어 하지 않았던 작은 것들이 우리의 성공과 실패에 영향을 미친다는 말이었다.

그의 설명이 끝난 후, 수업의 일환으로 강의장을 나가 근처에 있는 백화점 안으로 들어갔다. 그리고 한 매장에서 마지막 매장까지 걸어갔다. 대략 열 개의 매장이 있었는데, 그중에는 공구를 파는 매장도 있었다. 그 매장의 쇼윈도 만해도 대략 오백여 가지의 물품이 진열돼 있었다. 그는 기억에만 의존하지 않도록 노트와 펜을 꺼내 우리가 지나가면서 중요하다고 생각한 물건들을 적도록 했다.

수업 참가자 중에서 나온 가장 많은 가짓수는 쉰여섯 개였다. 반면, 강사는 노트와 펜으로 적지 않고도 칠백사십육 가지의 물품을 적어냈다. 그뿐 아니라 그는 각 제품이 어느 쇼윈도에 있었는지, 어느 위치에 있었는지까지 세밀하게 묘사했다.

나는 믿을 수 없었다. 그래서 수업을 마친 후 다시 백화점으로 가서 그가 적은 물품들이 맞는지 대조하며 확인했다. 그리고 그가 적은 것이 전부 맞았다는 것을 알 수 있었다. 그는 단지 몇 가지가 아니라 모든 것을 세세히 관찰하는 능력을 계발한 것이었다.

훌륭한 기업 임원, 리더, 그리고 개인은 좋은 일이든 나쁜 일이든, 자신의 주변에서 일어나는 모든 일을 관찰하는 사람이다. 그들은 단지 기존에 관심이 있던 것들에만 주의를 기울이는 데 머물지 않고, 앞으로 관심을 가지게 될지도 모를 것들에 대해서도 열린 마음으로 주의를 기울인다. 작은 것들에 세밀히 주의를 기울이도록 하라.

17. 투지

최고의 리더는 패배를 딛고 다시 일어서며, 패배는 다음 승리를 위한 준비라고 믿는다. 당신에게는 어느 정도의 투지가 있는가.

18. 분노하지 않고 비판에 맞설 힘

당신은 다른 사람들에게 우호적인 비판을 해달라고 청하곤 하는가? 그렇지 않다면 당신은 중요한 것을 놓치고 있다. 살면서 가장 필요한 것 중의 하나는 당신이 하고 있는 것들, 최소한 당신의 주요 목표와 관련해 따뜻한 비판을 해줄 사람들이다.

초기에 강연을 듣는 사람들 가운데 일곱 명의 간사들이 청중들로 부터 피드백을 듣도록 했다. 그들은 청중들끼리 이야기하는 모든 대화를 듣고 직접적인 대화를 통해 피드백을 수집했다. 그 결과 나는 빠르게 강의에서 무엇이 부족한지, 부족하지 않은지를 파악할 수 있었다.

나는 성장을 원하기 때문에 잘못하는 부분이 있다면 고치길 원한다. 그래서 사람들에게 우호적인 비판을 청한다. 강의 참가자 또는 사업 동료, 지인이 내게 와서 이렇게 말한다면 기쁜 마음으로 들을 것이다. 실제로 그런 사업 동료가 있다.

"이 부분을 조금 다르게 해보면 훨씬 더 낫겠군."

당신이 매일 하고 있는 일들이 옳고, 잘하고 있다고 생각할 수 있겠지만, 그 일들이 사람들의 마음에 상처를 주고 있었을 수도 있다. 당신은 누군가 그것을 일깨워주기 전까지는 깨닫지 못하고 아마 계속 그렇게 할 것이다.

당신에게는 우호적인 비판이 필요하다. 당신을 좋아하지 않는 사람들이 당신에게 하는 비판을 말하는 것이 아니다. 그것은 좋지 않은 비판이다. 나는 그런 비판에는 전혀 영향을 받지 않는다. 그렇다고 해서 단지 나를 아낀다는 이유로 에둘러 우호적인 비판을 해주는 사람들의 말에도 큰 의미를 두지 않는다. 사람들이 에둘러 조언을 해주면 그만큼 당신에게 해롭다. 안타깝게도 할리우드의 스타들이 자신의 언론 홍보 담당자에게서 정직한 피드백을 받지 못하고 그들이 하는 말을 곧이곧대로 믿는다는 이야기를 들은 적이 있다.

우리는 다른 사람의 눈을 통해서 우리 자신을 바라봐야 한다. 사람들이 당신을 바라보는 모습과 당신이 생각하는 당신의 모습은 같지 않다. 그들이 입을 열어 마음속에 그리고 있는 당신의 모습을 설명하는 것과 당신이 머릿속에서 생각하는 당신의 모습이 항상 같은 것은 아니다.

당신에게는 비판과 분석이 필요하다. 당신이 고쳐야 할 점들을 지적해줄 사람들이 필요하다. 고칠 점이 없는 사람은 아무도 없으며, 고치지 않으면 우리는 성장하지 못하기 때문이다.

대부분의 사람은 사람들이 하는 제안이나 비판을 참지 못한다. 자신이 하던 방식들을 바꿔야 한다는 말을 들으면 화를 낸다. 하지만 우호적인 비판에 분노로 대응하면 자신에게 큰 손해일 뿐이다.

건설적인 비판은 없다고 말하는 사람들이 있다. 나는 그렇게 생각하지 않는다. 건설적인 비판은 존재할 뿐 아니라 매우 훌륭한 역할을 한다.

내가 처음부터 이렇게 생각한 것은 아니다. 초창기에는 누군가 내일에 대해 비판하면 감정이 상했다. 그러다 한 노년의 신사를 통해 비판에 대한 생각을 바꾸게 됐다. 어느 날, 나보다 훨씬 나이가 많은 어느 친절한 노신사와 이야기와 나누다가 그에게서 매우 통렬한 비판을 듣게 됐다. 너무 오래전 일이라 기억이 맞는지 모르겠지만, 아마 내가 일하던 잡지에 실린 내 글에 대한 비판이었을 것이다.

나는 그의 말에 반박하며 이렇게 말했다.

"이 잡지에 실린 어떤 글에 대해서도 비판이 있을 수 있다고 생각하지 않습니다. 기본적으로 사람들에게 도움이 되는 잡지니까요. 잡지 내용에 부정적인 내용은 전혀 없습니다. 건설적인 내용뿐이죠."

"모두 맞는 말이네, 하지만 약 2천 년 전에도 이처럼 아주 선한 의도를 가진 분이 계셨지. 정말 훌륭한 철학을 가지고 계셨지만, 모든 사람이 그분의 말씀을 따르지는 않았다네. 그가 누구인지 짐작하겠지? 모든 사람이 예수를 따른 것은 아니었는데, 하물며 자네라면 어떻겠나? 자네가 뭘 하던, 누구이던, 얼마나 잘하던 간에 모든 사람에게서 완벽한 동의를 얻지는 못할 거라는 걸 기억하게나. 기대하지도 말고, 완벽한 동의를 받지 못해도 상처받지 않아야 한다네."

19. 식습관, 음주, 사람들과 어울릴 때의 습관

이에 대해서는 여기서 따로 언급하지 않겠다. 책 내용 중 다른 부분에서 이에 대해 언급한 것을 참고하기 바란다.

20. 신의

신의는 내가 가까이하고 싶은 사람들이 가져야 할 특성으로 가장 먼저 꼽는 덕목이다. 신의를 지켜야 할 사람에게 신의를 지키지 않으면, 어떠한 것도 가질 수 없다. 당신이 영리한 사람일수록 더 위험한 사람이 될 수 있다.

나는 내가 좋아하는 사람들에 대해 신의를 지키지만, 그들이 나와 사업과 직업적으로, 또는 가족 관계로 연결되어 있다면 그들에 대한 의무감이 있다. 내가 특히 좋아하지 않는 사람들도 그중 몇 명 있지만, 나에겐 의무가 있기 때문에 그들에 대해 신의를 지킨다. 그들 또한 내게 신의를 지켜준다면 당연히 좋은 일이고, 신의를 지키지 않는다면 그것은 나의 불행이 아니라 그들의 불행이다. 나에겐 사람들에 대해 신의를 지켜야 할 책임이 있고, 그 책임에 따라 살아갈 것이다. 나는 '나'라는 사람과 살아가야만 한다. 그와 함께 매일 잠이 들어야 하고, 아침이면 거울 속에서 그의 얼굴을 보며 꼬박꼬박 면도를 해줘야 한다. 규칙적으로 그의 몸을 샤워해줘야 하고, 좋은 관계를 유지해야 한다. 늘 붙어 다니는 사람과 좋지 않은 관계에 있을 수는 없다.

"자신에게 진실하라. 그러면 밤이 가면 반드시 낮이 오듯, 다른 사람에게도 거짓될 수 없다."

윌리엄 셰익스피어William Shakespeare가 소설 속에서 남긴 말 중에서 이 말보다 더 아름답고 철학적인 말은 없다. 당신 자신에게 진실하라. 당신 자신에게 신의를 지켜라. 당신 자신과 당신은 절대 따로 살 수 없기 때문이다. 자신에게 신의를 지키면, 친구와 동료들에게 신의를 지킬 수밖에 없다.

21. 솔직함

당신은 스스로에게 타인에게 얼마나 솔직한가.

22. 아홉 가지 기본적인 동기

아홉 가지 기본적인 동기의 목록은 '1장 명확한 목표'의 시작 부분에
서 소개했다. 안전의 욕구, 경제적 이득, 사랑, 성적 욕망, 권력과 명
예에 대한 욕망, 두려움, 복수심, 몸과 마음의 자유, 창조에 대한 욕
구, 이 동기들은 사람들을 움직이는 모든 동기의 기본이 된다.

23. 매력적인 개성

'매력적인 개성'은 타고나는 것일까, 우리가 주도적으로 계발할 수
있는 것일까?

물론 매력적인 개성은 계발할 수 있다. 다른 스물네 가지 성격 특
성과 마찬가지로 가지고 태어날 수도, 그렇지 않을 수도 있지만, 주
도적으로 계발할 수 있는 성격 특성이다. 물론 나머지 스물네 가지
성격 특성 또한 계발할 수 있는 것들이다.

그러기 위해선 먼저, 당신에게 각 성격 특성이 어느 정도 있는지

를 알아야 한다. 당신이 자신에 대해 평가하면 주관이 들어갈 수 있으므로, 배우자 또는 다른 누군가에게 평가를 부탁해야 한다.

인생에서 간혹 마주치게 되는 적대적인 사람이라면, 당신의 부족한 점을 다른 사람들보다 신랄하게 말해줄 것이다. 그런 면에서 그들이 말해주는 적나라한 말은 도움이 되는 역할을 할 수도 있다. 그들의 말을 잘 살펴보면 도움될 만한 말들이 있을 수도 있다. 하지만 그들이 한 말이 진실이 아닐 수도 있다. 그럴 때는 꿋꿋이 가야 할 길을 계속해서 흔들림 없이 가면 된다.

그들의 말은 부정적이고 사실이 아니지만, 당신을 강하게 만들어주는 긍정적인 효과는 얻을 수 있을 것이다.

그러니 적대적인 사람을 두려워하지 마라. 그들의 말을 계기로 당신에 대해 알아야 할 것들을 발견할 수 있기 때문이다.

예전에 한 세일즈맨과 대화를 나눈 적이 있다. 그는 회사에서 약 10년간 근무하는 동안 뛰어난 실적을 내서 여러 번의 승진을 거쳤고, 최고의 영업 사원 중 한 명이었다. 그러던 그의 실적은 6개월 전부터 갑자기 나빠지기 시작했고, 거래 고객들은 그에게 눈살을 찌푸리기 시작했다. 그의 이야기를 듣고 원인이 뭘까 생각하던 중, 그가 쓴 커다란 텍사스 카우보이모자가 눈에 들어왔다.

"그 모자는 얼마 동안 쓰고 계셨던 건가요?"

"6개월 전쯤에 텍사스에 갔다가 산 이후로요."

"텍사스에도 고객이 있나요?"

"아뇨, 텍사스에서 판매하는 일은 그다지 없습니다."

"이렇게 하세요. 그 모자는 텍사스에 갈 경우에만 쓰도록 하세요. 그 모자가 보기 싫어서가 아니라 당신과는 잘 안 어울리네요."

"그럼 효과가 있을까요?"

"사람들이 보는 당신에 대한 인상이 훨씬 더 좋아질 겁니다. 당신의 옷차림을 좋아하지 않는 사람이라면 거래하고 싶지 않을 테니까요."

이처럼 당신의 개성을 매력적인 것으로 바꿀 수 있다. 자신에게 사람들의 눈에 거슬리는 것은 없는지 살펴서 고치도록 하라. 스스로를 주도적으로 점검하던가, 솔직하게 당신에게 말해줄 수 있는 사람으로부터 피드백을 받도록 하라.

24. 집중력

다음은 한 번에 완전히 한 가지에 집중하는 '집중력'이다. 사람들에게 뭔가를 설명하는 도중 엉뚱한 길로 이야기가 새지 않도록 하라. 설명을 시작하면 기승전결에 따라 본론을 지나 결론에까지 이르고, 그다음 이야기로 넘어가라.

사람들에게 서비스를 제공하거나 물건을 판매할 때, 또는 공적인 자리에서 말할 때, 한 번에 너무 많은 사항을 이야기하지 마라. 그러면 어느 것도 제대로 전달할 수 없다. 나 역시도 한때는 이런 문제들을 가지고 있었다. 그러던 중 나에게 문제점을 지적해준 사람이 있었다. 그가 말해준 것은 그동안 내가 화술을 익히기 위해 배우고 노력했던 그 어떤 것보다 더 가치 있었다.

"풍부한 어휘를 구사하고, 열정을 전달할 줄 아시는 데다가, 흥미로운 일화들을 대단히 많이 소개해주시지만, 내용과 상관없는 이야기로 빠졌다가 다시 본론으로 돌아오는 습관이 있으시네요. 그러면 말씀하시는 내용에 대한 사람들의 집중도가 떨어지지요."

말, 생각, 쓰기, 가르치기 등 무엇이 되었건, 자신이 한 번에 한 가지 주제에 온전히 집중을 잘하는지 점수를 매겨보라. 무엇을 하건 한 번에 한 가지에 집중하라.

25. 실수에서 배우기

실수로부터 배우지 않으려거든 아예 처음부터 실수하지 말라. 중국 속담에 이런 말이 있다.

"한 번 속으면 속인 사람의 수치지만, 두 번 속으면 당한 사람의 수치다."

실수로부터 배우지 못하는 사람은 부끄러운 줄 알아야 한다.

26. 부하 직원의 실수에 대해 책임지기

당신의 부하 직원이 실수를 범할 경우, 책임이 있는 쪽은 부하가 아니라 당신에게 있다. 부하 직원의 실수에 대한 책임감이 없다면 당신은 결코 좋은 리더, 훌륭한 운영진일 수 없다. 당신의 감독하에 있는 사람이 일을 잘하지 못하고 실수를 한다면, 주도적으로 뭔가 조처를 해야 한다. 제대로 일을 할 수 있도록 교육을 하거나 당신 대신 다른 사람이 감독하도록 해야 한다. 하지만 당신의 책임과 감독하에 있는 직원이라면, 그의 실수는 당신의 책임이다.

27. 사람들의 장점을 인정해주기

다른 사람이 응당 받아야 할 관심을 가로채려 하지 마라. 그가 일을 잘했다면 전적으로 신용하고 아낌없이 칭찬하라. 그가 잘했을 때 등을 한 번 더 두드려준다고 해서 그에게 해가 되지는 않는다. 성공한 사람들은 인정받기를 좋아하고, 어떤 사람들은 인정받고 싶다는 마음으로 열심히 일하기도 한다.

지나칠 정도로 칭찬해줄 수도 있지만, 결과는 사람에 따라 다르다. 어떤 사람들은 지나친 칭찬에 우쭐하지 않는다. 자신의 능력을 알고 있기 때문이다. 그래서 그런 사람들은 칭찬이 지나치다 싶으면 상대를 의심하기 시작한다.

하지만 대부분의 사람은 사람들의 칭찬에 마음이 우쭐해진다. 당신의 말을 믿게 될 정도로 사람들을 과도하게 추켜세우면, 그 사람과 당신 모두에게 해롭다.

최근 전국에서 많이 팔린 책에 있는 중심 내용은 사람들과 잘 지내려면 사람들을 추켜세워주라는 것이었다. 하지만 무턱대고 사람들을 추켜세우거나 나쁜 의도를 가지고 칭찬하는 것은 좋지 않다.

나 역시 사람들로부터 받는 칭찬을 좋아한다. 사람들이 날 알아보고 칭찬해주는 것이 좋다. 하지만 누군가 내게 이렇게 칭찬한다고 해보자.

"나폴레온 힐씨 덕분에 많은 도움을 받아서 대단히 감사드립니다. 그런데 오늘 찾아뵈도 될까요? 사업상 제안드릴 것이 있습니다."

그럼 나는 이렇게 생각할 것이다.

'나와 만나서 이야기를 나누고 뭔가 이득을 얻으려고 추켜세웠구나.'

지나친 칭찬은 좋은 것이 아니다.

28. 황금률의 적용

다음은 모든 인간관계에서의 '황금률 적용'이다. 다른 사람과 관련해 어떤 결정을 내려야 할 때 또는 다른 사람과 업무 또는 거래를 할 때 상대방의 입장에서 생각해야 한다. 마지막 결정을 내리기 전에 상대방의 입장에서 생각하도록 하라. 그러면 언제나 당신에게 옳은 일을 할 수 있을 것이다.

29. 언제나 긍정적인 마음 자세 유지

어떤 상황에 직면하더라도 긍정적인 마음 자세를 유지하는 것은 중요하다.

30. 온전히 책임지기

다음은 맡은 일에 대한 '온전히 책임지기'다. 온전히 책임을 진다는 것은 변명하지 않고 핑곗거리를 대지 않는 것이다. 대다수의 사람이 가장 잘하는 일 중 하나가 무엇인지 아는가? 바로 핑계 대기다. 사람들은 왜 자신이 제대로 일을 하지 못했는지, 왜 실패했는지에 대해 이유를 만들어낸다. 만약 이들이 변명거리를 만들고 변명하는 데 들이는 시간과 노력의 반만이라도 일을 제대로 하는 데 쓴다면, 삶에서 훨씬 더 많은 것을 성취해낼 수 있을 것이다.

변명거리를 아주 능숙하게 만들어내는 사람들은 반대로 일과 관련해서는 대단히 무능하다. 이들은 상사로부터 지적을 받기도 전에 이에 대비해서 치밀하게 핑곗거리를 머릿속에 만들어 놓는다.

중요한 것은 단 한 가지다. 결과 즉, 성공이다. 백 마디 변명보다 결과가 모든 것을 말해준다. 성공에는 설명이 필요 없고, 실패에는 변명이 통하지 않는다.

31. 소망하는 것에 마음을 집중하기

마지막은 '소망하는 것에 마음 집중하기'다. 동시에 자신이 원하지 않는 것에는 집중하지 않는 것이다.

많은 사람이 매일 주도적으로 잘하는 일 중 하나가 원하지 않는 것에 마음 쏟기다. 수많은 사람이 누가 가르쳐준 것도 아닌데 매일 열심히 이 일에 매달린다. 자신이 바라지 않는 결과, 원하지 않는 것들을 열심히 생각하고 또 생각한다. 그리고 그렇게 열심히 노력한 결과로 자신이 생각한 것을 얻는다. 자신이 원하지 않던 결과를 실제로 얻게 되는 것이다. 마음의 주파수를 부정적인 것에 맞춘 데 따른 필연적인 결과다.

부정적인 걱정의 에너지를 긍정적인 에너지로 승화해보라. 바라지 않는 것, 두려워하는 것, 의심하는 것, 미워하는 것을 떠올리는 대신 좋아하는 것, 바라는 것, 이루기로 마음먹은 것을 자주 떠올려라. 소망하는 것에 마음의 주파수를 고정하는 습관을 들이도록 하라. 미래에 대한 꿈, 계획, 목표가 당신의 마음을 긍정적인 주파수로 고정해줄 것이다.

당신의 자기 주도성은 얼마인가

각 특성에 대해 자신이 해당되는 점수를 0부터 100까지 매겨보라. 각 특성에 점수를 매긴 다음에는 전부 더해서 31로 나눠라. 평균 점수가 당신의 종합적인 자기 주도성 점수이다. 점수를 매기는 과정이 자기 주도성을 키우는 시작이 될 것이다.

	항 목	점 수
1	명확한 목표	
2	충분한 동기	
3	마스터 마인드 연합	
4	자립심	
5	자제력	
6	인내력	
7	상상력	
8	의사결정	
9	사실에 근거한 의견 제시	
10	열정	
11	정의감	
12	관용	
13	보수보다 더 많이 일하는 습관	
14	요령 있는 말과 행동	
15	경청	
16	관찰	
17	투지	
18	분노하지 않고 비판에 맞설 힘	
19	식습관, 음주, 사람들과 어울릴 때의 습관	
20	신의	
21	솔직함	
22	아홉 가지 기본적인 동기	
23	매력적인 개성	
24	집중력	
25	실수에서 배우기	
26	부하 직원의 실수에 대해 책임지기	

27	사람들의 장점을 인정해주기	
28	황금률의 적용	
29	언제나 긍정적인 마음 자세 유지	
30	온전히 책임지기	
31	소망하는 것에 마음을 집중하기	
총점		
총점 ( ) ÷ 31		

NAPOLEON HILL'S

MASTER
COURSE

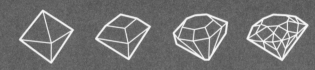

8

긍정적인 마음 자세

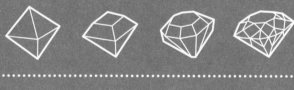

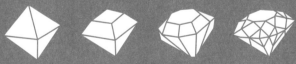

긍정적인 생각을 지키기 위해서는

부정적인 영향들을 끊임없이 경계해야 한다.

오직 명확한 목표에 기초한 긍정적인 마음 자세에서만 건설적이고 훌륭한 결과가 나올 수 있다. 그리고 불타는 열망은 명확한 목표를 불러내고 이를 강화함으로써 실행하는 믿음의 차원으로 발전한다.

긍정적인 마음 자세에 이르는 다섯 가지 단계

긍정적인 마음 자세에 이르는 다섯 가지 마음의 상태가 있다.

첫 번째는 '소망'이다. 누구에게나 소망이 있다. 사람들은 이러저러한 바람을 가지고 있다. 바라는 바가 없는 사람은 아마 거의 없을 것이다. 하지만 바람만 가지고 있어서는 실현되지 않는다.

두 번째는 '호기심'이다. 사람들은 쓸데없는 호기심을 푸는 데 많은 시간을 쓴다. 옆집 사람, 동료, 경쟁 상대는 뭘 하고 뭘 하지 않는지 이리저리 방황하며 기웃거리는 데 적지 않은 시간을 소비한다. 쓸데없는 호기심에서 뭔가 가치 있는 것이 나올까? 간혹 그렇기도

하겠지만, 대체로 긍정적인 마음 자세로 이어지지는 않는다.

그다음 단계는 '희망'이다. 이 단계에서 막연하고 흐릿했던 소망은 구체적인 형태를 띠게 된다. 구체적이지 않았던 소망이 그럴 수 있을 것 같다는 구체적인 희망이 된다.

그런데 희망 자체만으로는 그리 바람직한 결과를 낳지 않는다. 많은 사람이 많은 희망을 가지고 있지만, 희망을 가진 모든 사람이 성공하는 것은 아니다. 희망을 가졌다고 해서 성공이 보장되는 것이 아니라, 그저 성공을 희망하는 것일 뿐이다. 하지만 희망은 막연하고 흐릿한 소망보다는 낫다. 희망은 신념, 즉 강한 믿음의 시작점이기 때문이다. 구체적이지 않던 소망은 희망을 거쳐 아주 바람직한 마음 상태인 강한 믿음으로 발전한다. 마음 자세를 강화하면 희망은 불타는 열망으로 변화한다.

불타는 열망과 갈망의 차이는 이렇다. 불타는 열망은 명확한 목표에 기초한, 희망에서 발전한 강화된 열망이다.

불타는 열망은 강박적인 갈망이다. 그리고 불타는 열망을 일으키는 동기가 반드시 존재한다. 명확한 대상을 바라는 동기가 클수록 더 빠르게 우리의 마음은 불타는 열망으로 변해간다.

하지만 여전히 불타는 열망만으로는 충분하지 않다. 성공을 위해 원하는 것을 얻기 위해서는 '실행하는 믿음'이 필요하다. 우리의 마음은 단순한 소망, 호기심, 희망, 불타는 열망을 거쳐 훨씬 더 높은 마음의 상태인 실행하는 믿음으로 발전한다.

실행하는 믿음 VS 평범한 믿음

실행하는 믿음과 평범한 믿음의 차이는 무엇일까? 실행하는 믿음은 사실상 실행과 같은 말이다. 믿음을 '적극적으로 실행'하는 것이다. 그래서 실행하는 믿음을 '적극적인 믿음'이라고도 할 수 있다.

아무것도 하지 않으면 아무 일도 일어나지 않는다. 오직 적극적으로 실행해야 결과가 나타난다. 모두 실행이 뒷받침되는 믿음이니 실행하는 믿음과 적극적인 믿음을 거의 같다고 보면 된다. 자신의 믿음을 '적극적으로 실행'한다는 것은 긍정적인 마음 상태에 따른 것이다. 자신의 믿음을 부정하며 부정적인 생각으로 적극적인 실행을 한다는 것은 모순이다. 그래서 기도도 오직 긍정적인 마음 자세에서 할 때 긍정적인 결과가 일어난다. 가장 바람직한 결과를 낳는 기도는 긍정적인 마음 자세를 습관적으로 유지하는 사람들에게 일어난다.

당신이 하루 중 긍정적인 측면보다 부정적인 측면에 생각을 기울이며 사용하는 시간은 어느 정도나 될까? 표를 만들어서 하루 중 긍정적인 측면과 부정적인 측면, 된다는 생각과 안 된다는 생각에 사용한 시간을 2~3일간 기록해보면 재밌는 결과가 나올 것이다. 성공한 사람들조차 자신이 부정적인 생각에 허비하는 시간을 본다면 놀라게 될 것이다. 세상에서 뛰어난 성공을 거둔 위대한 리더들은 부정적인 생각에 자신의 시간을 거의 사용하지 않는다. 이들은 긍정적인 생각에 모든 시간을 사용한다. 예전에 헨리 포드에게 바라는 걸 성취할 수 없겠다는 생각이 들 때가 있냐고 물어본 적이 있다. 그는 그렇지 않다고 말했다. 예전에도 그런 적이 없었냐고 묻자 예전에는 그랬던 때가 있었다고 대답했다. 마음을 사용하는 방법을 깨닫기 전에는 그랬었다고 말했다.

"지금은 원하는 게 있을 때 내가 할 수 있는 일에만 집중합니다. 할 수 없는 일로 고민하며 신경 쓰지 않아요."

평범하게 들리는 말이지만, 이 말 안에는 깊은 철학이 담겨 있다. 그는 자신이 할 수 있다고 생각하는 부분을 실행하는 데 집중하지, 할 수 없다고 생각되는 부분에 집중하지 않는다.

대다수의 사람은 어려운 문제에 봉착하면 문제를 해결하기가 힘들다는 온갖 이유를 대며 변명하곤 한다. 문제 해결에 유리한 부분이 있어도 그것을 먼저 보지 않고, 심지어 눈길조차 주지 않는다.

해결할 수 없는 문제 혹은 긍정적인 측면이 없는 문제는 없다. 긍정적인 측면이 단 하나도 없는 문제란 상상할 수 없다. 해결할 수 있는 문제는 풀면 되고, 해결할 수 없는 문제는 굳이 애써 고민하며 걱정할 필요가 없다.

하지만 대부분의 사람은 해결할 수 없는 어려운 문제에 부딪히면 걱정하기 시작하고 부정적인 마음에 빠지게 된다. 그런 마음으로는 좋은 결과를 내기 어렵다.

부정적인 마음 상태는 상황을 더욱 어렵게 만들 뿐이다. 좋은 결과를 내고 싶다면 긍정적인 마음을 유지할 줄 알아야 한다.

부정적인 마음 자세가 유리한 기회를 끌어올까 아니면 내쫓을까?

당신에게 아무리 좋은 장점이 있고 기회가 자주 찾아와도, 부정적인 마음을 가지고 있는 한 그것들은 아무런 소용이 없다. 당신이 삶에서 좋은 것들을 누릴 수 있는 좋은 조건에 놓여 있어도, 부정적인 마음 자세를 가진 한 좋은 기회들은 달아난다.

따라서 언제나 긍정적인 마음을 유지해서 긍정적인 마음이 당신이 원하는 것, 추구하는 것들을 끌어올 수 있도록 해야 한다.

기도에도 불구하고 부정적인 결과가 일어나는 경우가 많다. 왜 그럴까? 많은 사람이 기도에도 불구하고 부정적인 결과가 일어나는지 이해하지 못한다. 우리의 마음은 그동안 영양분을 계속해서 공급했던 것에 해당하는 것을 끌어오게 되어 있다. 그것이 법칙이다. 누구에게도 이 법칙에 대한 예외는 없다.

따라서 기도를 통해서 바라는 것을 끌어오고 싶다면, 마음을 긍정적으로 만들어야 한다. 당신이 원하는 것을 얻을 수 있고, 이룰 수 있다고 믿어야 할 뿐 아니라 실행하는 믿음으로 승화시켜서 그 믿음을 현실로 만들고 실행해야 한다. 부정적인 마음 자세로는 실행하는 믿음을 가질 수 없다. 이 둘은 양립할 수 없기 때문이다.

좌우명

긍정적인 마음 자세를 유지하는 데 있어서 일하는 환경이 미치는 강력한 영향을 인식하는 사람들은 종종 건설적인 좌우명을 유용하게 사용한다. 2천 명의 임직원이 일하는 R.G. 르투르노는 모든 공장의 생산부서에 좌우명을 크게 프린트해서 매주 바꿔 걸며, 임직원에게 긍정적인 마음 자세를 유도하고 있다. 나는 그 회사에서 1년 반 동안 일하면서 4천 개가 넘는 좌우명을 만들었다. 모든 부서와 식당을 포함해 드넓게 펼쳐진 공장 구석구석에 좌우명 플래카드와 포스터가 정기적으로 교체되었다. 한 글자가 15cm에 달해서 공장 어느 곳에서도 쉽게 좌우명을 읽을 수 있었다. 직원들이 각자의 부서로 출근하면 매일 좌우명을 볼 수 있다.

하루는 좌우명이 걸려 있던 식당에서 배식을 받기 위해 줄을 서 있었다. 구내식당은 점심시간마다 모든 직원이 모여드는 장소여서, 좌우명을 볼 수 있도록 하기에 아주 좋은 곳이었다. 그날 식당에 걸린 좌우명은 "당신의 진정한 상사는 모자를 쓰고 있는 바로 당신이다."였다. 그 좌우명을 본 사람이라면 누구건 '당신이 진정한 당신의 상사다.'라는 의미로 해석할 수 있는 내용이었지만, 한 직원이 이렇게 말하는 것을 들었다.

"저게 바로 내가 항상 하던 말이잖아! 우리 공장 감독은 쓰레기라고."

다양한 사람들이 좌우명을 읽고 각기 다르게 해석하며 때론 잘못 해석할 수도 있지만, 14년이 지난 지금까지도 좌우명 플래카드와 포스터는 계속 공장 구석구석에 걸려 있다는 말을 들었다. 그들은 다른 어떤 노력보다 좌우명이 회사 직원들이 성공 철학과 긍정적인 마음 자세를 받아들이도록 하는 데 큰 역할을 했다고 말했다.

실패를 성공으로 변화시켜라

긍정적인 마음 자세를 위한 그다음 방법은 실패를 성공으로, 가난을 부로, 슬픔을 즐거움으로, 두려움을 강한 믿음으로 바꾸는 것이다. 변화는 긍정적인 마음 자세에서 시작돼야 한다. 성공, 부, 강한 믿음은 부정적인 마음 자세와 공존할 수 없기 때문이다.

변화 과정은 단순해서 언제고 이 과정을 반복함으로써 긍정적인 마음 변화를 온전히 당신의 것으로 만들어갈 수 있다.

첫째, 실패가 당신을 압도할 때 실패 대신 성공했을 경우를 떠올려보라. 실패가 아니라 성공했었다면 어땠을지 자신의 모습을 상상해보라.

또한, 모든 실패에는 얻을 수 있는 좋은 교훈과 경험이 있음을 인식하라. 실패하더라도 실패를 통해서 배우고 얻을 수 있는 것이 있다. 모든 역경과 실패, 그리고 패배에는 다음 성공을 위한 씨앗이 담겨 있다. 그 소중한 경험의 씨앗으로 실패를 성공으로 변화시켜라. 그 씨앗을 찾으려고 하다 보면 상황을 부정적인 마음으로 보지 않게 될 것이다. 처음에는 씨앗을 찾기 어려울 수 있지만, 계속해서 찾다 보면 찾을 수 있다. 이것이 첫 번째 단계다.

둘째, 궁핍함이 당신의 발목을 잡을 때 부자가 됐을 때를 떠올려라. 당신이 부자가 되어 그 풍요로운 부로 무엇을 하고 있을지를 상상해서 떠올려보라. 동시에 현재의 가난에서 얻을 수 있는 좋은 교훈과 경험은 무엇인지 성공의 씨앗을 찾도록 하라.

어린 소년이었을 때 나는, 내가 태어난 시골의 강가 제방 위에 앉아 있곤 했다. 어머니가 돌아가신 직후이자 의붓어머니가 오시기 전이었던 당시, 먹을 것이 부족해서 늘 허기졌다. 그럴 때는 가끔 제방에 앉아 물고기를 잡아 튀겨서 먹을 수 없을까 생각해보기도 했다. 그리고 눈을 감고 미래를 그려봤다. 내가 유명하고 부유한 사람이 되어 기차를 타고 전국을 여행하는 모습을 상상했다. 눈을 떠서는 강줄기 위로 내가 탄 증기 기관차가 증기를 내뿜으며 달려가는 모습과 소리를 상상했다. 눈을 감으나 뜨나 매우 생생하게 미래가 그려졌다. 굶주리고 가난한 시간이었지만 완전한 몰입 상태에서 나 자신의 미래를 그린 것이었다.

시간이 흐르고 그 가난한 소년은 2만 2,500달러짜리 롤스로이스를 타는 신사가 되었다. 시간을 거슬러 올라가 가난했던 나의 모습을 떠올려본다. 어린 시절의 상상이 지금의 현실로 이뤄진 것과 관계가 있을까? 아마 그럴 거라고 생각한다.

나는 계속해서 희망을 가졌고 결국 그 희망을 강한 믿음으로 변화시켰다. 그리고 그 신념으로 기차를 타고 전국을 여행하는 유명 인사가 되었고 부자가 되었다.

당신이 원하는 것과 미래의 모습을 상상하라. 현재의 좋지 않은 상황과 역경을 즐거운 상상으로 바꿔라. 즐겁지 않은 상황에서 벗어나 즐거운 상황을 머릿속에 그리고 집중하라.

셋째, 두려움이 당신을 압도할 때 두려움은 당신을 뒤로 가게 만드는 부정적인 믿음임을 기억하라. 그 부정적인 믿음을 당신이 바라는 것으로 바꾸도록 하라. 우리는 살아가면서 일곱 가지 기본적인 두려움을 한두 번 겪고 마는 것이 아니다. 대부분의 사람이 평생 계속해서 경험한다. 하지만 두려움이 당신을 집어삼키게 두면 두려움은 습관이 되고, 결국 당신이 원하지 않는 현실을 끌어올 것이다. 따라서 두려움을 다루는 법을 배우고 두려움을 긍정적인 신념으로 바꿀 수 있어야 한다. 궁핍함이 두렵다면 풍요로운 부와 돈을 가진 당신을 떠올려라. 두려움에 떠는 대신에 돈을 벌 수 있는 수단을 생각하라. 이미 존재하는 현실인 궁핍함을 두려워하기보다 앞으로 돈을 어떻게 벌지에 대한 공상이 훨씬 더 가치 있는 일이다. 궁핍함에 찌들어 있는 신세를 가만히 앉아서 한탄하거나, 돈이 필요한데 어떻게 돈을 벌어야 할지 모르는 자신을 한탄만 하는 것은 이득이 전혀 없는 행위다.

나는 내가 원하는 것이 있으면 가질 수 없겠다는 생각이 아니라, 가질 수 있겠다고 생각한다. 나는 오랫동안 이런 식으로 생각해왔고, 이런 사고는 긍정적인 마음이 필요한 상황이 됐을 때 부정적으로 반응하기보다 긍정적으로 반응하는 습관이 들게 해주는 훌륭한 방법이다.

바라기만 한다고 해서 긍정적인 사고 습관이 생기지 않는다. 매일매일 조금 조금씩 꾸준히 노력해야 한다. 하루아침에 긍정적인 자세가 생기는 것이 아니다.

보이지 않는 멘토

긍정적인 마음 자세를 위한 또 다른 방법은 당신에게 필요한 것과 원하는 것을 돌봐 줄, 보이지 않는 상상의 멘토를 창조하는 것이다. 나의 철학을 처음 접하고 형이상학을 이해하지 못하는 사람이라면, 내가 공상이 지나친 말을 한다고 생각할 것이다. 하지만 공상에 빠진 방법이 아니라, 보이지 않는 멘토들은 실제로 내게 필요하고 내가 원하는 것을 보살펴준다.

지난주에 나는 건강의 멘토와 대화에 소홀히 한 결과 이틀 정도 감기를 앓았다. 그래서 잠들어 있는 그를 깨워 에너지를 보충해 지금은 감기가 나았다. 건강의 멘토를 소홀히 하지 않아야겠다는 것과 그에게 감사한 마음을 늘 잊지 않아야겠다는 생각을 다시 한번 다지게 된 좋은 경험이었다.

물론 이들은 순전히 내가 상상해낸 인물들이다. 하지만 각 멘토는 각각의 역할을 하고 있고, 실존했던 인물들도 있으며, 내가 그들에게 부여한 의무를 언제나 성실히 이행하고 있다.

나를 잘 모르는 수강생들은 내가 진실을 말하고 있는지 아닌지 잘 모른다. 지금은 어쩔 수 없이 내 말을 믿어봐야겠지만, 나를 조금 더 오랫동안 알게 되면 내가 하는 말이 진짜인지 아닌지를 알게 될 기회가 있을 것이다. 그리고 나는 여러분을 속일 만큼 그렇게 영리한 사람이 아니다. 나는 속이려고 하면 금방 들통이 날 사람이다.

당신은 내가 이 성공 철학을 실천하는 삶을 산다는 것을 알게 될 것이다. 내가 이 성공 철학의 효과를 보지 못한다면 어떻게 사람들에게 전할 수 있을까? 나는 이 철학을 실천하며 훌륭한 효과를 보고 있다. 나의 멘토들은 내가 원하는 모든 것을 이뤄주고 있다. 그래서 이 방법이 당신에게도 효과가 있다는 것을 안다. 그리고 당신이 나의 철학을 다른 사람에게 전하고 가르친다면 그들에게도 효과가 있을 것을 안다. 하지만 다른 사람들에게 전하기 전에, 먼저 당신이 효과를 봐야 한다. 자신이 먼저 실천하고 효과를 보지 않고서 다른 사람에게 전할 수 있는 사람은 없다.

건강의 멘토

첫 번째 멘토는 '건강의 멘토'다. 내가 이것을 첫 번째 멘토로 꼽은 이유는 무엇일까? 목발에 의지해서 움직일 수밖에 없을 정도로 망가진 몸이라면, 몸 안에 깃든 정신이 제대로 작동할 수 있을까? 몸은 정신이 깃들어 있는 사원이므로 건강해야 하고, 기운이 넘쳐야 한다.

아무리 열정의 버튼을 눌러도 몸에 기운이 없다면, 아무것도 제대로 할 수 없다. 따라서 몸과 마음 모두가 활력이 넘쳐야 한다. 하지만 몸 이곳저곳에 병을 달고 있는 사람은 강렬한 열정을 표출할 수 없다.

당신이 자신에 대해 지켜야 할 첫 번째 의무는 당신의 몸이다. 당신에게 필요할 때 몸이 문제없이 제 할 일을 해주도록 보살피고 관리하는 것이다. 낮 동안에도 당신의 몸을 관리할 수 있지만, 밤에 몸을 위해 좀 더 특별한 관리를 해줄 수 있다. 침대에 몸을 누이고, 자연의 치유력이 낮 동안에 지치고 손상된 당신의 몸을 복원해주고 기운을 불어 넣어주도록 하는 것이다. 건강의 멘토가 그 일을 할 수 있도록 불러서 몸을 맡겨야 한다.

다른 사람들이 이 방법에 관해 무어라 말하건 신경 쓰지 마라. 해보고 좋은 결과를 얻으면 그만이다. 직접 해보고 효과가 있다는 것을 체험하고 나서, 다른 사람들에게 이 방법을 전하고 가르칠 때 공상에 빠진 듯한 방법을 소개하는 것이 아닐까 하는 미안한 생각을 가질 필요가 없다. 효과 있는 방법을 소개하는데 미안한 마음을 가질 필요는 없다.

물질적 번영의 멘토

두 번째 멘토는 '물질적 번영의 멘토'다. 내가 이것을 두 번째로 제시하는 이유가 있다.

돈 없이도 고객에게 훌륭한 서비스를 제공하는 사람을 본 적이 있는가? 당신이라면 돈 없이 얼마나 오랫동안 버틸 수 있겠는가? 나는 아무것도 없어도 2주는 버틸 수 있다. 1년에 두 번 단식을 하면서 그렇게 지내기 때문이다. 단식은 기력을 돋워주고 내면을 강하게 만들어준다. 하지만 억지로 해야 한다면 삼일도 안 돼서 굶어 죽을 것이다.

우리는 돈이 있어야 하고, 생활하기에 충분한 돈을 벌겠다는 마음이 있어야 한다. 하지만 나는 충분한 돈 이상은 욕심을 부리지 않는다. 나 자신이 탐욕스러워지지 않도록, 지나치게 많은 돈을 원하지 않도록, 그리고 돈에 지나치게 집중하지 않도록 다스린다. 돈을 버는 것에 집중은 하되, 지나친 집중은 삼간다. 나는 돈 버는 데 혈안이었지만 일찍 세상을 떠난 사람들을 알고 있다. 그들은 필요하지도 않고 사용해보지도 못한 돈을 버느라 지나친 노력을 기울였다.

그들이 남기고 간 돈이 한 역할이라고는 후손들이 유산을 서로 차지하느라 재산 다툼을 벌이게 한 것뿐이었다. 나는 내가 죽고 난 후 그런 일이 벌어지게 할 수 없다. 나 역시 많은 부를 원하는 사람이지만 지나친 부는 욕심 내지 않는다. 물질적 번영의 멘토가 하는 역할은 내가 충분함을 알고 지나치게 욕심내지 않도록 하는 것이다.

돈을 버는 것은 많은 사람에게 악순환이 된다. 사람들은 1백만 달러만 벌고 나서 은퇴할 거라고 말한다. 하지만 1백만 달러를 벌고 나면 처음 생각과는 다르게 일을 멈추지 않는다. 배우이자 유명 가수인 빙 크로스비Bing Crosby는 매니저인 동생에게 5만 달러만 벌면 은퇴하자고 말했었다. 하지만 매년 1백만 달러를 넘게 벌자 그전보다 훨씬 더 숨 가쁘게 다람쥐 쳇바퀴 돌아가는 생활에서 헤어나지 못하고 있다. 그를 비난하는 것이 아니다. 그는 나의 친구이자 내가 대단히 존경하는 사람이다. 자신들의 필요 이상으로 더 많은 돈을 벌려고 지나치게 집착하는 사람들을 염려해서 하는 말이다.

이 성공 철학은 경제적인 성공, 경제적 자유를 위한 철학이다. 하지만 자신의 삶을 망칠 정도로 지나치게 돈에 집착하다가 일찍 죽는 것은 분명 성공이 아니다. 충분한 돈을 벌면 거기서 멈춰라. 전혀 사용하지도 못할 텐데 더 많은 돈을 벌려고 하기보다는, 현재 가지고 있는 것을 더 잘 사용할 수 있도록 하라.

대공황 전에 이 이야기를 친구들에게 들려줄 수 있었다면, 그중 두 명은 높은 건물에서 뛰어내리지 않았을 것이고, 나머지 두 명도 독약을 마시거나 자신의 머리에 권총 방아쇠를 당기지 않았을 것이다.

모든 것을 지나치지 않게, 그리고 너무 모자라지도 않게 그저 충분할 정도가 되도록 해야 한다. 지나치지 않게 충분한 정도에 만족하자니 얼마나 좋은 묘책인가! 이것이 이 성공 철학의 묘미이다. 지나친 것과 충분한 것을 헤아려 균형 잡힌 삶을 살 줄 알아야 한다.

평화로운 마음의 멘토

다음은 가장 중요한 멘토인 '평화로운 마음의 멘토'다. 세상에서 남 부러울 것 없이 모든 것을 가지고 있고, 모든 사람이 아무리 당신에게 신의를 지켜도 당신의 마음이 평화롭지 않다면 무슨 소용이 있겠는가?

나는 운 좋게도 이 나라에서 가장 부유하고 성공한 사람들과 친구로 가깝게 지낼 수 있었다. 그들의 집에서 자고, 먹고, 그들의 가족, 아이, 부인들을 서로 알고, 그들의 사후에 자녀들이 어떻게 지내고 재산 다툼을 하는지 봐왔다. 모든 과정을 지켜보면서 균형 잡힌 삶의 중요성에 대해 깨닫게 됐다. 그래서 당신에게 마음의 평화를 가지고, 게임을 하듯이 즐거운 마음으로 일하라고 말해주고 싶다. 스트레스를 받아가며 두려운 마음으로 일할 것이 아니라, 자신이 좋아하는 운동 경기나 게임을 하듯이 즐거운 마음으로 일하는 것이 좋다.

나는 항상 문명화의 폐단이 자기 일을 사랑하는 사람이 드물다는 점이라고 말해왔다. 대부분의 사람은 단지 의식주를 해결하기 위해 별다른 선택의 여지 없이 일하고 있다. 하지만 자기 일을 사랑하고 선택해서 일할 수 있는 사람들은 정말 운이 좋은 경우다. 이 성공 철학은 당신이 그럴 수 있도록 이끌지만, 긍정적인 마음 자세를 습관화하기 전까지는 절대 그런 상태에 도달할 수 없을 것이다.

이 성공 철학의 완성을 위해 이 시대가 낳은 가장 성공한 사람들이 함께 조력했고, 그 모든 사람 가운데 오직 한 사람만이 자신이 이룬 성공과 더불어 평화로운 마음의 상태를 유지했다고 말할 수 있다. 수필가 존 버로스John Burroughs가 바로 그 사람이다. 그는 거의 그런 상태에 근접했다. 그다음은 토마스 에디슨이었다.

세 번째는 카네기였는데, 그 이유는 이렇다. 말년에 그는 자신의 재산 대부분을 자선 사업 단체 설립과 기부를 통해 사회에 환원하는 데 지나칠 정도로 온 힘을 쏟았다. 그가 가장 집착했던 일은 성공 철학을 잘 정립해서 그가 살아 있는 동안에 사람들에게 다른 사람의 권리를 해치지 않고도 정당하게 물질적인 부를 쌓을 수 있는 비결을 알려주는 것이었다. 그것이 그가 세상에서 가장 원했던 일이다.

그는 눈을 감는 순간까지 내가 정립한 열일곱 가지의 성공 원칙 중 열다섯 가지를 검토하고 또 검토해주었다.

좌절감에 빠져 있던 시기의 나를 봤지만, 정작 훗날 내가 성공한 모습은 보지 못했던 두 사람에 대해 안타까운 마음이 있다. 바로 의붓어머니와 나의 든든한 후원자였던 앤드류 카네기가 그들이다. 방향이 필요했던 내게 방향을 제시해주었던 그들에게 살아 있을 때 뿌듯한 결과를 보여줄 수 있었더라면 평생 노력한 결실에 대한 보상이자 큰 즐거움이었을 것이다.

그들이 지금 내 어깨너머로 나를 보고 있는지도 모르겠다. 누군가 내 뒤에 서서 나를 돕고 있다는 느낌을 받을 때가 있다. 나의 이성을 뛰어넘는 말과 행동을 할 때가 있기 때문이다.

내가 하는 일이 뛰어난 성과를 보일 때, 내 어깨 뒤에 서서 나를 바라보고 있는 이 사람들이 나를 위해 항상 일해주고 있다는 느낌을 그 어느 때보다 강하게 받는다. 급한 일이 벌어졌을 때, 중요한 결정을 해야 할 때, 항상 이 사람이 내게 어떤 결정을 내릴지 말해준다는 느낌을 받는다. 고개를 돌려서 내게 항상 좋은 영향을 주는 그가 서 있는 모습을 상상할 수 있을 정도다.

성공 철학을 정립할 수 있도록 나를 도와주었던 오육백 명의 사람들이 없었다면, 이런 성과를 절대 거두지 못했을 것이다. 다른 사람들은 가질 수 없는 행운을 내가 특별히 가졌다는 생각을 사람들이 하게 되는 것을 원하지 않았기 때문에 이 이야기는 지금까지 하지 않았다. 나뿐만 아니라 당신에게도 그런 기회가 열려 있을 것이다.

그것이 내 솔직한 생각이다. 당신 또한 영감을 받을 수 있는 사람들을 만나게 될 것이다. 나에게 그런 기회가 찾아왔듯, 당신에게도 그런 기회가 찾아오길 간절히 바란다.

희망과 강한 믿음의 멘토

'희망과 강한 믿음의 멘토'는 쌍둥이 멘토다. 영혼에서 불타오르는 강렬한 희망과 신념의 불꽃이 없다면, 인생에서 얼마나 많은 것을 얻을 수 있을까? 일해야 할 이유도, 살아가야 할 이유도 없을 것이다. 살다 보면 우리의 희망과 신념을 파괴하는 일들은 일어나게 마련이다. 그래서 마음을 긍정적으로 유지해줄 장치가 필요하다. 우리가 통제할 수 없는 상황과 사람들, 일들이 일어나게 된다. 따라서 이런 것들을 상쇄하고 달래줄 치유제가 필요하다. 그러기 위해 희망과 신념의 멘토만큼 좋은 방법을 알지 못한다. 지금까지 수많은 사람에게 이 방법을 소개해서 그들도 나와 같은 효과를 누리고 있다.

사랑과 낭만의 멘토

다음 멘토 또한 쌍둥이인 '사랑과 낭만의 멘토'다. 자기 일을 낭만적으로 여기지 않는 사람은 훌륭한 일을 성취할 수 없다고 믿는다. 자기 일을 낭만적으로 생각하지 않는 사람은 일을 즐겁게 할 수 없으니 뛰어난 성과를 내지 못할 것은 당연하다.

가슴에 사랑과 낭만이 없는 사람은 인간이라고 할 수 없다. 사람과 하등 동물의 중요한 차이는 사랑을 표현할 수 있다는 것이다. 사랑은 참으로 위대하고 놀라운 것이다. 사랑은 뛰어난 천재와 리더를 탄생하게 하고, 활력 있는 건강을 유지하게 해준다. 가슴에 사랑과 낭만이 있으면 이런 사람들과 가깝게 어울릴 기회를 놓치지 않는다.

사랑과 낭만의 멘토가 내 삶에서 해주는 역할은 내가 하는 일을 좋아하게 해주고, 몸과 마음의 젊음을 유지해주는 것이다. 일에 열정을 유지하도록 해주고, 꾸준히 일할 수 있게 해주며, 고됨과 단조로움을 없애준다.

나에게는 어떠한 일도 고된 일이 아니라 놀이와 같다. 내가 하는 모든 일은 좋아서 하는 일이다.

물론 돈벌이의 책임감과 의무감을 잊고 일에서 즐거움을 얻을 수 있는 경제적 위치에 이르기 전에는 생각해야 할 것들이 적지 않을 것이다. 하지만 자신을 조금 더 살펴보면 당신이 하는 모든 일을 좋아서 하게 될 방법을 개발할 수 있다. 집에 도착하면 나는 설거지를 돕는다. 비록 잘하진 못해도 아내를 도울 수 있다는 생각에 즐거운 마음으로 한다.

또한 정원을 가꾸고 있다. 내가 하지 않으면 정원 가꾸기의 즐거움을 아내에게 뺏기기 때문이다. 딱딱하게 의무적으로 일하는 것이 아니라 사랑과 낭만이라는 감정을 가진 인간으로서 단순한 삶을 사는 법을 배운다는 것은 매우 훌륭한 일이다.

당신의 삶에 사랑과 낭만이 깃들도록 습관을 들이고, 당신이 하는 모든 일에서 사랑과 낭만이 표출되도록 할 방법을 익히도록 하라.

지혜의 멘토

마지막은 '지혜의 멘토'다. 지혜의 멘토는 다른 일곱 가지 멘토들을 관리한다. 그들이 계속해서 활동적으로 당신을 위해 일하도록 하고, 유쾌한 상황이든 불쾌한 상황이든, 인생에서 일어나는 모든 상황에 당신이 적응하도록 하여 그 상황으로부터 얻는 것이 있도록 한다.

삶이라는 나의 제분소에는 어떤 것이 들어오든 모두 제분용 곡물이 된다. 나는 내 제분소에 들어오는 것은 무엇이든지 제분용 곡물로 갈아서 나에게 유용한 것으로 만든다. 불쾌한 일들이 일어날수록 더욱더 많은 제분용 곡물을 얻는다. 그것들을 모두 갈아서 제분되도록 한다. 좋은 경험이든 나쁜 경험이든 마음을 바꾸면 삶에서 일어나는 어떤 경험도 버릴 게 없다. 방법만 알면 모든 경험에서 항상 얻을 게 있다. 물론, 불쾌한 경험으로 인해 감정이 제멋대로 날뛰게 둔다면, 당신은 더 많은 불쾌한 일을 당신에게 끌어오게 된다.

불쾌한 상황과 관련한 특이한 점은 이들이 겁이 많다는 것이다.

"어서 와. 마구를 채워줄 테니 날 위해 어서 일해줘."

당신이 이렇게 말하면 이들은 숨을 곳을 찾아 숨어 버린다. 당신이 자신에게 일을 시킬 것을 알기 때문에 자주 찾아오지 않게 된다.

하지만 당신이 불쾌한 상황을 두려워하면, 그들은 당신을 향해 떼를 지어 몰래 다가온다. 당신이 이들에 대해 어떻게 대처해야 할지 준비가 되어 있지 않을 때, 이들은 예고 없이 갑자기 찾아올 것이다. 나는 불쾌한 경험들을 초대하지는 않지만, 만약 이들이 겁도 없이 날 찾아온다면 내 삶의 제분소에서 이들을 갈아버릴 것이다. 이들이 찾아오면 이들을 제분용 곡물로 만들었으면 만들었지, 절대 이들에게 당하지 않을 것이다. 어떻게 그럴 수 있을까? 내게는 그들을 다루는 방법이 있기 때문이다. 당신도 그 방법을 익히길 바란다. 그리고 그 방법을 다른 사람들에게 가르쳐주기 바란다.

부정적인 영향에 대한 관리

긍정적인 생각을 지키기 위해서는 부정적인 영향들을 끊임없이 경계해야 한다. 첫째, 당신의 부정적인 자아는 끊임없이 당신을 지배하려고 획책을 꾸민다. 당신의 자아 내부에는 당신을 부정적으로 지배하려는 존재들이 있다. 그들이 당신을 지배하지 않도록 끊임없이 경계해야 한다. 당신이 살면서 쌓아온 두려움, 의심, 스스로 만든 한계가 바로 그 존재들이다. 이들이 당신을 지배하는 세력이 되지 않도록 조심해야 한다.

두 번째, 부정적인 영향은 당신 주위에 있는 부정적인 사람들로부터 발생한다. 당신이 함께 일하는 사람들, 같이 사는 식구들, 당신의 친지 중 부정적인 사람들이 그들이다. 조심하지 않으면 그들과 마찬가지로 부정적으로 행동하고 반응하게 될 것이다. 그들과 같은 집에서 살 수밖에 없더라도, 당신까지 부정적인 사람으로 물들 필요는 없다. 물론 그들에 대한 면역력을 가지기가 그리 쉽지는 않을 것이다. 하지만 당신은 스스로를 지킬 수 있다. 내가 그러했고, 마하트마 간디Mahatma Gandhi도 자신을 지켜냈다. 그가 자신이 반대하는 것들에 맞서 부정적인 영향을 받지 않으면서 이뤄낸 일들을 보라.

세 번째, 부정적인 영향은 당신이 태어날 때부터 태생적으로 가지는 부정적인 특성들이다. 당신은 이것을 발견하고 그 실체가 무엇인지 아는 순간, 긍정적인 특성으로 바꿀 수 있다. 많은 사람이 날 때부터의 환경으로 인해 부정적인 특성을 가지고 태어난다. 예컨대, 어떤 사람이 날 때부터 가족과 친지가 모두 가난에 찌들어 있고, 모든 이웃도 가난에 찌들어 있다면 그는 가난밖에 보지 못하고, 가난밖에 느끼지 못하고, 가난밖에 듣지 못하며 자란다. 그런 환경에 있던 사람이 바로 나였다. 가난에 대한 태생적인 두려움은 내가 가장 이겨내기 힘들었던 것 중 하나였다.

그리고 돈 문제와 사업 문제, 직업 문제에 대한 걱정들이 있다. 우리는 대부분의 시간을 이 문제들을 걱정하는 데 쓸 수 있고, 이 문제들을 극복할 수단과 방법을 찾고 행동하는 데 마음과 시간을 사용할 수도 있다. 부정적인 측면이 아닌 긍정적인 측면을 생각해야 한다. 부정적인 걱정을 해봤자 시름만 깊어질 뿐이다.

또한 이성에 대한 짝사랑의 고민과 균형을 잃은 감정적 좌절도 부정적인 영향을 미칠 수 있다. 많은 사람이 사랑으로 인해 미칠 듯이 괴로워하며 시간과 에너지를 낭비하지만 그럴만한 가치가 없다. 나는 너무나 사랑하고 내게 크나큰 도움이 되는 아내가 있지만, 그녀를 포함해 미칠 듯한 사랑에 빠진 여성은 없었다. 만약 아내를 얻기 위해 마음의 균형을 잃어야만 했다면, 나는 아내와 사랑에 빠지지 않았을 것이다.

우리는 마음의 균형을 깨면서까지 짝사랑에 빠질 필요가 없다. 하지만 안타깝게도 많은 사람이 그렇게 하고 있다. 그러지 않도록 주의하고, 긍정적인 마음 자세를 유지하며, 가장 먼저 챙겨야 할 사람은 바로 자신임을 인식하는 것은 당신에게 달려 있다. 자신을 다스려서 어떤 사람도 마음의 균형을 깨지 않도록 해야 한다. 창조주는 그것을 바라지 않으며, 당신은 그런 일이 일어나도록 내버려 두어서는 안 된다.

그다음으로 부정적인 영향을 주는 것은 건강에 대한 지나친 걱정이다. 적지 않은 사람들이 건강을 잃을까 봐 너무 많은 걱정을 한다. 이처럼 건강에 대해 지나치게 걱정하고 아무 이상이 없는데도 자신이 병들었다고 생각하는 심리 상태를 전문 의학 용어로 건강 염려증이라고 한다. 건강에 대한 긍정적인 마음 자세와 건강한 의식을 계발하지 않으면, 어리석게도 부정적인 생각에 많은 시간을 쏟게 된다. 긍정적인 자세로 건강에 대해 생각해야 한다.

나는 종종 내가 악성 질환에 걸리면 사막으로 가서 옷을 벗고 햇

볕에 몸을 쬐겠다고 말하곤 한다. 병에 대한 걱정 없이 햇볕을 맞으며 자연에 몸을 맡길 것이다. 걱정한다고 병이 낫는 것이 아니다.

마음 자세는 당신의 몸에 일어나는 일들과 대단히 많은 관계가 있다. 기분이 좋지 않을 때, 마음의 여유를 줄 수 있는 좋은 글귀를 읽으면 기분이 한결 빠르게 나아지는 것을 경험할 수 있다. 또는 좋아하는 음악을 들으며 우울해진 마음을 달랜 경험이 있을 것이다.

또 다른 부정적인 영향은 편협한 마음이다. 열려 있지 못한 마음은 부정적인 마음 자세와 갈등을 유발한다.

물질적 소유에 대한 탐욕 또한 부정적인 마음 자세를 초래한다. 이에 대해서는 앞서 충분히 언급했다.

명확한 목표의 부재와 삶을 살아갈 확고한 철학의 부재도 우리의 마음 자세에 부정적인 영향을 미친다. 대단히 많은 사람이 삶의 철학을 가지고 있지 않다. 그저 되는대로 그때그때 주어진 상황에 따라 살아간다. 마치 바람에 이리저리 날리는 마른 낙엽처럼 사는 것이다. 삶의 철학, 삶을 살아가는 원칙 없이 주체적이지 못한 삶을 산다. 이들은 운에 맡기는 삶을 살며 행운을 바라지만, 대개 원칙 없는 삶은 행운이 아닌 불행을 마주하게 된다.

우리에겐 삶의 신조로 삼을 철학이 필요하다. 세상에는 다른 훌륭한 철학들도 많이 있지만, 당신이 배우고 있는 이 성공 철학은 이웃이 당신을 호감 가는 사람으로 생각할 수 있게 하는 삶의 철학이다. 이 철학을 통해 당신은 경제적인 풍요로움과 마음의 풍요로움, 마음의 평화를 누릴 수 있을 뿐만 아니라, 당신과 교류하는 모든 사람에게 그것을 나누어줄 수 있다. 우리는 이처럼 살아가야 한다. 긍정적인 자세의 성공 철학이 우리가 살아가야 할 방식이다.

마지막으로 언급할 부정적인 영향은 주관 없이 사는 자세다. 자신의 주관 없이 다른 사람의 생각에 따라 살지 않아야 한다. 자신의 주도적인 생각 없이 남의 말과 남의 생각에 따라 산다면, 결코 긍정적인 마음 자세를 가질 수 없다.

모든 사람이 부자가 되고 싶어 하지만, 부자가 되기 위해 갖추어야 할 자질들을 잘 모른다. 아래에 소개하는 부를 이루는 열두 가지 자질을 잘 익혀서 당신의 것으로 만들길 바란다. 부자가 되기 위해서는 먼저 이 모든 자질을 균형 있게 가져야만 한다.

아래의 자질 중 돈을 가장 아래에 두었음을 알린다. 나머지 열한 가지 자질이 균형 잡힌 삶을 위해 돈보다 훨씬 더 중요한 요소들이다.

1. 긍정적인 마음 자세

2. 건강한 몸

3. 조화로운 인간관계

4. 두려움으로부터의 자유

5. 미래의 성취에 대한 희망

6. 신념을 실행할 능력

7. 행복을 기꺼이 나누고자 하는 마음

8. 좋아서 할 수 있는 일을 가지기

9. 어떤 주제와 사람에게도 열려 있는 마음

10. 완전한 자제력

11. 사람들을 이해할 수 있는 지혜

12. 돈

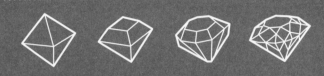

9

자제력

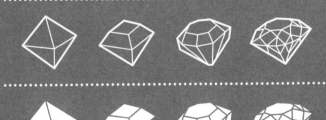

자제력을 가지면 육체의 건강을 얻을 수 있고,

마음속에 일어나는 일들이 조화를 이뤄

마음의 평화를 얻을 수 있다.

내가 쓴 수필집 『삶에 대한 도전_A Challenge to Life_』은 삶에서 경험한 최악의 패배 중 하나에 대해 내가 어떻게 대처했는지를 설명한다. 어떻게 불쾌한 상황을 도움이 되는 것으로 바꿨는지를 볼 수 있다. 그 상황에서 나는 상대와 맞붙어서 물리적으로 싸워야 할 이유가 있었다. 숲속에서 권총을 들고 결투를 할 수도 있었지만, 그 대신에 누구도 다치지 않으면서도 내게 도움이 되는 방법을 택했다. 이 수필집의 집필이 바로 그 방법이었다.

삶, 너는 나를 굴복시킬 수 없다. 나는 너의 통제를 받아들일 수 없다. 네가 내게 상처를 주면 나는 웃는다. 웃는 자는 고통을 모른다. 네가 즐거움을 줄 때는 네게 감사함을 느낀다. 네가 슬픔을 줄 때 나는 그것에 겁을 먹거나 좌절하지 않는다. 내 영혼에는 웃음이 살아 있기 때문이다.

일시적인 패배는 나를 슬프게 하지 않는다. 나는 패배의 언어를 즐거운 음악으로 바꿀 수 있다. 패배의 눈물은 내게 어울리지 않는다. 나는 웃음을 훨씬 더 좋아하기 때문이다. 그래서 나는 슬픔과 고민, 고통과 실망 대신에 웃음을 찾는다.

삶, 너는 변덕스러운 사기꾼이다. 부인하려고 하지 마라. 내 가슴에 사랑이라는 감정을 슬쩍 밀어 넣더니, 내 영혼을 찌르는 가시로 사랑을 사용했다. 하지만 나는 네가 놓은 덫을 웃음으로 피해 가는 법을 익혔다. 너는 황금에 대한 욕망의 길을 따라오라 유혹했지만, 나는 지식으로 이어지는 오솔길을 따라가며 너의 유혹을 따돌렸다. 너는 내게 아름다운 우정을 쌓으라 했다. 그리고 나서는 내 친구들을 적으로 바꿔버려서 나의 마음을 냉담하게 만들었다. 하지만 나는 너의 시도를 비웃으며 새로운 친구들을 선택했다.

너는 사람들과의 거래에서 나를 속여서 내가 의심 많은 사람이 되게 만들었다. 하지만 나는 누구도 훔칠 수 없는 소중한 자산으로 다시 이겨냈다. 스스로 생각하는 힘과 누구도 아닌 나 자신이 되는 힘이 바로 그것이다. 너는 죽음으로 나를 위협하지만, 내게 죽음은 평화로운 오랜 잠에 불과하다. 잠은 웃음 다음으로 인간이 경험할 수 있는 가장 달콤한 것이다. 너는 내 가슴에 희망의 불을 지폈다가 그 불길에 물을 뿌리곤 하지만, 나는 다시 그전보다 더 큰불을 붙일 수 있다. 그럼으로써 너를 한 번 더 비웃을 수 있다.

너는 나를 웃음으로부터 멀어지게 할 수 없고, 결코 나를 겁주어 굴복하게 할 수 없다. 결국, 나는 웃음이 가득한 삶으로 승리의 축배를 든다!

마땅히 우리에게 신의를 지켜야 할 사람의 배신으로 인해 상처를 받는 불쾌한 경험을 할 때, 이 같은 자세를 가지기가 쉬워 보일지도 모른다. 하지만 살면서 수많은 상처를 경험한 나는 스스로를 절제하며 오히려 호의로 갚는 법을 익혔다.

자제력에 대한 또 다른 일화를 소개한다. 이 성공 철학을 공부하는 데 도움이 될 것이다.

『놓치고 싶지 않은 나의 꿈 나의 인생』을 탈고했을 때, 뉴욕의 한 유명 출판인에게 원고를 가져갔다. 그는 자신들이 이 원고를 좋아하며 아마도 출판할 의향이 있을 것이라고 말했다. 몇 주가 흘러가는 사이, 출판사에 계속 전화를 하고 편지를 보냈지만 그럴 때마다 그들은 이런저런 변명을 대며 시간을 끌었다.

그런 식으로 6개월이 흐른 어느 날, 더는 참을 수 없어서 매디슨가에 있는 출판사의 사무실로 가서 담당 직원 중 한 명에게 이렇게 말했다.

"원고를 돌려받든가 계약을 하든가 둘 중 하나를 해야겠어요. 어떤 쪽이든 전혀 상관없지만, 둘 중 하나가 정해져야 사무실을 떠나겠습니다. 시간 낭비에 아주 진력이 났어요. 무슨 꿍꿍이가 있는지 모르겠는데, 오늘은 그걸 알아내야겠어요."

이윽고 발행인이 원고를 가지고 와 죄책감이 섞인 당황한 표정으로 이렇게 말했다.

"나폴레온 힐씨, 사과드릴 게 있습니다. 원고를 받아보고 저희 독자들이 읽어봤는데 모든 사람이 입을 모아 지금까지 받아본 원고 중 최고였다고 말하더군요. 그래서 우리 편집진이 자체적으로 원고를 써서 비슷한 책을 내기로 했습니다. 출판은 1,000달러를 지불하고 유명 작가의 이름을 빌리되, 저작권료는 줄 필요가 없습니다. 우리가 쓴 원고가 당신의 원고만큼 좋지는 않지만, 광고비로 10만 달러를 집행하니까 잘 팔릴 겁니다. 저희 책을 먼저 출간한 후에 선생님의 책을 내려고 원고를 계속 가지고 있었습니다."

"훌륭하시군요. 도대체 출판 윤리라는 게 있으십니까?"

나는 원고를 집어 들고 출판사를 박차고 나왔다. 그리고 내 변호사를 만나서 출판사에서 있었던 일을 설명했다. 그는 신이 난 얼굴로 말했다.

"오랜만에 아주 좋은 소송 건이 걸렸네요. 그들이 파는 선생님의 모든 책에 대해 제가 저작권료를 받아드리겠습니다. 한 권도 빠짐없이요."

"잠깐만요. 저작권료는 안 받아도 되고 소송을 제기하지 않아도 됩니다."

"아니요. 저희가 반드시 이길 겁니다. 제가 보장합니다. 소송비는 안 받는 대신 받으시는 저작권료 중 일부를 주시면 됩니다."

"당신이 소송을 원하는 건 알아요. 하지만 저는 그 발행인이 모르는 법정에서 그들을 심판할 겁니다. 거기서 그들은 주장을 펼치지 못할 겁니다. 먼 훗날 그들이 펴낸 책은 잊힐 거고, 제 책인 『놓치고 싶지 않은 나의 꿈 나의 인생』은 계속해서 모든 사람이 찾는 책이 될 겁니다."

그리고 실제로 내 책은 세계적인 베스트셀러가 됐다.

나에게 해를 끼치는 사람들에게 반격을 가하는 나만의 방법이 있다. 나는 분명 당하고만 있지 않았다. 그런 나약한 사람이 아니다. 누구도 나를 부당하게 대할 수 없고, 만약 그렇게 한다면 나의 반격을 피할 수 없다. 강력하고 효과적인 일격을 가하는 방법인데, 나에게 해를 끼친 사람에게 호의를 베푸는 것이다. 이로써 당신은 당신 자신과 세상, 그리고 창조주를 존중하게 된다. 이것은 다른 방법으로는 얻을 수 없다.

당신에게 해를 끼쳤거나 그러려고 하는 사람들에게 반격하는 것은 단지 자제력이 부족해서이다. 만약 당신을 중상모략하고, 비방하고, 속이는 사람에게 반격을 시도하려고 한다면, 당신 자신의 힘을 활용할 수 있는 방법을 익히지 못한 것이다. 절대 부정적으로 반격하지 마라. 그것은 당신 자신과 창조주를 존중하지 않는 것일 뿐이다.

당신을 해하려는 사람에 맞서 방어할 수 있는 더 나은 방법과 더 나은 무기를 당신에게 주겠다. 여기서 배우는 것을 기반으로 자제력을 사용하라. 결코 그들이 당신을 그들의 수준으로 끌어내리도록 허락하지 마라. 당신이 사람들을 대하고자 하는 수준을 정하라. 그들이 당신의 수준에 이르길 원한다면 좋은 일이다. 그렇지 않다면 그들의 수준에 머물러 있도록 내버려 두라. 그것은 죄가 아니다.

당신의 높은 수준을 정하고 어떤 일이 있어도 그 기준을 지키도록 하라. 이런 태도를 당신의 가슴에 새기길 바란다.

나는 원래 반격을 하던 사람이다. 실제로 권총을 몇 개 가지고 있었고 총을 쏘는 법도 알고 있다. 총을 장식용으로 가지고 있던 게 아니었다. 나의 길을 가로막으려는 사람은 쏘려고 했다. 하지만 총은 내게, 아무런 쓸모가 없게 된 지 오래됐다. 나 자신을 방어할 더 나은 방법을 알고 있기 때문이다. 나에겐 마음이 있고, 마음의 힘이 있다. 내 마음을 어떻게 사용해야 하는지 알고 있어서 이제 마음의 힘으로 나를 지킬 줄 안다.

『삶에 대한 도전』에 대한 이야기로 돌아가자. 인도의 마하트마 간디는 이 책을 계기로 내 철학에 관심을 가지게 됐고, 인도 전역에 이 책을 출간하게 했다. 수백만 명의 사람이 직간접적으로 이 수필집의 영향을 받았다. 아직 태어나지 않은 수백만 명의 사람들 또한 이 책의 영향을 받을 것이다.

그토록 수많은 사람이 읽게 된 것은 수필집에 담긴 생각 때문이다. 삶에서 경험하는 불쾌한 일들 앞에서 삶이 우리를 정복하게 할지, 아니면 누구도 우리를 정복하지 못하게 할지 각기 다른 방법을 선택해 반응할 수 있다. 당신의 영혼에 웃음이 있다면, 창조주가 운전하는 비행기에 그와 아주 가까운 자리에 앉아서 갈 수 있다.

나는 매일 아침 일어나서 내가 가장 좋아하는 아내의 표정이 담긴 사진을 바라본다. 그 표정을 담기 위해 100번이 넘게 아내의 얼굴을 촬영했다. 사진은 아내에게 청혼할 때 봤던 아내의 표정과 정확히 같았다. 기쁨이 가득한 그런 미소는 본 적이 없다. 그녀에게서 볼 수 있었던 가장 아름다운 표정이었다. 그 표정을 얻기 위해 반복해서 촬영한 끝에 마침내 카메라에 담을 수 있었다. 뭐라 형용할 수 없는 미소가 사진에 담겨 있다. 방에 들어가서 사진을 보면 그녀의 마음 저편에 있는 매우 영적인 어떤 것을 느낄 수 있다.

가까운 지인의 가족이 내가 사는 아파트에 놀러 왔다가 지인의 두 꼬마 아들이 자고 간 적이 있다. 그중 한 아이가 방에 놓인 사진을 보며 말했다.

"그런데 아주 예쁘신 분이네요. 이분이 누구세요?"

"내 아내란다."

"너무 아름답지 않으세요? 영화배우처럼 아름다워요! 그렇죠?"

"응, 나도 그렇게 생각한단다."

영혼에 웃음이 있고, 얼굴에 웃음이 있으면 친구가 없을 수 없고, 결코 기회를 놓치지 않을 수 있다. 웃음이 무엇인지 전혀 알지 못하는 사람들로부터 당신을 방어하는 법을 알게 될 것이다.

자기 암시

자기 암시는 자신의 지배적인 생각과 행동이 자신에 대한 암시를 통해 잠재의식에 전달되는 것이다.

자제력을 키우기 위한 시발점은 명확한 목표다. 이 성공 철학의 모든 원칙과 모든 접근에서 '명확한 목표'를 분리해서 생각할 수 없다. 명확한 목표는 모든 성취의 출발점이기 때문이다. 당신이 하는 모든 일은 명확한 목표를 가졌는지와 함께 시작된다.

명확한 목표를 적고, 외우고, 점검하는 것을 일상적으로 해야 하는 이유는 무엇일까? 잠재의식에 닿게 하기 위해서다. 잠재의식은 얼마나 자주 듣느냐에 비례해 듣는 것을 믿게 된다. 아무리 거짓말 같은 이야기라도 반복해서 들으면 우리는 그것이 거짓인지 아닌지조차 모르게 된다.

강박적인 열망은 명확한 목표에 생명과 행동력을 전하는 발전기와 같다. 이에 대해서는 앞서 소망, 희망, 열망, 불타는 열망, 강한 믿음이라는 개념들을 통해 자세히 다뤘다.

어떻게 보통의 열망을 강박적인 열망으로 만들 수 있을까? 열망을 마음에 품고 살며, 마음에 주기적으로 떠올리며, 생활 환경에서 자신이 원하는 실제 그 대상을 보는 것으로 가능하다.

예컨대 당신이 현재는 포드를 몰고 있지만, 신형 캐딜락을 살 수 있는 돈을 모으고 싶다는 강박적인 열망이 있다고 하자. 멋진 신형 캐딜락을 원하지만 살 수 있을 만큼 충분한 수입은 되지 않는다. 어떻게 해야 할까?

당신이 해야 할 일은 우선 캐딜락 매장에 가서 모든 캐딜락 모델이 소개된 최신 브로슈어를 받는 것이다. 그리고 나서 할 일은 브로슈어를 쭉 훑어보고 원하는 모델을 선택하는 것이다. 매일 아침 포드에 탈 때 시동을 걸기 전 잠시 눈을 감고 멋진 신형 캐딜락에 앉아 있는 당신의 모습을 그려보라. 거리를 운전할 때는 캐딜락을 운전하고 있다고 상상하라. 그렇게 캐딜락을 가지고 운전하는 당신의 모습을 상상하는 것이다.

이 말이 어리석게 들릴 수도 있지만 그렇지 않다. 내 경험을 통해 확실히 말할 수 있다. 예전에 어느 지역에서 강의를 하기 위해 호텔을 나서며 롤스로이스를 가지고 싶다고 자신에게 말했다. 비록 충분한 돈은 없었지만 한 달 안에 롤스로이스를 가지겠다고 말이다.

그날 강의에서 나는 명확한 목표와 자기 암시, 그리고 강박적인 열망에 관해 설명하면서 내가 호텔을 나서며 롤스로이스라는 목표를 세워 자기 암시를 했다고 말했다. 그런데 다음 날 아침, 오랫동안 나의 강의를 듣고 있던 수강생 중 한 명이 내가 말했던 것과 정확히 같은 차인 롤스로이스를 가지고 나타나 호텔 앞에서 나를 불렀다.

"내려와 보세요, 선생님 차를 가지고 왔습니다."

그는 내 이름 앞으로 소유권 이전 등록을 마쳤다고 말하며 차 열쇠를 건넸다. 그는 롤스로이스를 어떻게 몰아야 하고 다뤄야 하는지 알려주고 싶어 했다. 그는 맨해튼 시내에서 나에게 차를 몰게 하며 이것저것 알려주었다. 다시 호텔로 돌아와 차에서 내려 악수하며 그가 말했다.

"이 멋진 차를 드리게 돼서 매우 기쁩니다."

그는 차 가격에 대해서는 한마디도 하지 않고 이어서 말했다.

"저보다 선생님에게 이 차가 훨씬 필요해 보입니다. 저에겐 전혀 필요 없는 차지만, 선생님에게는 꼭 필요한 차니 드리고 싶습니다."

이처럼 거액의 차를 다른 사람에게 서슴없이 주는 것이 가능한 일일까? 가능할 수 있다. 당신이 나의 강의를 꾸준히 들어왔다면 나와 수강생인 당신의 관계에 대해 잘 알 것이다. 내 강의를 듣는 수강생이 자연스럽게 이런 호의를 베풀고, 또 반대로 내가 학생들에게 도움이 필요할 때 호의를 베푼다는 것을 아마 잘 알고 있을 것이다.

열망하는 것을 정할 때 주의하라

강박적인 열망을 통해 당신이 갈망하는 것을 정할 때 주의해야 한다. 잠재의식은 그 열망을 현실로 바꾸는 작업에 들어가기 때문이다.

당신이 갈망하는 것을 정할 때 주의하라. 이 책에서 설명하는 대로 당신이 열망하는 것을 정하고 그 결정을 지키면, 그것을 얻게 될 것이기 때문이다. 당신이 원하는 것에 강박적인 열망을 가지기에 앞서, 열망하는 것(그 또는 그녀)을 얻은 후에는 그것과 함께 계속해서 살아갈 것임을 알고 주의해야 한다.

당신이 마음속에서 무엇보다 열망했던 것, 이루기 쉽지 않았던 것을 현실화하고, 여생 동안 그것과 함께 살아가길 원한다는 것을 알게 된다는 것은 대단히 멋지고 놀라운 일이 아닐 수 없다. 하지만 현실로 이루어내기 전에 간절히 열망하는 것을 정할 때 주의해서 해야 한다.

성공 철학을 정리하기 위해 만난 오백 명의 부자는 모두 엄청난 부자들이었다. 나는 당시 오직 이 철학을 정리하는 데 정신을 집중했다. 큰 부를 일궈낸 사람들을 만나고 정리하는 데 집중했다. 그래서 한창 커 가는 내 아이들과 함께 놀아줄 시간이 없었다. 지금 같으면 그러지 않겠지만, 당시에는 아이들과 놀아주지 못할 만큼 일에 집중했다. 내가 만난 부자들은 하나같이 거대한 부를 가지고 있었지만, 마음의 평화는 가지고 있지 못했다. 그들은 자신이 열망하던 부를 현실화하면서 부와 함께 현실화했어야 할 것들에 소홀했다. 부를 숭배하지 않는 데 소홀했고, 부가 자신에게 오히려 짐이 되지 않도록 하는 데 소홀했으며, 사람들과의 관계에서 마음의 평화를 가지는 데 소홀했다. 그들은 이에 대해 배운 적이 없었다. 엄청난 부자가 되기 전, 인생의 초반기에 이런 것들을 배웠더라면, 부와 자기 자신과의 균형을 이루는 법을 배워서 자신이 쌓은 부가 자신을 괴롭히지 않도록 했을 것이다.

내게 있어 세상에서 가장 가엾은 모습은 막대한 부를 가지고 있지만, 가지고 있는 것이 오직 거대한 부가 전부인 사람들이다. 이런 사람들이 세상에는 많다.

그다음으로 가엾은 사람들은 자신이 직접 일군 부가 아니라 부모에게서 거대한 부를 물려받은 부자의 자녀다. 이들은 불만스럽고 불행한 인생을 살게 될 가능성이 있기 때문이다.

예외적인 인물이 존 D. 록펠러 주니어John D. Rockefeller Jr.다. 그는 거대한 부를 상속받아 훌륭하게 자신의 부를 관리했다. 그는 훌륭한 사업가이자 문화 사업가였다. 하지만 안타깝게도 그는 부자들의 자녀 중 예외적으로 드문 경우였다.

나와 가까운 사람 중 또 다른 사람이 있다. 바로 나의 맏아들이다. 아들은 내가 21살에 창업한 회사를 물려받아 경영하고 있다. 그리고 자신의 힘으로 백만장자가 됐다. 아들이 손녀들을 키우는 방법을 보면 기분이 매우 흡족하다. 어린 손녀들이 다이아몬드 목걸이를 원하면 충분히 티파니 목걸이를 사줄 수 있는데도 불구하고, 잡화점으로 손녀들을 데리고 간다. 손녀들은 그곳의 목걸이를 좋아한다. 아들이 그곳의 목걸이를 좋아하도록 가르쳤기 때문이다. 어느 날 손녀가 자기 또래의 아이들이 생각할 수 있는 것보다 조금 더 비싼 옷을 가지고 싶어 했다. 며느리는 현명하게도 이렇게 말했다.

"어디 어디 상점에 가면 그거랑 똑같은 옷을 살 수 있단다. 너는 아주 예쁘니까 네가 그 옷을 입으면 아무도 차이점을 몰라볼 거야."

아들은 가진 재산이 하나도 없는 것처럼 아이들을 매우 검소하게 키우고 있다. 아들은 물려받은 재산이 있지만, 그 재산이 자신을 망치게 하지 않았기 때문에 예외적인 경우에 속한다. 그런 아들이 매우 대견하고 보고 있으면 기분이 좋다. 아들이 젊었을 때 내가 전해준 성공 철학이 좋은 영향을 미쳤다고 생각한다.

생각의 힘과 의지력

생각의 힘은 유일하게 우리가 의지력을 통해 완전히 지배할 수 있는 것이다. 만약 창조주가 인간에게 단 한 가지에 대한 통제권만을 부여했다면, 가장 중요한 것을 선택했을 것이다. 이것은 당신이 깊이 고려할 가치가 있는 엄청난 사실이다. 깊이 생각해보면 자제력을 통해 마음의 주인이 되는 사람들이 누릴 수 있는 미래의 큰 가능성을 발견하게 될 것이다.

자제력을 가지면 육체의 건강을 얻을 수 있고, 자신의 마음속에서 일어나는 일들이 조화를 이뤄 마음의 평화를 얻을 수 있다. 나는 지금 나에게 필요하고, 사용할 수 있으며, 바라는 모든 것을 소유하고 있다. 내가 자제할 줄 몰랐다면 이처럼 많은 것을 가지지 못했을 것이다.

지금보다 은행에 훨씬 더 많은 돈이 있던 때가 있었지만, 지금처럼 마음이 부자이지는 않았다. 지금은 마음에 균형이 잡혀 있고 사람들에게 원한이나 유감스러운 마음을 가지지 않는다. 걱정과 두려움이 없다. 자제력을 통해서 삶의 균형을 가지는 법을 익혔다. 세무 공무원과는 완전한 마음의 평화를 지킬 수는 없더라도, 어딘가에 있고 내 어깨너머로 나를 지켜보는 존재와는 항상 마음의 평화를 지키고 있다. 내가 자제력을 익히고, 삶에서 일어나는 불쾌한 일들에 부정적인 대응이 아니라 긍정적으로 대응하지 않았다더라면 그와의 평화를 지키지 못했을 것이다.

누군가 내게 다가와 이유도 없이 내 뺨을 후려친다면 내가 어떻게 반응할지 모르겠다. 나도 사람이니 아마도 양 주먹을 불끈 쥐고 그의 명치를 가격해서 넘어트릴 것이다. 하지만 내가 조금이라도 생각할 시간을 가진다면, 그 사람에 대한 미움으로 그렇게 하는 대신에 그의 어리석음에 애석해할 것이다.

과거에는 어리석은 행동을 많이 했었지만, 지금은 현명하게 행동하고 있다. 자제력을 통해서 올바르게 처신하고, 사람들과 세상, 그리고 특히 나 자신과 창조주와 평화롭게 지내고 있다. 아무리 물질적으로 부자이더라도 우리 자신과 다른 사람들, 함께 일하는 모든 사람과 평화롭지 못하다면 우리는 부자가 아니다.

모든 사람, 인종, 민족과 평화롭게 지내는 원리를 익히지 못하면 절대 부자가 될 수 없다. 내가 가르치는 수업에는 천주교인과 기독교인, 유대인과 비유대인, 각기 다른 피부와 인종의 사람들이 앉아 있다. 내게 그들 모두는 하나의 같은 피부, 같은 종교를 가진 사람들이다. 나는 그들의 다른 점을 모르고, 왜 다른지 이유를 알고 싶지도 않다. 내 마음에는 다름을 따지는 분별심이 없기 때문이다. 나도 한때는 인종적인 차이로 화가 나고, 같이 일하는 사람들과 조화가 깨졌을 때가 있었다. 지금은 나의 자제력이 그런 일이 일어나지 않게 하고 있다.

우리가 사는 세상, 특히 모든 인종이 모인 용광로인 미국이 가진 문제는 우리가 타인과 살아가는 법을 배우지 못했다는 점이다. 유대인과 비유대인, 천주교인과 기독교인, 유색인종과 백인이 자신과 다른 이들과 살아가는 법을 배우지 못했다. 하지만 다행스럽게도 우리는 배워나가고 있다. 미국뿐 아니라 각 나라에서 모든 사람이 이 성공 철학을 배우게 될 때, 우리는 더 나은 세상을 가지게 될 것이다.

자제력을 통해 우리는 원하는 것에 마음을 집중하고 원하지 않는 것에 집중할 수 있게 된다. 자제력을 통해 당신이 갈망하는 것에 집중하고 바라지 않는 것에 마음을 두지 않는 습관을 들인다면, 당신이 들이는 시간과 노력은 커다란 보상으로 돌아올 것이다. 당신에게 상처를 주는 고통, 실망, 사람들 등, 당신이 원하지 않는 것에 자제력을 통해서 마음을 두지 않는 법을 익히면, 새로운 기회, 새로운 삶, 새로운 탄생을 경험하게 될 것이다.

말은 쉽지만 실제로는 어려운 일처럼 들릴 수 있을 것이다. 지금은 돈이 한 푼도 없지만, 앞으로 가지게 될 많은 돈이라는 목표에 대해 마음을 집중하는 것이 어려운 일임을 잘 안다. 나 역시 그랬기 때문이다. 배고픔이 무엇인지, 세상천지에 내 집 한 칸이 없다는 것이 무엇인지, 마음을 나눌 친구가 없다는 것이 무엇인지 잘 알고 있다. 학력도 보잘것없고 가난에 찌들어 있는데 성공에 대한 철학을 배우고 성공을 꿈꾼다는 것이 얼마나 어려운 일인지 잘 안다.

나 역시 그랬지만 나는 해냈다. 내가 해냈다면 당신 또한 해낼 수 있다. 그러기 위해선 누구도 아닌 당신 인생에 당신이 책임을 지고 실행하는 주인이 되어야 한다. 마음의 주인이 되어 당신이 바라는 것, 당신이 좋아하는 사람들에게 마음을 온통 집중하도록 하라. 당신이 바라지 않는 것, 좋아하지 않는 사람들에게는 당신의 시간을 쓸데없이 낭비하지 마라.

이 성공 철학은 강력한 영향력을 가지고 있다. 각계각층 사람들의 마음과 머리 그리고 가슴에 대해 다루며, 사람들이 자신과 다른 사람들에 대해 더 잘 이해할 수 있도록 도와주기 때문이다. 그리고 왜 자제력을 가져야 하고, 자신에게 상처를 주고, 중상모략하며, 명예를 훼손하는 사람들에게 반격하지 않아야 하는지 이유를 잘 이해하도록 도움을 준다.

초창기에 여러 신문이 나를 비방하는 기사를 싣곤 했다. 내 변호사는 여러 차례 강력히 맞서야 한다고 말했지만 나는 이렇게 말했다.

"강력히 맞설 겁니다. 전 세계의 사람들이 저를 알도록 아주 유명한 사람이 되는 방법으로 반격할 겁니다. 신문 발행인이 죽으면 무덤에서 뉘우치게 될 정도로 말이에요."

밥 힉스라는 출판업자는 내가 『황금률 The Golden Rule』을 출간하자 나를 미워하게 됐다. 자신이 먼저 그 제목을 사용하고 싶었지만 내가 선수를 쳐서였다. 그는 이후로 사사건건 나를 비방했고, 그중 몇 가지는 매우 위협적이었다. 내 변호사는 몇 번이고 소송을 제기해야 한다고 말했다.

"소송을 걸면 그가 가지고 있는 인쇄기, 집, 재산을 모두 빼앗을 수 있습니다."

"안됩니다, 그러지 마세요."

"왜죠?"

"그의 인쇄기가 멈추도록 하지 않을 겁니다. 나에 관해 들어보지 못한 사람들이 나를 주목하도록 해주니까요. 사람들은 그가 출간한 책들과 제 책들을 비교해보고서, 제가 언제나 낫다는 것을 알게 되니까요. 그러니 그를 그대로 내버려 두는 게 낫죠."

내가 얼마나 똑똑하고, 훌륭하며, 성공한 사람인지를 보여주려고 하는 것이 아니다. 당신은 나만큼 실패에 대해 많이 말해주는 사람을 찾지 못할 것이다. 나는 수없이 실패한 경험이 있다. 내가 직접 겪은 개인적인 경험들을 전하려고 하고 있다. 어떤 일이 있었는지 자세히 잘 알고 있으니, 내가 들은 이야기를 전하는 것보다 훨씬 나을 수밖에 없다.

그래서 자주 내가 직접 겪은 경험을 전하는 것이다. 어떤 작가도 나만큼 인생에서 극적인 경험을 겪은 사람은 없다고 생각한다. 나만큼 폭넓게 경험한 작가는 없으며, 그 경험 중 적어도 50%는 실패한 경험이다. 약 25년 동안 패배와 실패와 반대를 겪으면서도 이겨내고 강의와 저술을 지속하고 있다는 사실이 놀랍지 않은가? 일반적이라면 나를 무너트렸을 법한 일들을 겪었음에도, 나는 여전히 사람들에게 나의 철학을 전하고 있으니 말이다.

세 가지 정신적인 벽

외부의 영향력에 맞서 우리 자신을 보호해주는 세 가지 정신적인 벽에 대해 강조하고 싶다. 당신의 정신적 능력을 방해하고, 화나게 하며, 불행하게 하고, 두려워하게 하는 등 어떤 식으로든 당신을 이용하려는 외부의 영향으로부터 자신을 보호하는 방법을 구축해야 한다는 것을 분명히 알아야 한다.

이 시스템은 매우 효과가 있다. 당신이 나처럼 전 세계에 당신을 아는 사람이 많고, 당신과 만날 약속을 잡길 원하는 친구들이 많다면 얼마나 많은 사람을 만날지, 또는 만나지 않을지 선택하는 시스템을 갖추어야 한다. 이 시스템이 없다면 나의 가까운 친구들을 비롯한 전 세계에 있는 나를 사랑하는 독자들은 나의 모든 시간을 차지해버릴 것이다. 나는 그들 대부분이 내 책을 통해 나와 만날 수 있도록 노력한다. 그러면 효율적으로 수백만 명을 만날 수 있기 때문이다. 하지만 그들이 직접 나와 만나기를 원할 경우, 한정된 시간 내에 많은 사람을 만날 수 있는 시스템을 가져야 한다.

이 시스템은 차례로 세워진 3개의 상상의 벽으로 이루어져 있다. 이 벽들은 지나친 상상의 벽이 아니라 꽤 실제에 가깝게 기능한다. 첫 번째 벽은 폭이 매우 넓은 벽으로 끝에서 끝까지 쭉 뻗어 있다. 나를 만나야 할 특별히 타당한 이유가 없는데도 불구하고, 벽을 넘어 나와 만나고 싶은 사람을 막을 수 있을 만큼 충분히 높다. 내 강의를 듣는 학생들은 각자 사다리를 하나씩 가지고 있어서, 벽을 바로 넘어올 수 있고 벽을 넘어올 때 나에게 물어볼 필요도 없다.

학생으로서의 특권이 없는 외부인들은 그 벽을 넘어야 할 때 공식적인 절차를 거쳐야 나를 만날 수 있다. 그들은 아무 때나 그냥 와서 초인종을 누르거나 전화를 걸 수 없다. 내 전화번호는 전화번호부에 나와 있지 않기 때문이다.

내가 이 벽을 세워둔 이유는 무엇일까? 그냥 벽을 치우고 모든 사람이 나에게 편지를 쓰게 하고, 전 세계에서 받은 모든 편지에 답장을 보내는 것이 가능할까?

한 번은 편지가 가득 담긴 우편물 자루 5개를 받았다. 편지를 뜯어보기는커녕 어느 지역의 독자들이 보냈는지 확인도 하지 못했다.

우편물을 열어볼 비서도 없어서, 수천 통의 편지를 다 뜯어 볼 수도 없었다. 오늘도 적지 않은 편지를 받았다. 언론의 주목을 약간만 받으면 즉시 전국에서 편지가 날아온다.

사람들은 첫 번째 벽을 넘으면 즉시 다른 벽을 만나게 된다. 그 벽은 첫 번째 벽보다 몇 배 더 높으며, 사다리로도 넘을 수 없다.

당신이 나의 학생이라면 그 벽을 넘는 방법이 있다. 내가 원하는 것이 당신에게 있다면, 그 방법을 알려줄 것이다. 내가 당신을 위해 쏟는 시간이 당신과 나 모두에게 이익이 될 것이라는 확신이 들면, 두 번째 벽을 아주 쉽게 넘을 수 있을 것이다. 하지만 단지 당신에게만 도움이 될 것이라면, 방법을 알지 못하게 될 수도 있다.

예외는 있지만 극히 드문 경우이고 어떤 경우에 예외가 될지는 내 판단에 따른다. 절대 이기적인 목적으로 예외를 두지는 않으며, 예외는 때에 따라 꼭 필요하다.

두 번째 벽을 넘어서면 훨씬 좁고 끝이 안 보이는 까마득한 높이의 벽을 만나게 된다. 살아 있는 사람은 그 벽을 넘지 못한다. 아무리 아내라도 예외는 없다. 하지만 우리가 서로 사랑하고 가까운 만큼 그녀는 더더욱 그 벽을 넘으려고 하지 않는다. 내가 나만의 영혼의 안식처인 성소를 가지고 있고, 그곳은 오로지 창조주와 나 자신만이 교감하는 곳임을 알기 때문이다. 그곳은 내가 최고로 일할 수 있는 공간이다. 나는 책을 집필할 때면 나만의 성소로 칩거해서 책을 펼쳐 놓고, 나를 이 땅에 태어나게 한 조물주와 교감하고 방향을 제시받는다. 어느 길로 가야 할지 모르는 인생의 교차로에 다다를 때면,

성소에 들어가 안내를 요청하고 언제나 어김없이 안내를 받는다.

외부의 영향으로부터 나를 보호하는 이런 시스템을 갖는다는 것이 얼마나 멋진 일인가? 이기적이지 않게 나를 보호하는 훌륭한 방법이다. 당신의 첫 번째 의무는 당신 자신에게 있다. 셰익스피어는 한 줄의 시 같은 대사로 이렇게 말했다.

"너 자신에게 진실하라. 그러면 밤이 가면 반드시 낮이 오듯, 다른 사람에게도 거짓될 수 없다."

나는 이 대사를 처음 읽었을 때 뼛속 깊이 전율을 느끼고 수백 번 읽고 나서 그것도 모자라 수천 번을 반복해서 읽었다. 나의 첫 번째 임무는 실로 진실이기 때문이었다. 당신 자신에게 충실하라. 당신의 마음을 보호하라. 당신의 내면 의식을 보호하라. 자제력을 통해 마음의 주인이 되고, 원하는 것에 마음을 집중하며, 원하지 않는 것은 멀리하라. 그것이 당신이 가진 특권이다. 창조주는 인류에게 가장 소중한 선물을 주었다. 우리가 그 선물에 감사함을 표시하는 방법은 그 선물을 존중하고 사용하는 것뿐이다.

개선해야 할 다섯 가지 성격 특성을 찾아라

당신의 성격 중 당신에게 자제력이나 개선이 필요한 것과 관련한 다섯 가지 성격 특성 목록을 작성하라. 당신이 얼마나 완벽한 사람인지는 상관없다. 정말 자신에게 솔직하다면, 개선해야 할 성격 특성을 찾지 못할 사람은 없다. 잘 모르겠다면 아내나 남편에게 물어보라. 간혹 배우자가 당신의 성격 중 고쳐야 할 부분을 당신에게 말했던 때도 있을 것이다. 이렇게 자신의 성격에서 고쳐야 할 다섯 가지를 찾아서 적어보라.

자신의 부족한 점이 무엇인지 상세히 살펴서 찾아내고, 그것을 볼 수 있는 곳에 적어서 붙여놓고 고치기 시작해야 한다.

다섯 가지 성격 특성을 발견한 후, 즉시 그 특성과 반대되는 긍정적인 특성을 개발하기 시작하라. 기회나 행운을 다른 사람들과 나누지 않는 습관이 있다면, 아무리 아까운 마음이 들어도 나누기 시작하라. 당신의 구체적인 상황에서부터 시작하라. 욕심이 많은 사람이라면 자선 활동을 시작하라. 만약 다른 사람을 험담하는 나쁜 습관이 있다면, 앞으로 그 습관을 멈추고 대신 칭찬을 건네라.

시카고의 유명한 마피아 조직 두목이었던 알 카포네Al Capone가 애틀랜타의 감옥에 수감된 후, 미국 정부는 그에 대한 몇 가지 정보를 원했다. 정부는 그에 관한 정보가 없었고, 정보를 얻을 수 있는 유일한 사람으로 나를 선택했다. 미국 법무부 장관은 내가 그곳에 가서 정보를 얻길 바랐다.

내가 죄수들을 만난 자리에는 알 카포네를 포함한 모든 죄수가 모였다. 나는 그들과의 대화에서 사람들에게 나쁜 자질을 찾고, 좋은 자질을 찾지 않는 사람들을 비난함으로써 내가 그에게서 찾고자 하는 정보를 위한 토대를 쌓았다. 그러고는 감옥에 있는 죄수들에게 남들이 어떻게 생각하든 그들에게 여전히 좋은 자질들이 있으며, 나쁜 자질들보다 오히려 좋은 자질들에 관심을 집중하고 싶다고 말하며 그들을 칭찬했다. 나는 출판과 집필을 하고 있었지만, 그곳 사람들의 몇 가지 좋은 자질에 대해 가능한 많은 것을 알아내기 위해 그들과 같이 시간을 보내고, 자원봉사자들을 함께 데려갈 생각이었다. 만약 누군가 나에게 자신의 좋은 점을 말하고 싶어 한다면, 나는 사람들이 언젠가는 그것을 알게 되리라 생각한다.

알 카포네는 도서관에서 나와 이야기할 수 있는 허가를 가장 먼저 신청했다. 그를 파악할 수 있는 모든 방법을 준비해놓았지만, 그 계획들을 다 쓸 필요도 없었다.

비록 그는 죽었지만 나는 지금까지도 알 카포네와 한 약속을 지키고 있다. 비록 많지는 않았지만, 그에 대해 알게 된 좋은 점들에 대해 사람들에게 말해 왔다. 나는 그가 가정 형편상 노스웨스턴 대학에 입학할 수 없었던 일곱 명의 학생들이 학교를 다닐 수 있도록 학생들을 도왔다는 것을 알게 되었다. 학생들은 누가 자신을 도왔는지 몰랐다. 나는 그가 거짓으로 한 말이 아님을 안다. 그의 자금을 담당하는 사람에게서 확인했기 때문이다.

그의 이야기를 듣는 과정에서 정부가 원하는 정보를 얻기 위해 몇 가지 간접적인 질문을 던졌다. 알 카포네의 소득세 현황과 그가 개인적으로 관련되어 있지는 않지만, 그의 동료 중 일부가 연관된 몇 가지 사건들에 관한 것이었다. 나는 그를 칭찬하면서 그에 대해 좋은 말을 했다. 당신이 상대방에 대해 알고 있는 몇 가지 좋은 점들을 말하기 시작한다면 그는 다른 사람이 될 것이다.

나는 지나치게 사람들을 칭찬하지 않는다. 만약 그렇게 하면 상대방은 내가 무엇을 원하는지 의심할 것이다. 합리적으로 생각해야 한다. 누군가 내게 다가와 덥석 손을 잡고 악수하며 이렇게 말한다고 하자.

"나폴레온 힐씨, 항상 당신을 만나 뵙고 싶었습니다. 당신이 쓴 책들에 대해 정말 감사드리고 있습니다. 그 책들로 인해 저 자신을 찾았다고 말씀드리고 싶었습니다. 덕분에 사업에서 성공을 거두었습니다. 이 모든 것이 『놓치고 싶지 않은 나의 꿈 나의 인생』과 『성공의 법칙The Law of Success』 덕분입니다."

나는 그의 어조, 눈빛, 그리고 내 손을 잡는 방식을 보고 진심으로 말하고 있다는 것을 알고 고맙게 생각할 수 있다.

하지만 만약 그가 거기서 멈추지 않고 정도를 넘어서 지나치게 칭찬한다면 어떤 꿍꿍이가 있다는 것을 바로 알아챌 것이다.

다음으로 자제력을 통해 가장 가까운 사람들이 개선해야 한다고 생각하는 모든 성격 특성들을 적어보라. 문제없이 쉽게 목록을 작성할 수 있을 것이다. 다른 사람이 개선해야 할 성격 특성을 찾기가 자신이 고쳐야 할 성격 특성을 찾기와 다르게 얼마나 쉬운지 보라.

이처럼 자기 성찰은 매우 어려운 일이다. 우리는 자신에게 유리하게끔 편파적으로 생각하기 때문이다. 우리는 무엇을 하든 그것이 나중에 다르게 밝혀지더라도 우리가 하는 생각과 행동이 옳다고 생각한다. 만약 제대로 일이 되지 않았다면 다른 사람이 잘못했기 때문이지 자신의 잘못은 아니라고 생각한다.

누군가 내게 와서 오랫동안 자신이 누군가와 갈등을 겪어왔다고 말한다고 하자. 하지만 그가 이 성공 철학을 이해하게 됐을 때면, 문제는 동료에게 있었던 것이 아니라 자신에게 있었다는 것을 알게 될 것이다.

그는 자신을 고치기 위해 자제력을 기르기 시작하고, 자기 집이 깨끗하면 다른 사람의 집도 깨끗해 보이기 시작한다는 것을 깨닫게 될 것이다. 사람들은 놀랍게도 자신의 눈 속에 있는 티끌은 보지 못하고, 다른 사람의 눈에서 수많은 티끌을 본다. 우리는 누군가를 비난하기 전에 거울 앞에 서서 이렇게 말해야 한다.

"누군가를 비난하기 전에 누군가에 대한 험담을 퍼뜨리기 전에, 내 눈을 바라보고 나 자신은 결백한지 살펴보자."

성경 구절에도 이런 말이 있다.

"너희 중에서 죄가 하나도 없는 자가 먼저 나서서 죄 있는 자에게 돌을 던져라."

이것을 실천하면 거의 모든 부분에 대해 사람들을 용서할 수 있는 경지에 이르게 될 것이다. 마음에 들지 않는 것들로 사람들을 미워하는 대신에 동정하게 될 것이다. 당신이 증오를 연민으로 바꿀 때마다 더 큰 사람으로 성장한다. 그것은 모든 위대한 사람들이 하는 일이기 때문이다. 그들은 실수를 저지르는 사람들에 대한 증오를 연민으로 바꾸는 법을 익힌다.

나의 사업 동료 스톤은 내가 자랑스러워 하는 많은 일을 했다. 얼마 전에 우리는 스웨덴에서 미국으로 관절염 치료제를 들여온 두 명의 신사들과 함께 회의를 했다. 그들은 스웨덴에서 놀라운 판매 기록을 세웠기 때문에, 그 약을 미국에서 새롭게 판매하고 싶어 했다. 스톤 은 몇 가지 질문을 통해서 그 약을 미국으로 들여온 사람이 정당하지 않은 방법으로 약을 제조했다는 사실을 알게 되었다. 스톤은 이렇게 말했다.

"저는 그들과 거래하지 않을 겁니다. 제 기준에서 그것은 도둑질에 지나지 않고, 저는 도둑과 거래하지 않을 겁니다."

나 또한 같은 생각이었기 때문에 그가 자랑스러웠다. 나는 그저 그가 그와 같은 반응을 보이기를 기다리고 있었다. 당신 또한 스톤처럼 마음을 사용하는 사람에게서 그런 반응을 볼 수 있을 것이다.

마음의 주인이 돼라

뛰어난 성공을 열망하는 사람이 가져야 할 자제력의 가장 중요한 형태는 생각에 대한 통제, 마음에 대한 통제다. 마음의 통제보다 중요한 것은 없다. 자신의 마음을 다스리면 자신에게 다가오는 모든 것을 통제하게 된다. 먼저 마음의 주인이 되는 것을 배우기 전까지는 결코 자신을 둘러싼 상황의 주인이 될 수 없다.

간디는 인도의 자유를 쟁취하기 위해 오랫동안 싸우면서 다섯 가지 원칙을 사용했다.

1. **명확한 목표** 그는 자신이 원하는 것을 명확히 알고 있었다.

2. **실행하는 믿음** 그는 국민과 똑같은 열망으로 그들을 교화하면서 신념을 실행하기 시작했다. 그는 증오에 찬 행동은 하지 않았고 폭력적인 방법도 사용하지 않았다.

3. **최선을 다하는 자세**

4. **마스터 마인드 연합 형성** 유례를 찾아보기 힘든 규모인 2억 명이라는 국민 전체가 마스터 마인드 연합을 구성해, 폭력 없이 영국의 지배로부터 해방되는 것을 주요 목표로 삼았다.

5. **자제력** 근래에 유례를 찾기 힘든 자제력

이 원칙들이 의심의 여지 없이 마하트마 간디를 대영제국의 주인으로 만든 요소들이다.

간디와 같이 모든 역경을 견디며 자제력을 유지할 수 있는 사람을 대체 어디서 찾을 수 있을까? 그는 자신의 입장을 굽히지 않은 가운데 갖은 모욕과 숱한 투옥을 견뎌냈다. 그는 내가 내 책을 훔치려는 출판사에 반격을 가했을 때와 같이 자신만의 방법으로 반격을 가했다. 자신만의 무기로 자신의 주장을 전달하며 반격한 것이다.

그것은 매우 안전한 방법이다. 누군가와 싸워야 한다면 당신만의 방식에 맞는 전쟁터를 선택하고 무기를 고르라. 당신이 이기지 못하면 그것은 당신의 잘못이다.

1942년 굴지의 기술회사 R.G. 르투르노의 창업주인 R.G. 르투르노가 나를 불렀다. 그는 노동조합이라는 미명을 사용하는 증오에 찬

무리들로 인해 곤욕을 치르고 있었다. 결코 높은 수준의 노동조합주의를 주장하는 집단이라고 할 수 없었다.

그들은 내가 그곳에 있던 3개월 동안 나를 공격했고 회사로부터 10만 달러의 노동조합 운영비를 지원받아 노조 활동을 했다. 그들은 각 부서에서 중심 인물들을 택해서 회사가 그들에게 주는 급여의 네다섯 배를 지불하며 불평과 불만을 선동하게 했다. 내가 그 회사에 도착했을 때 50여 건의 불평이 있었는데, 타당한 불평은 단 한 건도 없었다.

내가 이들과 싸운 방법은 이랬다. 기본적으로 나는 노동조합주의와 싸우기 위해 그 일을 시작한 것은 아니었다. 나는 정당한 노동조합 운동을 신뢰한다. 협잡꾼과 폭력배, 전과자들이 조합원들을 포섭하고 노조 투표에 참가하는 것은 신뢰하지 않지만, 정당한 노동조합은 신뢰한다. 나는 관리자들과 감독자들로부터 강사들을 만들어 성공 철학을 일반 조합원들에게 전했다. 나 역시도 직접 그들에게 성공 철학을 가르쳤다. 나는 강사들에게 우리의 철학을 근로자들의 언어로 바꿔서 그들이 이해할 수 있도록 했다.

이 협잡꾼들은 10만 달러를 다 쓰고, 마침내 미 북부 지역으로 돌아갔다. 그러면서 남부 지역 사람들은 하나같이 분별력이 없어서 노조에 가입하지 않는다고 말했다. 그들은 자신들이 왜 실패했는지 이해하지 못했고 아마 지금도 모르고 있을 것이다. 그들은 내가 그 공장에서 한 일을 이해하지 못했다. 내가 나의 무기와 전투장, 그리고 전투 수단을 선택했기 때문에 그들은 조금도 나의 의도를 눈치채지 못했다. 그들은 나의 언어를 이해하지 못했기 때문에 나의 반격에 아무것도 할 수 없었다.

당신은 살아가는 동안 어떤 식으로든 싸워야 하니 잘 기억하길 바란다. 당신은 작전을 짜고, 생각을 전달하고, 자신만의 방식으로 방해물을 제거해야 한다. 적들보다 똑똑해야 한다. 그 방법은 적들이 선택한 전쟁터에서 그들이 선택한 무기로 반격하는 것이 아니라 당신이 선택한 전쟁터에서 당신이 선택한 무기로 반격하는 것이다.

자신의 권리를 옹호하는 일 외에는 다른 사람을 파괴하거나 해를 끼치지 않겠다는 마음으로 전투에 임하라.

그런 자세를 취할 때 당신은 시작하기도 전에 이긴 것이나 다름없다. 당신의 적수가 누구인지, 그가 얼마나 강한지 혹은 얼마나 똑똑한지는 중요하지 않다. 그런 전술을 쓰면 반드시 승리할 것이다.

내가 직접 실천하고 경험해서 아는 일들이다. 모욕당하고, 사기당하고, 거짓말을 듣고, 비방당하고, 명예 훼손을 당하는 등 상상할 수 있는 모든 경험을 했지만 여전히 나는 그 어느 때보다도 강해지고 있다. 이 모든 경험이 나를 세계적으로 유명하게 만드는 데 기여했을 뿐이다. 그러니 똑같은 방법으로 반격하는 일반적인 사람들의 철학보다 더 나은 성공 철학을 자신 있게 전하지 못할 이유가 없다.

마음의 주인이 되어 당신이 선택한 모든 것과 상황, 열망에 마음을 집중하고, 원하지 않는 것에 마음을 차단하는 시스템을 만들어라.

지금 현재 당신이 버는 수입이 부족한데 앞으로 당신이 벌게 될 돈과 목표에 마음을 집중하는 일이 조금 힘들 때도 있을 것이다.

돈이 바라는 만큼 빨리 벌리지 않을 때는 잠시 돈 문제에 대해 잊어라. 만약 당신이 지불할 수 없는 청구서가 집으로 날아온다면, 임시로 지불할 수 있는 한 가지 방법이 있다. 보이지 않는 곳에 청구서를 치워두는 것이다. 청구서를 보지 말고, 청구서가 당신에게 신경 쓰이게 하지 않도록 하라. 볼 때마다 보이는 곳에 두면 무슨 소용이 있겠는가? 물론 조만간 걱정돼서 청구서가 머리에 떠오르겠지만, 걱정하지 마라. 미리 걱정하지 말고 닥치면 걱정하라.

많은 돈을 벌게 될 때를 떠올려보라. 나 또한 한때 돈이 없었다. 당신만큼 돈이 없었고, 당신이 가진 돈의 절반도 가지고 있지 않았을 수도 있다. 내가 가진 학력이나 자란 환경은 분명 당신보다 훨씬 더 좋지 않았다. 이런 내가 성공했으니 당신이 성공할 거라는 걸 알지만, 그러기 위해선 마음의 주인이 돼야 한다. 당신은 하나의 기업이며, 그 기업에 책임을 져야 한다. 마음을 지배하는 주인이 돼야 하고, 그러기 위해서 자제력이 있어야 한다.

마음의 주인이 되어 당신이 원하지 않는 것은 마음에 두지 말고, 상상 속에서 원하는 것을 떠올려보라. 비록 실제로 소유하고 있진 않더라도, 언제라도 정신적인 소유는 가능하다. 먼저 정신적으로 소유하지 않으면, 절대 실제로 소유하지 못한다. 누군가가 당신을 위해 대신 소망해주거나 우연히 하늘로부터 당신 앞에 떨어지지 않는 한, 당신은 결코 그것을 소유할 수 없을 것이다. 열망하는 무언가를 얻고자 원하면, 먼저 마음속에서 소유해야 하고, 강하게 확신해야 한다. 그것을 가지고 있는 당신의 모습을 계속해서 마음속으로 그려야 한다.

그렇게 하면 무한한 지성의 지도를 통해 자신의 운명을 지배하게 된다. 그것은 마음의 주인이 된 것에 대한 보상이며, 무한한 지성과 직접 접촉할 수 있게 되는 것이다.

내 어깨너머에 서서 나를 안내해주는 사람이 있다. 장애물을 만났을 때 나는 그가 내 어깨 뒤에 있다는 것을 떠올린다. 인생의 교차로에서 어느 쪽으로 방향을 틀어야 할지 알 수 없을 때면, 보이지 않는 힘이 내 어깨너머로 보고 있다는 것을 떠올린다. 그리고 그에게 집중하고 신뢰하면 그는 언제나 올바른 방향을 가르쳐준다. 내 말이 사실인지 알 수 있는 유일한 방법은 당신이 직접 실행하는 것뿐이다.

마음의 주인이 되지 못하면 받게 되는 형벌이 있다. 대부분의 사람이 평생 이 형벌을 받는다. 마음의 주인이 되지 못하면 당신은 상황에 휩쓸리는 희생양이 될 것이다. 마음의 주인이 되기 전까지는 끊임없이 주변의 상황에 휩쓸릴 것이다.

적을 포함해 당신이 만나는 모든 사람이 당신에게 영향을 미치고, 당신은 그들의 희생양이 될 것이다. 당신이 원하지 않는 모든 것이 바람에 힘없이 이리저리 나부끼는 낙엽처럼 당신을 뒤흔들 것이다. 그러니 마음의 주인이 되지 못한다는 것이 어떤 것인지 깊이 생각해봐야 한다.

자신의 운명을 선언하고 결정할 방법이 있다는 것은 심오한 의미가 있다. 우리가 그 귀중한 방법을 받아들여서 사용하지 않으면 엄청난 대가가 따른다. 하지만 마음의 주인이 되면 엄청난 보상을 받게 된다. 창조주가 있다는 증거를 찾을 수 없어도, 창조주가 틀림없이 있다고 믿을 수밖에 없다. 인간이 운명의 주인이 되느냐, 되지 않느냐 하는 이런 심오한 시스템을 만든 이가 반드시 있다고 믿는다.

마음의 주인이 되길 받아들이지 않으면 대가를 치르고, 받아들이면 보상을 받는 것은, 당신이 자제력을 사용해 마음의 주인이 되고 원하는 것에 집중할 때 일어나는 일이다.

당신이 원하는 것은 누구의 일도 아닌 당신의 일이다. 그것을 잊지 않길 바란다. 어느 누구도 당신에게 당신이 원하는 것이 어떤 것이어야 한다고 말할 수 없다. 당신이 원하는 것과 무엇을 원해야 하는지를 말할 수 있는 사람은 오직 당신뿐이다. 누군가에게 내가 무엇을 원해야 한다고 하는 말을 듣는다면, 그것은 창조주에 대한 모독이라고 생각한다. 내 인생에 대한 최종 결정권자는 바로 나이기 때문이다.

다른 생명에게 해를 끼치지 않고 공존하기

나는 누구에게도 해를 끼치지 않는다. 어떤 상황에서도 사람이나 동물, 심지어 곤충조차도 다치게 하지 않는다. 고속도로를 운전하다가 도로에 뱀이 보이면 조심스레 뱀 주위를 돌아서 간다. 나는 내게 해가 되지 않는 어떤 존재도 해치고 싶지 않다.

어느 날, 아내와 캘리포니아의 한 산으로 향하고 있었다. 매우 험

준한 시골의 아주 가파르고 구불구불한 길을 가던 중 길 한복판에서 큰 방울뱀을 발견했다. 방울뱀은 쥐나 새 같은 먹잇감을 기다리고 있었다. 우리는 방울뱀이 저녁 식사 거리를 찾기를 기다렸지만 더 기다릴 수는 없었다. 그래서 방울뱀을 피해 멀리 차를 몰아서 가던 길을 재촉했다.

그러자 아내가 말했다.

"왜 뱀을 죽이지 않았어요?"

"뱀을 왜 죽여? 여기가 자기가 사는 곳인데. 우리가 침입자고. 우리가 뱀의 영역에 침범한 거잖아. 우릴 괴롭힌 것도 아니고 죽이려고 하지도 않았잖아."

"애들이 다칠 수도 있잖아요."

"이런 곳에 애들을 보내서 다치게 할 부모는 없을 거야. 방울뱀도 사람과 마찬가지로 다치고 싶어 하지는 않을 거야. 여기는 그냥 자신이 사는 곳이고 자기 먹이 활동에만 신경 쓰지."

아내는 나를 안으며 키스하고 내 어깨에 머리를 기대며 말했다.

"그래서 내가 당신을 사랑하는 거예요. 누구도, 어느 것도 해치고 싶어하지 않으니까요."

R.G. 르투르노에서 일하던 당시, 조지아주의 한 가게에 들어갔을 때의 일이다. 가게 안에는 멋진 펌프식 연발총이 있었다. 내가 젊은 시절에 토끼나 다람쥐들을 죽일 때 사용하던 총과 비슷한 종류였다.

젊은 시절을 회상하며 가게 안으로 들어가 총을 이리저리 살펴봤다. 총은 예전의 가격에 비해 세 배는 더 나가는 가격이었다. 하마터면 돈을 지불하고 총을 살뻔했지만 속으로 중얼거리며 생각했다.

'대체 총을 사서 뭘 하려고?'

나 자신이 부끄러웠다. 가게 안으로 들어가서 총을 살펴본 것부터 부끄러운 짓이었다. 나는 더는 뒷마당에 풀을 뜯으러 오는 토끼를 향해 총을 쏘지 않을 것이다.

플로리다에서 살 때 메추리 떼가 정원으로 찾아오곤 했다. 식사 시간만 되면 나타났고, 제때 먹이를 주지 않으면 꽥꽥 울면서 먹이를 달라고 했다. 그런 메추리들을 배신하고 총을 쏴 죽여야 할까? 그런 일은 없을 것이다. 나는 어느 것도 총을 쏘지 않고, 어느 것도 죽이지 않을 것이다. 내게 총이 있어서 무슨 소용이 있겠는가? 총이 있다 한들 빈 깡통이나 쏠 테고, 그것보다 훨씬 더 나은, 할 수 있는 일들이 많다. 그래서 나는 총을 사지 않았다.

가게 밖으로 걸어 나가면서 점원 아이와 가게 주인과의 대화를 듣고 크게 웃었다. 알아들을 수 있을 만큼 큰 소리로 정확히 들리는 대화였다.

"왜 이런 멋진 총을 사지 않을까?"

"그러게요. 바보 같은 분이에요."

바보인 게 자랑스럽던 몇 안 되는 순간 중 하나였다. 나는 앞으로도 동물을 죽이는 총을 사지 않을 것이다. 사냥은 옳다고 생각하지 않는다. 대신에 동식물과의 교감이 중요하다고 생각한다. 나는 야생 동물과의 교감을 더없이 즐긴다. 교외에 나가 내가 원하는 때면 언제든 야생 동물을 불러 모을 수 있다. 심지어 플로리다의 메추리에게는 노래하는 법까지 가르쳤다. 시골에 사는 사람이라면 메추리 떼를 날아오르게 했다가 소리를 통해 다시 불러 모을 수 있다는 것을 알 것이다.

내 이웃은 내가 메추리에게 먹이를 주는 모습을 보며 말했다.

"메추리가 이러는 모습은 평생 처음 보네요. 마치 집에서 기르는 닭 같아요. 당신을 전혀 두려워하지 않네요."

"전혀요. 그뿐 아니라 노래하는 법까지 가르쳤답니다."

"그래요? 먹이를 주는 것만 봤지 그 정도까지인 줄은 몰랐네요."

"먹이를 다 먹고 나면 원래 자기가 있던 데로 제각기 흩어졌다가도 제가 부르는 소리에 다시 모인답니다. 어디 한번 보세요."

내가 휘파람 소리를 내자 메추리들은 바로 반응해서 모였다. 내가 거짓말을 하지 않고 있다는 것을 보여주고 싶었다.

우리는 말 못 하는 동물과도 교감할 수 있다. 그러면 동물들은 우리를 사랑하고 두려워하지 않는다. 이렇게 우리는 동식물과 하나가 될 수 있다.

당신이 내가 집에서 개들과 대화하는 모습을 보면 놀라게 될 것이다. 내가 하는 말에 개들은 상황에 맞게 반응할 줄 안다. 우리 집에 오는 손님들은 하나같이 개들이 내 말을 잘 이해하는 것에 놀란다.

초인종 소리가 나면 개들은 현관 앞으로 달려가 손님을 맞이한다. 일단 무조건 환영하며 위아래로 발목과 손의 냄새를 맡는다. 좋은 냄새가 나면 예의 바르게 손님을 맞이하고, 그렇지 않으면 짖어대며 우리에게 주의를 준다. 손님에게 실수하지는 않지만 누가 좋은 사람이고 나쁜 사람인지 언제나 잘 안다.

　내가 말하고자 하는 요지는, 올바른 자제력을 가져야 한다는 것이다. 이 세상의 모든 것은 저마다 존재하는 목적이 있음을 이해해야 한다. 특히 당신의 이웃, 같이 일하는 동료, 설령 당신과 뜻이 맞지 않고 당신을 힘들게 하는 사람들이라도 그들을 괴롭히며 피해를 주어서는 안 된다.

　나에 대해 비방하는 사람을 두고 내 동료가 말했다.

　"우리가 반격하지 않아도 알아서 자기 자신을 자해하고 있다고 생각하지 않으세요?"

　다른 사람에게 못된 짓을 하는 사람은 그 죗값을 돌려받는 법이다.

　한 고등학교를 방문했을 때 같이 갔던 지방 검사가 있었다. 그는 자신의 눈부신 업적에 대해 자랑했다. 자신이 얼마나 많은 사람에게 유죄 판결을 내렸는가에 대해 자랑하듯이 이야기했다. 분명 그들 중에는 정말 죄를 지어서 감옥에 가야 할 사람도 있었겠지만 말이다. 그의 말이 끝나자 특정 판결에 대해서는 내가 한마디 건넸다.

　"저라면 그 판결에 대해서 그렇게 하지 않았을 겁니다."

　"왜죠?"

　"당신은 사람들을 감옥에 집어넣어 자유를 뺏은 겁니다."

　"그들은 자유를 박탈당해야 해요."

　"당신의 말도 인정하는 부분이 있지만, 저라면 그런 판결을 내리지 않았을 겁니다."

　나는 그에게 한 늙은 유대인의 이야기를 들려줬다. 도축될 소들은 직감적으로 자신들이 도축될 것을 알아서 소의 머리를 내리칠 사람이 있는 곳에 연결된 경사면을 올라가려 하지 않았다. 그래서 늙은 유대인은 그전에 소 무리에 섞여서 소들과 친하게 지내며 소들을 도축장으로 몰고 오는 역할을 했다.

경사면의 끝에는 반 회전문이 있어서 소들은 도축장 내부를 볼 수 없었다. 하지만 자신들과 친하게 지내던 유대인이 반 회전문을 통과해서 가자 소들은 의심 없이 그를 따랐다. 그러자 망치를 든 사람은 소의 머리를 내리쳤다.

늙은 유대인이 이 일을 한 지도 몇 년이 흘렀다. 그런데 그에게 어떤 일이 벌어졌을까? 그는 정신이 미친 사람이 되어서 사람들이 소를 내리치던 망치로 스스로의 머리를 내리칠 수밖에 없었다.

이 이야기의 교훈은 우리가 다른 사람에게 한 일은 그대로 우리 자신에게 일어난다는 것이다. 뿌린 대로 거둔 법이다. 누구도 이 영원불변의 법칙을 피할 수 없다.

그래서 나라면 검사가 되지 않을 것이다. 한때 변호사가 되고 싶었지만, 그 길을 택하지 않은 것을 다행으로 여기고 있다. 내 동생은 변호사다. 동생의 주된 분야는 이혼 소송이고, 그중에서도 특히 대단히 부유한 사람들의 이혼 소송을 맡고 있다. 동생은 안 좋은 가정사를 지나치게 많이 알게 되는 대가를 치르고 있다. 문제 있는 가정사를 너무 많이 알다 보니 모든 여자는 나쁘다는 결론에 이르러 결혼을 안 하고 있다는 점이다. 그래서 동생은 나처럼 아내가 있는 즐거움을 누려 본 적이 없다. 사람들은 보통 자신이 가장 잘 알고 있는 내용을 기준으로 사람들을 판단한다. 그래서 동생 역시 모든 여자는 나쁘다는 기준으로 여자들을 판단한 것이다. 자신이 가장 잘 알고 있다고 생각한 것들이 항상 맞지는 않다. 이 경우에도 마찬가지다.

나의 개인적인 경험들을 많이 공개하는 이유는, 살면서 현명하게 다뤄야 할 문제들에 여러분이 주의하길 바라기 때문이다. 우리는 우리 자신과 사람들을 이해할 수 있어야 하고, 함께 잘 지내기 어려운 사람들에게 우리를 맞추는 방법을 이해할 수 있어야 한다. 이 세상에는 같이 잘 지내기 어려운 사람들이 많고, 우리가 살아가는 한 계속해서 그런 사람들이 많을 것이기 때문이다. 잘 지내기 힘든 사람들과 관계를 끊을 수는 없어도, 우리 자신의 자제력을 기름으로써 더 나은 방향을 도모할 수 있다.

자제력이란 몸과 마음에 대한 완전한 조절력을 말한다. 몸과 마음을 바꾼다는 의미는 아니며, 몸과 마음에 대해 절제하며 통제하고 관리하는 능력을 말한다. 이성에 대한 욕망은 다른 욕망을 다 합친 것보다도 우리를 문제에 빠트리지만 창의적이고, 심오하며, 신성한 에너지를 준다. 문제를 일으키는 것은 욕망이 아니라 욕망에 대한 조절, 방향 설정, 그리고 승화 능력의 부족이다. 자제력은 욕망에 대한 조절을 가능하게 한다. 우리 몸과 마음의 다른 기능들에 대해서도 마찬가지다.

당신이 완전히 바뀔 필요는 없다. 단지 몸과 마음의 주인이 되어야 할 뿐이다. 자제력을 가져야 하고, 건강과 몸과 마음의 평화를 얻기 위해 당신이 해야 할 일들을 인식해야 한다.

몸 관리의 중요성

몸 관리의 중요성을 건강한 식사와 장 관리의 경우를 들어 설명하고자 한다. 장 관리란 그리 유쾌한 주제는 아니다. 그래도 건강한 대장을 위해서 생각해보아야 할 것이 있다.

장 관리를 제대로 하지 않으면 몸에 독소가 쌓인다. 독소가 쌓이면 몸과 마음의 활력이 떨어지고, 짜증이 자주 나서 사람들과 잘 지내기가 힘들다.

내가 르투르노 회사에 갔을 때, 근로자들은 활력이 떨어진 모습이었다. 문제를 살피던 중 배식에 문제가 있다는 것을 발견했다. 그래서 애틀랜타에 있는 전문가를 초빙해 영양가 있는 훌륭한 식단을 새로 짰다. 그리고 장 세척 기계를 설치하고 의사를 초빙했다.

장 세척 기계는 시간당 60리터의 산소가 포함된 물을 대장에 주입해 장을 청소하며 대장에 쌓인 독소를 빼낸다. 두통이 심했던 직원들에게 장 세척을 받게 했더니 1시간 만에 활력을 되찾아서 업무 현장으로 돌아갔다.

건강하게 몸을 관리하려면, 건강한 장 관리처럼 우리 몸의 각 부분에 대해 신경 써서 관리해야 한다.

말과 생각에 대한 자제력

자제력은 우리가 소망하는 일이나 상황에 집중하고, 바라지 않는 상황에는 신경 쓰지 않는 습관을 들이는 것을 말한다. 당신이 바라지 않는 대상이나 상황에 굴복하지 않는 것이다. 그런 상황을 인내하고 인식해야겠지만, 굴복해서는 안 된다. 당신이 바라지 않는 일 또는 상황이 당신보다 힘이 세다는 것을 인정하지 않아야 한다. 당신이 그것보다 더 강함을 보여야 한다. 이런 상황들에 어떻게 현명하게 대처해야 할지 다양한 방법을 궁리할 순 있지만, 굴복해서는 안 된다.

또한 자제력은 당신을 둘러싼 세 개의 보호벽을 쌓아서 당신이 마음속에 생각하고 있는 것을 누구도 알지 못하게 하는 것이다.

당신이라면 누군가 당신에 관한 모든 것을 알게 하고 싶은가? 제정신을 가진 사람이라면 누구도 그러지 않을 것이다. 당신이 누군가에 대해 가지고 있는 모든 생각을 그 사람이 알게 하고 싶은가? 분명 그렇지 않을 것이다.

사람들은 자신의 이득을 위해서 지나치게 많은 말을 한다. 하지만 그 과정에서 자신이 어떤 생각을 하고 있는지 상대방이 낱낱이 파악하게 하는 실수를 범한다. 이런 실수를 막는 방법은 상대방이 말하게 하는 것이다. 사람들은 대개 상대방의 말을 듣기보다 자신이 말하는 것을 좋아한다. 상대방이 일단 입을 열면 당신은 그 사람의 좋은 점이든 나쁜 점이든 모든 것을 알게 된다.

미 연방 수사국 FBI 국장인 존 에드거 후버John Edgar Hoover는 나와 많은 일을 함께 하고 있다. 그가 한번은 자신이 조사하는 한 남자가 다른 모든 정보 출처를 합친 것 이상으로 최고의 정보 출처라고 말한 적이 있다. 그 말에 이유를 물었다.

"이유가 뭔가요?"

"지나치게 많은 말을 하니까요."

후버에게서 들은 이야기 중 또 하나는 누군가가 두려워하는 것이 있다면, 그것을 이용해 그 사람을 지배할 수 있다는 것이다. 그가 두려워하는 것을 눈치채는 순간, 그 사람을 통제하는 방법을 알게 되는 것이다. 하지만 나는 사람의 두려움을 이용해서 지배하고 싶지 않다. 그것은 어리석은 방법이다. 내가 누군가를 통제한다면, 두려움이 아닌 사랑을 바탕으로 하고 싶을 뿐이다.

조지아주에 유명한 점쟁이가 있었다. 신통력이 대단하기도 했지만 영리한 관찰자이기도 했다. 그녀에겐 상담자들의 작은 말 한마디, 어조가 그들이 겪고 있는 문제를 드러내는 단서가 되었다. 그 방면에 도가 튼 격이었다. 부자들은 리무진, 캐딜락을 이끌고 그녀의 집 앞에 장사진을 이루었다. 비싼 상담료에도 아랑곳하지 않는 이들로 그녀는 늘 바빴다.

상담자에게 단서를 포착해 돈을 벌긴 했지만, 상담자들에게는 그녀와의 상담이 많은 도움이 되기도 했다. 그녀는 상담자에게 뭔가 잘못된 점이 있으면 인정사정없이 직설적으로 지적하곤 했다.

주변 사람들은 그녀를 만나보라고 추천했다. 나는 내가 허락하지 않으면 누구도 내 마음속을 들여다볼 수 없다고 말했다.

상담실 안으로 들어가자 그녀가 내게 여러 가지 질문을 건넸다. 나는 "예, 아니오."로 짧게 답하거나, 가끔은 "말하기 곤란하다."라고 답했다. 아무런 단서도 주지 않으려고 "예, 아니오."라고만 답하기도 곤란했기 때문이었다.

시간이 지나면서 그녀의 얼굴에 땀이 흘러내렸다. 그녀는 내 마음속을 파고들려고 시도했지만, 아무런 성과도 거두지 못했다.

마침내 그녀는 나를 데려온 사람에게 말했다.

"이분에 대해서는 아무것도 알 수가 없네요. 모시고 나가도록 하세요."

나는 그녀가 왜 나에 대해 어떠한 것도 알 수 없었는지 이유를 알았다. 그녀가 내 마음속을 들여다볼 틈을 주지 않았기 때문이었다. 당신 또한 나처럼 당신의 마음을 사람들이 쉽게 들여다보지 않도록 하는 자제력을 기를 수 있다.

하루는 헨리 포드가 그가 가장 신뢰하는 부하 직원을 불렀다. 그는 포드 자동차 회사 설립 당시부터 35년간을 같이 일했던 사람이었다. 포드는 그날 그에게 향후 2년 치의 월급을 미리 지불하며 그를 해고했다. 해고 이유를 묻는 그에게 포드가 답했다.

"솔직히 말하겠네. 나에 대한 모든 것을 알고 있는 사람은 단 한 사람도 주변에 두고 싶지 않다네. 자네가 바로 나에 대한 모든 것을 알고 있는 유일한 사람이지."

포드가 어떤 생각으로 그랬는지 이해하지 못한다면 그의 처사가 잔인해보일 수도 있다. 그는 예전에 자신에게 부족했던 점을 알고 있는 사람을 주변에 두고 싶어 하지 않았던 것이다.

나는 헨리 포드와 약간 다르다. 내가 실패와 좌절의 시간을 보내던 시기에 나를 알던 많은 사람과 여전히 교류하고 있다. 나에 대한 모든 것을 알고 있다는 것에는 개의치 않는다. 단지 그들과의 재회가 기쁠 뿐이다. 그들이 나의 성장한 모습을 볼 수 있기 때문이기도 하다.

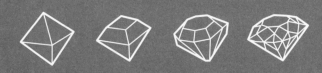

10

열정

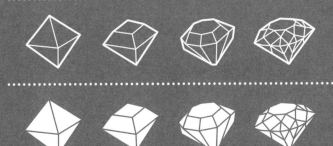

열정을 가지고 할 수 있는 일에 대해 생각하라.

당신의 열정을 이미 잃어버린 것에 사용하지 말고

바라는 것에 사용하라.

이제 어떻게 열정을 개발할 수 있는지에 대해 살펴보기로 하자. 열
정을 기르는 첫 번째 단계는 불타는 열망에서 시작된다. 사실 불타
는 열망의 상태에까지 이르게 되면, 열정을 개발하는 방법에 대해
더 배울 필요는 없다. 이미 열정의 상태에 진입해 있기 때문이다.

우리가 무언가를 몹시 원하면, 그것을 갖고 싶다는 마음을 먹게 된
다. 불타는 열망은 우리의 사고력을 키우고, 상상력을 동원해 모든
수단과 방법을 강구하도록 한다.

또한 열정은 우리를 더욱 총명하게 만들며, 더 기민하게 기회를
포착하게 한다. 마음이 불타는 열망에 이르기 전에는 보지 못했던
기회들을 보게 만든다.

수동적인 열정과 적극적인 열정

열정에는 수동적인 열정과 적극적인 열정이 있다. 먼저 수동적인

열정의 예를 살펴보자. 헨리 포드는 내가 본 사람 중에서 적극적인 열정이 가장 결여되어 있는 사람이었다. 나는 그가 소리 내서 웃는 모습을 단 한 번밖에 본 적이 없다. 그와 악수를 하면 마치 차가운 햄 덩어리를 쥔 것 같았다.

그는 손을 아래위로 흔드는 적극적인 악수를 하지 않았다. 그저 손을 쓱 내밀어 가볍게 상대방의 손을 쥐었다가 상대방이 손을 놓으면 자신도 손을 놓을 뿐이었다. 그의 목소리 또한 상대방의 귀를 잡아끄는 면이 없었다. 적극적인 열정의 형태라곤 전혀 찾아볼 수 없었다.

그렇다면 헨리 포드는 전혀 열정이 없는 사람이었을까? 그렇지 않았다. 그에게는 분명 자신의 중요한 목표에 대한 열정과 그것을 매우 성공적으로 성취하겠다는 열정이 마음속에 있었다. 그의 열정은 상상력, 신념의 힘, 자기 주도성으로 나타났다. 헨리 포드는 주도적으로 일을 추진했다. 그는 자신이 원하는 일은 무엇이든지 할 수 있다는 것을 믿었다. 그는 열정, 정확히 말해 수동적인 열정을 통해서 자신의 믿음을 기민하게 실행해나갔다. 그는 자신이 해야 할 일과 그것을 통해 얻게 될 즐거움을 마음속으로 생각했다.

한번은 내가 그에게 물었다.

"원하는 것을 성취하는 비결이 뭔가요?"

"오랫동안 모든 문제에서 할 수 있는 부분에 집중하는 습관을 들였어요. 문제가 있으면 항상 해결 방법이 있답니다. 할 수 없는 부분도 물론 많지만, 할 수 있는 부분에서부터 시작합니다. 할 수 있는 부분들을 다 할 때쯤이면 할 수 없는 부분들은 저절로 사라지고 없어집니다. 강을 건너려고 할 때 다리가 있어야 하겠거니 생각했는데 다리가 필요 없어진 격이죠. 강물이 말라서 그냥 건널 수 있으니까요."

정말 멋진 말이 아닐 수 없다. 헨리 포드는 자신이 할 수 있는 부분부터 시작했다. 그는 새로운 모델 출시나 생산량 증가를 목표로 하면, 즉시 자신이 할 수 있는 계획에 집중한다고 말했다. 장애물에는 전혀 신경 쓰지 않았다. 신념이 뒷받침하는 계획이 크고 명확해서 장애물은 점차 사라져버릴 것을 알기 때문이었다. 헨리 포드는 이렇게 말했다.

"모든 문제에서 할 수 있는 부분에 집중하는 자세를 가지면, 할 수 없는 부분들은 줄행랑을 쳐버립니다."

나는 그가 한 모든 말에 대해 보증할 수 있다. 내 경험 또한 그랬기 때문이다. 원하는 무언가가 있다면 뜨거운 열정의 상태로 빠져들게 될 것이다. 지금 당신이 있는 그 자리에서부터 시작하라. 원하는 것을 단지 머릿속에서 그리고 있는 단계라면, 계속해서 그 그림을 그리고 언제나 더욱 생생한 그림을 그리도록 하라.

지금 당장 사용 가능한 방법들을 사용하고 있더라도, 곧 더 나은 수단과 방법들을 더 많이 손에 쥐게 될 것이다. 이것이 삶의 묘미이자 삶이 흘러가는 방식이다.

목소리에 열정을 담아라

대중 앞에서 말하는 사람들이나 선생님들은 목소리를 통해 열정을 표현할 수 있다. 내 수업을 듣는 학생이 내 목소리에 대해 최고의 칭찬을 한 적이 있다. 그녀는 내가 음성 연습을 따로 했는지 궁금해했다.

"아니요, 전혀요. 아주 오래전에 화술 수업을 받긴 했지만, 당시 선생님에게서 배운 모든 것을 지키고 있지는 않아요. 제 방식대로 방법을 만들었으니까요."

"선생님은 최고의 목소리를 가지고 계세요. 열정을 전달하는 훈련을 따로 하신 게 아닌가 궁금했어요."

"제가 드릴 수 있는 답은 이렇습니다. 누가 제 이야기를 듣든, 그 사람이 얼마나 지식을 가지고 있든, 또 얼마나 비판적인 사람이든 상관없이 모두 제 이야기를 들으면 한 가지는 분명하게 알 수 있습니다. 제가 하는 말은 진정성 있게 신념을 가지고 하는 말이라는 걸요."

이것이 내가 아는 최고의 화술 방법이다. 내가 하는 말은 진실이며 그것은 다른 사람과 나에게 도움이 되는 말이라는 믿음을 가지고 열정을 표현하는 것이다.

무대를 휘젓고 다니고, 현란하게 손동작을 하며, 손을 호주머니에 넣고 대중 앞에서 말하는 사람들이 있다. 그런 사람들은 나의 주의를 산만하게 한다.

나는 한 자세로 말하는 연습을 했다. 절대로 무대를 돌아다니며 말하지 않는다. 가끔은 손동작을 취하며 말하기도 하지만 자주 그러지는 않다. 사람들 앞에서 말할 때 내가 가장 먼저 원하는 효과는 진정성이고, 그다음이 내 목소리에 담아 전달하는 열정이다. 당신이 이것을 익힌다면 매우 큰 효과가 있을 것이다.

표현하기에 앞서 말하는 사람은 열정을 느껴야 한다. 마음이 심란하고 고민에 빠져 있는데 열정을 표현하는 것은 불가능하다.

배우의 자제력

뉴욕의 한 공연장에서 어느 스타 배우의 멋진 공연을 본 적이 있다. 그런데 그녀는 무대에 오르기 바로 직전에 아버지가 돌아가셨다는 소식을 들었다. 하지만 아무런 일도 없었다는 듯 여느 때와 다름없이 완벽한 공연을 펼쳐 보였다. 어떤 상황이 벌어져도 관객과 약속한 공연에 차질이 없도록 자신을 단련한 것이었다. 자신을 훈련하지 않았다면 지금과 같은 훌륭한 여배우가 되지는 못했을 것이다.

자신이 맡은 배역의 감정에 빠져들지 못하는 배우는 훌륭한 배우가 될 수 없다. 자신이 맡은 배역의 삶을 이해하지 못하면, 주어진 대사만 입으로 표현할 뿐 관객들에게 제대로 된 감정과 인상을 전달하지 못한다.

위대한 배우들은 자신이 맡은 배역에 몰입해서 극 중의 배역이 느끼는 감정을 확신과 열정을 담아 관객들에게 전달한다.

감정은 열정을 표현하는 데 있어 중요한 부분을 차지한다. 자신을 불타는 열망의 단계로 끌어 올리도록 하라. 그러기 위해선 자기 암시 또는 자기 최면이 도움이 된다.

최면이라고 해서 겁낼 필요는 없다. 사실 우리는 매일 의식적이든 무의식적이든 자신에게 최면을 걸고 있기 때문이다. 때로는 자신에게 부정적인 최면을 걸기도 한다. '나는 운이 없다. 친구들이 등을 돌리고 있다. 일이 잘되고 있지 않다.' 등의 믿음을 최면으로 주입하곤 한다. 몸이 안 좋다고 최면을 걸며 자신을 괴롭히기도 한다. 하지만 이런 것은 전혀 도움이 되지 않는 믿음이다.

나는 자기 최면의 힘을 믿지만, 내가 바라는 것에 대해서만 자기 최면을 건다. 원하지 않는 것에 대해서는 걸지 않는다.

나는 자신이 바라는 것을 얻을 수 있다는 자기 최면에 몰입하지 않은 성공한 사람을 본 적이 없다. 그들은 자신이 바라는 것을 이룰 수 있다는 강한 믿음을 가지고 있다.

보통 사람들은 자기 최면을 활용하는 것이 아니라 지배를 당한다. 주도적으로 상황을 개선하는 것이 아니라, 자기 최면을 통해 수동적으로 자신을 둘러싼 상황에 끌려다닌다. 안 좋은 일이 일어날 것이라는 부정적인 자기 최면을 거는 것이다. 열정은 당신의 마음속에 침투하는 부정적인 외부의 영향과 부정적인 생각을 막는 강한 힘이다. 부정적인 힘을 태워버리고 싶다면 열정의 단추를 눌러라. 이 둘은 한 공간에서 공존할 수 없다. 무언가에 대해 열정을 가지기 시작하면, 절대 의심과 두려움이 마음에 일어나지 않는다.

대화에 열정을 실어라

일상의 대화에서 열정을 싣는 연습을 하기 위해서는 당신이 대화를 나누는 모든 사람을 실험 대상으로 만들어야 한다. 사람들은 자신이 실험 대상이라는 사실을 좋아하지 않으므로, 굳이 그 사실을 말할 필요는 없다. 대화를 할 때 힘 있는 목소리로 즐거운 느낌을 담아 쾌활한 어조로 말하라. 간혹 작은 목소리로 대화를 나눠야 할 때도 있다. 그런 경우가 아니라면 힘 있는 목소리로 말해서 상대방이 당신이 하는 말을 잘 듣지 못하는 일이 없도록 하라.

만나는 모든 사람을 대상으로 열정을 담아 대화하는 연습을 할 수 있지만, 그럴 사람이 주변에 부족하다면 식당이나 카페에서 옆자리에 앉아 있는 사람들과 대화를 할 수도 있다. 다만 나쁜 의도를 가지고 있다는 의심을 할 수도 있으니 대화의 주제와 접근하는 방법, 어조에 주의해야 한다.

일상에서 당신이 만나는 사람들을 대상으로 열정을 담아 대화하는 연습을 통해 당신에게 일어나는 변화에 놀라게 될 것이다. 당신의 목소리 톤이 바뀐 것을 느끼고, 당신과 대화하는 사람들에게 웃음을 주려고 노력하는 자신의 모습을 보게 될 것이다.

당신이 다른 사람에 대해 좋지 않게 생각하는 부분이 있다면, 그것은 전혀 열정을 담아서 말할 내용이 못 된다. 그를 위해서 말해주는 것이 좋겠다고 생각할 때는 상대방이 기분 나빠 하지 않도록 차분하고 온화하게 말하라. 질책당하거나 자신의 부족한 점이 일일이 열거되는 것을 좋아할 사람은 아무도 없다.

단조로운 목소리는 대화를 지루하게 만든다. 목소리에 다양한 어조와 색깔이 없으면 말하는 내용까지 단조로워진다. 나는 당신에게 답할 준비가 되어 있지 않은 질문을 함으로써 정신이 번쩍 깨어나게 할 수도 있다. 또한 목소리의 크기를 조절함으로써 다음 이야기는 뭘 할지 궁금증을 자아냄으로써 그렇게 할 수 있다. 다음 이야기는 뭘 할지 추측하게 만드는 것은 청중의 귀를 사로잡는 비법 중 하나다. 당신이 단조로운 목소리로 말하는 내용에 열정을 담지 않은 채 말하면, 듣는 사람은 당신이 다음에 무엇을 말할지 미리 짐작할 수 있게 된다. 그래서 이야기를 계속해서 듣고 싶은 흥미가 떨어지게 되는 것이다.

표정을 활용하라

표정도 적절한 미소와 함께 열정을 표현해야 한다. 나는 표정 하나 변하지 않고 심각한 얼굴로 이야기하는 사람을 매우 싫어한다. 설령 중요하거나 진지한 주제로 이야기하더라도, 미소를 머금은 온화한 얼굴로 이야기하는 사람을 좋아한다.

스톤은 이야기 도중에 자주 멈추며 미소 띤 얼굴을 내보인다. 그는 상대방이 듣고 싶지 않은 이야기를 할 때조차도 미소 띤 얼굴로 상대방을 무장해제시킨다. 그는 표정의 변화로 상대방의 마음을 무장해제하는 달인이다. 나는 그만큼은 아니지만, 내가 원할 때 나의 표정을 자유롭게 활용할 수 있다.

말하는 방법과 표정을 통해서 당신의 의도와 상대방에게 도움이 되고자 하는 마음을 전달하는 능력 또한 자제력의 한 부분이다.

이제부터 일상의 대화에서 열정을 담아 이야기하는 사람과 그렇지 않은 사람을 찾아서 비교해보라. 그러면 어떤 사람이 호감 가는 성격인지 알게 된다. 당신이 좋아하는 사람이 있다면, 그 사람을 관찰해보라. 아마도 그 사람의 대화에는 열정이 바탕에 깔려 있다는 것을 알게 될 것이다. 그가 무엇을 이야기하든 그와의 대화에서 결코 지루함을 느끼지 못할 것이다.

거울 앞에서 말하는 연습을 하라

일상의 대화에서 열정을 담아 대화하는 법을 익혀, 거울 앞에서 연습하는 방법을 추천한다. 아무도 듣지 않는 곳에서 자신에게 말하는 것이다. 직접 해보면 당신이 듣고 싶어 하는 말을 자신에게 하는 일이 꽤 흥미로운 일임을 알게 될 것이다. 단, 거울 속의 당신에게 말할 때는 당신이 듣고 싶어 하지 않는 말은 하지 않도록 하라.

나는 꽤 오랫동안 거울 앞에 서서 나 자신에게 이런 식으로 말해왔다.

"나폴레온 힐, 너는 아서 브리즈번Arthur Brisbane(미국의 저널리스트─옮긴이)의 명확하고 간결한 글솜씨에 경탄하지. 하지만 너는 곧 그를 따라잡을 뿐만 아니라 그보다 훨씬 더 멋진 글을 쓰게 될 거야."

나는 거울 속의 남자가 할 수 있다는 확신을 가지고 그렇게 말했다.

거울 속의 당신을 보면서 당신의 모든 것을 철저히 점검하고 고치도록 하라. 아무도 보지 않는 곳에서 자신의 고치고 싶은 점을 당신의 방식대로 원하는 만큼 이리저리 거듭 연습해야 다른 사람들이 당신을 이상하게 생각하지 않을 것이다.

내가 성격을 바꾼 것을 사람들이 의아하게 생각한다고 해도 상관없다. 나는 지금껏 그러면서 크게 발전해왔고, 현재도 여전히 그렇고, 앞으로도 계속해서 나 자신을 점검하고 고쳐나갈 것이기 때문이다. 나의 말, 강의, 집필 등 모든 면에서 원하는 만큼 숙련되기까지 결코 멈추지 않을 것이다. 나의 공부에는 끝이 없다. 무한히 열려 있는 부분이 나의 공부다.

당신이 푸르른 한 계속해서 성장하게 되겠지만, 한번 익어버린 후에는 썩는 마지막 과정이 기다릴 뿐이다. 나는 결코 지식에서 성장을 멈추지 않고, 배움을 멈추지 않을 것이다. 나는 언제나 사람들에게서 배운다. 상대방이 나에게서 배우는 부분보다 훨씬 많은 부분을 상대방에게서 배운다. 상대방이 나에게서 한 가지를 배울 때, 나는 상대방에게서 수백 가지를 배운다. 하지만 내가 열린 마음을 가지지 않았다면, 그리고 항상 상대방에게서 배우려고 노력하지 않았다면, 아무것도 배우지 못했을 것이다.

강의에 열정을 담아라

많은 사람이 교사나 강사로 일하며 다른 사람들에게 지식과 경험을 전하는 일을 한다. 성공학 강사의 경우로 예를 들어 어떻게 강의에 열정을 담을 수 있는지 설명하고자 한다. 성공학을 강의하기 위해서 성공의 열일곱 가지 원칙에 대한 전체 강의 교안을 작성하고 열정을 담아 읽는 연습을 하라. 사람들에게 전할 말을 정확하게 교안에 작성하라. 작성하는 데 1시간 또는 몇 시간, 혹은 2~3일이 걸리더라도 노력을 들인 대가가 금전적인 결과나 보람 있는 결과로 크게 돌아온다. 당신의 강의 교안이 책으로 제작되어 베스트셀러가 되는 날도 있다.

강의 교안을 작성하면서 좋은 아이디어를 얻고 당신의 경험을 넣을 수 있다. 그리고 잘 작성된 강의 교안이 당신에게 금전적인 좋은 결과를 가져다준다는 사실에 놀라게 될 것이다. 강의 교안 작성은 강의뿐 아니라 여러 가지로 당신에게 도움이 된다.

강의 교안 작성은 성공 철학에 대해 깊이 이해하게 되는 계기가 된다. 우리는 자신이 아는 것을 다른 사람에게 가르칠 때 비로소 자신이 알고 있다고 생각하는 것을 심도 있게 이해하게 된다.

강의 초창기에 사람들에게 이렇게 해야 한다고 말은 하지만 나 자신은 일부 실천하지 않았던 때가 있었다. 하지만 자기 암시를 시작하면서 내가 사람들에게 하는 말을 믿게 됐다. 실제로 성공 철학이 사람들에게 아주 좋은 효과가 있다는 것을 보게 되었기 때문이다.

일상의 대화에서 열정을 표현할 때, 상대방이 당신의 열정에 어떻게 반응하는지 주의 깊게 살펴보라. 열정의 상태에 빠져듦으로써 상대방의 태도에 변화를 가져올 수 있다. 열정은 전염력이 있기 때문이다. 상대방은 당신의 열정을 눈치채고 열정에 동조하게 된다. 모든 영업의 달인은 이것을 알고 있다. 이를 모르는 사람이라면 영업의 달인이라고 할 수 없다. 열정적으로 구매자에게 자신이 판매하는 상품을 소개하지 못하는 사람이라면 보통 수준의 영업 사원이라고도 할 수 없다. 서비스나 상품을 판매하는 것처럼, 자기 자신을 사람들에게 열정적으로 알리는 일도 마찬가지라고 할 수 있다.

어떤 매장에서 판매의 달인인 사람과 이야기를 나눠보라. 그러면 그가 단순히 물건을 보여주는 데 그치지 않고 열정이 담긴 목소리로 상품에 관한 설명을 하는 것을 볼 수 있을 것이다.

나는 종종 신문을 파는 사람이 "오늘 내가 이만큼이나 팔았다."고 말하는 이야기를 듣는다. 하지만 그는 신문을 판 것이 아니다. 그는 그저 신문을 쌓아놨고 사람들이 와서 신문을 사갈 뿐이다. 그는 신문을 팔기 위해 신문을 사가는 사람을 상대로 어떤 노력도 하지 않은 채, 그저 쌓아놓은 신문을 사람들이 오면 팔 뿐이다. 자신이 대단한 판매술을 가졌다고 생각하지만 사실은 그렇지 않다.

이는 극단적인 경우이긴 하지만, 실제로 많은 사람이 간단한 포장과 진열만 한 채 단순히 물건을 팔고 있다. 판매 행위에 어떤 노력도 들이지 않는 것이다. 반면, 셔츠 한 벌만 사려고 매장에 들어섰다가 나올 때는 양말과 속옷, 넥타이와 허리 벨트까지 사고 나오는 경우도 있다. 이틀 전에 내가 그랬다. 내게 벨트는 필요 없었지만 벨트에 관해 설명하는 판매 사원의 열정과 성품이 마음에 들어 사게 됐다.

좋지 않은 상황을 전환하라

좋지 않은 상황을 만나게 되면, 마음을 즐거운 마음으로 바꾸어 열정을 가지고 중요한 목표에 매진할 수 있도록 하라. 좋지 않은 상황에 부딪히게 되면 지나치게 고민하며 후회와 좌절감, 두려움으로 시간을 보내는 대신에 당신이 성취할 수 있는 것으로 생각을 전환하라. 열정을 가지고 할 수 있는 일에 대해 생각하라. 당신의 열정을 이미 잃어버린 것에 사용하지 말고 당신이 바라는 것에 사용하라.

많은 사람이 가족이나 사랑하는 사람의 죽음으로 심란함을 겪는다. 우리는 많은 사람이 정신을 놓아버리는 것을 보게 된다. 아버지가 돌아가셨을 때 나는 아버지가 돌아가실 것을 미리 알고 있었다. 나를 포함한 우리 가족은 아버지가 언제라도 곧 돌아가시게 될 것을 알고 있었다.

플로리다에 살고 있을 당시, 동생으로부터 아버지가 돌아가셨다는 전화를 받았다. 나는 성공한 지인과 함께 출판과 관련된 대화를 나누고 있었다. 동생에게 전화가 왔다는 가정부 아주머니의 말을 듣고, 약 3분 정도 비교적 간단한 대화를 나눴다.

동생은 아버지가 돌아가셨다는 소식을 전하며 장례식은 금요일이라고 말했다. 우리는 다른 일들에 대해 조금 더 대화를 나눴고 동생에게 고맙다고 말하고 지인이 기다리는 응접실로 다시 돌아왔다. 당시 집에 있던 아무에게도 일어난 일을 알리지 않았고, 슬픈 감정도 전혀 내색하지 않았다. 그래 보았자 아무런 소용이 없음을 알았기 때문이었다. 내가 어찌할 수 없는 일로 비통함에 젖을 수는 없었다.

이런 나를 두고 무정하다고 할 수도 있다. 하지만 나는 전혀 무정하지 않다. 나는 아버지에게 일어날 일을 이미 알고 있었다. 그래서 마음속에 두려움과 심란함이 일어나지 않도록 대비를 해두고 있었다. 이처럼 어려운 일이 있을 때, 마음이 심란해지지 않도록 마음의 힘을 키워야 한다.

마음이 몹시 심란할 때 우리는 제정신일 수 없다. 음식을 먹어도 소화가 안 되고, 행복하지 않으며 이런 상태에서는 무엇을 하건 성공하기가 어렵다. 이런 마음 상태에서는 무슨 일이든 잘되지 않는다. 그러니 어려운 상황에 굴하지 않고 성공과 건강을 지켜야 한다. 그러기 위해선 심란한 상황에 마음이 흔들리지 않도록 다잡아야 한다.

일생에 단 한 번뿐이었지만 나는 누구보다 더 깊게 짝사랑에 빠진 적이 있다. 하지만 짝사랑으로 깊게 마음 아파하지 않았다. 나에겐 자제력이 있었고, 어떠한 것도 내 마음의 평정을 깨도록 허락하지 않았기 때문이었다.

아버지가 돌아가시는 걸 원하지는 않았지만, 이미 돌아가신 아버지에 대해 내가 할 수 있는 일은 아무것도 없었다. 사랑하는 사람을 잃은 슬픔으로 따라 죽겠다는 사람을 많이 보지만, 아버지가 돌아가셨다고 슬퍼하며 따라서 같이 죽어도 아무런 소용이 없는 일이었다.

극단적인 예를 들긴 했지만, 힘든 상황에서는 이런 자세가 필요하다. 우리는 어려운 상황에 굴하지 않고 그 상황에 맞게 현명하게 대처할 줄 알아야 한다. 힘든 상황에서 당신이 뭔가 열정을 가지고 할 수 있는 즐거운 일로 초점을 옮기는 것이다.

이런 당신을 두고 사람들은 이상하게 여길 수도 있다. 하지만 그들이 뭐라 하건 당신의 인생을 대신해서 살아주는 것은 아니지 않은가. 당신의 인생은 당신이 책임져야 한다.

오늘 이 시간부터 당신에 대한 의무는 매일 자신의 열정을 표현하는 방법을 개발하는 일이다. 당신이 할 수 있는 몇 가지를 제시하긴 했지만 모든 방법을 다 다룬 것은 아니다. 당신의 상황과 사람들과의 관계에 맞게 스스로 열정을 키우는 방법을 개발해서 사람들에게 더욱 도움이 되는 사람이 되길 바란다.

NAPOLEON HILL'S

MASTER COURSE

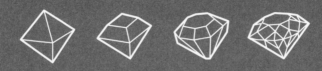

11

정확한 사고

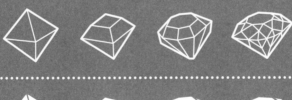

당신이 접하는 모든 사실과 사람들에 대해

만족스러울 때까지 질문하는 습관을 들이도록 하라.

의문점을 찾을 때는 입을 열어 말하지 말고 마음속으로 하라.

구두로 사람들에게 직접 물어보면 제대로 된 답을 얻을 수 없으니

조용히 자신에게 질문해서 스스로 답을 찾도록 하라.

이번 장의 주제는 정확한 사고이다. 우리는 감정이 아닌 정확한 사고에 기초해 사실을 분석하고, 결정할 수 있어야 한다. 우리가 내리는 대부분의 결정은 사실이 아니라 우리가 바라는 일 또는 느끼는 일에 따라 이뤄진다. 감정에 따라 하고 싶은 것과 머리가 지시하는 것 사이의 최종 승자는 누구일까?

바로 감정이다. 왜 결정에 있어서 감정이 머리를 앞설까? 우리는 왜 머리에 더 기대지 않는 걸까? 대부분의 사람은 생각하지 않기 때문이다. 사람들은 대개 자신이 생각한다고 착각한다.

정확한 사고를 위해서 지켜야 할 몇 가지 원칙이 있다. 이번 장에서는 이 원칙들을 하나씩 다룰 것이며, 당신이 부정확한 사고, 성급한 판단, 감정에 휘둘리는 결정을 피하는 데 도움이 된다.

먼저 알아야 할 중요한 사실은 당신의 감정은 전혀 믿을 만한 것이 못 된다는 것이다. 예컨대, 사랑의 감정은 모든 감정 중에서도 가장 위대하지만, 가장 위험한 감정이기도 하다.

인간관계에서 가장 큰 어려움 중 하나는 다른 모든 것을 합친 것보다 사랑에 대한 오해에서 비롯되는 부분이 더 크다.

추론과 논리

정확한 사고란 무엇인지 살펴보자. 정확한 사고에는 세 가지 주요한 기본 원칙이 있다. 첫째 원칙은 알려지지 않은 사실 또는 추정에 기초한 '귀납적 추론'이다. 두 번째 원칙은 알려진 사실 또는 알려진 사실로 우리가 믿고 있는 것에 기초한 '연역적 추론'이다. 마지막 세 번째 원칙은 고려하는 대상과 유사한 과거의 경험에 따르는 '논리'이다.

귀납적 추론은 알려지지 않은 사실 또는 추정에 기반해서 사실을 추론한다. 아직은 알려지지 않은 사실이지만, 추정을 통해 사실인 것으로 판단을 내리는 것이다. 관찰된 개별적인 사례들을 전제로 해서 보편적인 명제로 추정되는 사실을 이끌어내는 사고 과정이다. 개별적인 사례들을 기반으로 사실을 추정하는 사고이므로 정확하지 않을 수도 있다는 것에 유의해야 한다.

연역적 추론은 알려진 사실 또는 알려진 사실로 우리가 믿고 있는 것에 기초한 사고다. 알려진 일반적인 사실이나 원리를 바탕으로 당신에게 이익이 되거나 바라는 것을 위한 특수한 원리를 추정할 수 있다. 대부분의 사람이 연역적 추론에 의한 사고를 썩 잘하지는 못한다.

사실과 허구

정확한 사고에는 두 가지 단계가 있다. 첫째로, 사실과 허구 또는 소문을 구별하라. 어떤 것에 대해 생각하고 판단하기에 앞서 당신이 접하는 것이 사실인지 허구인지, 근거가 있는 것인지 불분명한 소문인지 가려야 한다. 소문일 경우라면 그것이 사실인지 확인할 때까지 판단을 보류하고 열린 시각을 유지해야 한다.

둘째, 사실을 중요한 사실과 중요하지 않은 사실 두 가지로 분류하라. 우리가 매일같이 듣는 대부분의 사실은 비교적 중요하지 않은 것들이다. 중요한 사실은 우리의 주요 목표의 성취나 목표 달성에 중요한 역할을 하는 열망의 성취에 도움이 되는 사실이다.

대단히 많은 사람이 자신에게 도움이 되는 사실보다, 발전에 도움이 안 되는 사실에 더 많은 시간을 낭비하고 있다. 다른 사람들의 일에 쓸데없이 간섭하길 좋아하는 사람들은 중요하지 않은 이야기들로 잡담하고, 다른 사람들에 관해 생각하거나 이야기하는 데 많은 시간을 쓴다.

당신이 하루 중에 어떤 사실들에 시간을 많이 썼는지를 적어보면 이 말이 얼마나 사실인지 알게 될 것이다. 하루를 마칠 무렵, 당신이 중요한 사실들에 얼마나 시간을 보냈는지 시간을 더해서 계산해보라. 대개 일에 집중하는 평일보다 휴일을 택해서 자신이 중요하지 않은 사실들에 얼마나 많은 시간을 사용하고 있는지 체크해보라.

무가치한 의견들

의견은 대개 가치가 없는 것들이 태반이다. 편견과 선입견, 편협함, 추측, 주워들은 이야기에 기반한 경우가 대부분이기 때문이다. 모든 사람이 이 세상에서 벌어지는 모든 일에 대해 수많은 의견을 가지고 있다. 원자 폭탄의 미래에 대한 사람들의 의견을 예로 들어보자.

대부분의 사람은 실제로는 원자 폭탄과 그것의 미래에 대해 아는 것이 없다. 나 또한 모른다. 하지만 우리는 원자 폭탄에 대한 의견을 가진다. 내 의견은 원자 폭탄은 절대로 발명되지 않았어야 할 폭탄이라는 것이다. 내 기준에서 원자 폭탄은 악마의 도구일 뿐이다. 원자 폭탄에 대해서는 잘 알지 못하기 때문에 그것 외에는 의견이 없다.

놀랍게도 수많은 사람이 어떤 것에 대해 근거도 없이 의견을 가진다. 사람들의 의견은 단지 그것에 대해 느낀 것, 전해 들은 이야기, 신문과 방송에서 보고 들은 것, 자신들에게 영향을 주는 사람들의 말에 기초한 것에 불과하다. 우리 대부분의 의견은 우리가 통제하지 못하는 영향력의 산물이다.

친구나 지인들이 주는 공짜 조언은 대개 무가치한 의견들이다. 사실에 기초하지 않거나 지나치게 한담이 섞여 있는 의견들이기 때문이다. 가장 가치 있는 조언은 해당 문제의 전문가에게 제값을 치르고 받는 의견이다.

공짜로 조언을 얻으려고 하지 마라. 나의 학생이 된 한 친구를 예로 들어보자. 그 친구는 3년 동안 매주 주말에 우리 집에 와서 3~4시간씩 나와 상담을 했다. 일반적인 사람 같았으면 시간당 50달러를 상담료로 받지만, 친구라서 그냥 상담을 해줬다. 그렇게 매번 그가 집에 올 때마다 애써 상담을 해줬건만, 그는 내 말을 한마디도 듣지 않았다. 그렇게 3년이라는 시간이 흐른 어느 날, 나는 집에 온 그에게 마침내 한마디를 했다.

"이보게, 내가 지난 3년 동안 자네에게 무료 상담을 해줬건만 자네는 내 말을 전혀 듣지 않았지. 내가 자네에게 상담료를 청구하기 전까지는 아마 내 상담의 가치를 이해하지 못할 걸세. 그러니 이번에 시작하는 교육 프로그램인 마스터 코스에 등록해보는 게 어떻겠나? 그러면 가치를 이해하게 될 걸세." 그는 그 자리에서 수표를 꺼내 내게 교육비를 지불하고 교육 프로그램을 이수했다. 그때부터 그의 사업은 번창하기 시작했다. 상담에 대한 정당한 대가를 지불하고 나서야 그는 조언을 새겨듣고 실행에 나섰다.

이것이 우리 인간의 속성이다. 공짜 조언은 공짜인 만큼의 효과가 있을 뿐이다. 세상의 어떠한 것도 그것에 대한 정당한 가격만큼의 제값을 한다. 사랑과 우정은 어떨까? 사랑과 우정은 당신이 줘야 받을 수 있다. 그리고 받았으면 돌려주어야 유지된다. 진짜 사랑과 우정을 줘야 진짜 사랑과 우정을 돌려받을 수 있다. 돌려주는 것 없이 받기만 하면 언젠가 상대방으로부터의 사랑과 우정은 끊기고 만다.

가장 가치 있는 자산

정확한 사고를 하는 사람들은 결코 다른 사람들의 생각에 따라 생각하지 않는다. 하지만 대단히 많은 사람이 상황, 주변 사람들, 라디오와 신문 그리고 방송, 지인의 영향을 크게 받아 생각한다.

내가 가장 자랑스러워하는 자산은 돈도 채권도 주식도 아니다. 나의 가장 소중한 자산은 내가 모든 근거를 보고 들으려고 하고, 모든 출처로부터 사실을 확인하려고 하며, 그렇게 해서 종합적으로 최종 판단을 내리는 법을 익힌 일이다.

내가 특별히 잘나서 그렇게 하는 것도 아니고, 의심이 많은 사람이라서 그렇게 하는 것도 아니다. 그렇다고 내가 다른 사람의 의견을 구하지 않는 것도 아니다. 나는 필요할 때 다른 사람의 조언을 구하되 불필요한 말은 걸러서 듣고, 내게 도움이 되고 필요한 말을 선택해서 듣는다. 이런 과정을 통해 내린 판단과 결정은 온전히 바로 나 자신에 의한 일이다. 비록 결정에 실수가 있을지라도 그 책임은 나에게 있다.

그렇다고 해서 내가 냉정한 사람은 아니며, 내 친구들이 내게 전혀 영향을 미치지 않는다고도 말할 수 없다. 친구들의 의견을 듣긴 하지만 얼마나 참고할지는 내가 결정한다. 기준 없이 친구들의 의견을 참고하면 안 되기 때문이다. 예컨대, 친구의 말을 듣고 다른 사람에게 피해를 주는 행동을 해서는 안 되지 않는가. 실제로 친구들은 그런 의견을 내게 주기도 했지만 나는 그런 의견은 받아들인 적이 없다.

스스로 생각하며 주위 사람들이 자신의 정확한 사고를 방해하는 것을 허락하지 않는 사람을 보면, 하늘의 천사들은 더할 나위 없이 기뻐할 것이다.

거듭 말하지만 대부분의 사람은 마음의 주인이 아니기 때문이다. 마음은 우리가 가진 가장 소중한 자산이며, 우리가 온전히 통제할 수 있도록 창조주가 주신 유일한 것이다. 하지만, 우리 인간이 결코 그 가치를 발견하거나 사용하지 않기도 하는 유일한 것이기도 하다. 사람들은 마치 축구공처럼 자신의 마음을 함부로 굴리도록 허락한다.

나는 왜 교육 시스템이 우리가 세상에서 가장 위대한 자산을 가지고 있으며, 그 자산이 우리가 필요로 하는 모든 것을 충족시켜줄 수 있고, 우리 자신의 마음을 사용하고, 스스로 생각하며, 자신이 선택한 목표를 위해 생각을 사용하는 것임을 가르치지 않는지가 이해되지 않는다.

사람들은 자신이 세상에서 가장 소중한 자산을 가지고 있다는 사실을 모른다. 그것을 가르치는 교육 시스템이 없기 때문이다. 하지만 이 성공학을 접하는 사람이라면 소중한 자산의 존재와 가치를 깨닫게 될 것이다. 그리고 그들은 달라질 것이다. 자신이 마음을 가지고 있고, 사용할 수 있으며, 마음이 원하는 것을 찾아서 그것을 이룰 수 있음을 점차 깨닫게 될 것이기 때문이다. 자신이 마음의 주인임을 천천히 자각하게 될 것이다. 그리고 마침내 삶이 변화되기 시작할 것이다. 마음의 힘을 깨닫고 그 위대한 힘을 사용하게 될 것이다.

"신문에서 봤어요"

신문에서 본 내용을 토대로 자신의 의견을 형성하는 것은 안전하지 못한 방법이다. 사람들은 "신문에서 봤어요." 또는 "~라고 들었어요. ~라고 사람들이 말하던데요."라는 말을 많이 한다. 이런 말을 들으면 나는 즉시 귀마개를 끼고 싶다. 들을 가치가 없는 말이기 때문이다. 누군가가 "신문에서 봤어요."라든가 "~라고 사람들이 말하던데요." 또는 "~라고 들었어요."라고 말하면 귀 기울여 듣고 싶은 마음이 없다. 출처에 문제가 있으면 거기서 나온 말들도 문제가 있기 때문이다. 소문이나 험담에 대해 이야기하길 좋아하는 사람들은 믿을 만한 정보를 얻을 출처가 되지 못한다. 그들의 말은 신뢰가 떨어지고 편견에 치우쳐 있다. 당신이 아는 사람이든 모르는 사람이든 어떤 사람에 대해 비판적으로 말하는 사람이 있다면 조심해야 한다. 편견에 치우친 사람의 말일 수 있기 때문이다. 그들이 하는 말은 자세히 따져보고 확인해야 할 필요가 있다.

인간의 뇌는 참으로 놀라운 기관이다. 창조주는 인간에게 거짓과 진실을 구별할 수 있는 장치를 주셨다. 우리에게는 거짓을 들을 때 그것이 거짓임을 느낄 수 있는 뭔가가 있다. 마찬가지로 진실을 들을 때는 그것이 진실임을 느낄 수 있다. 우리가 본래 가지고 있는 지성을 잘 사용하면 아무리 훌륭한 배우가 말하는 거짓을 숨긴 말이라 할지라도 우리를 속일 수 없다.

누군가에 대한 나쁜 말뿐 아니라 칭찬의 말에 대해서도 주의해야 한다. 예컨대 내가 당신을 위해 일할 사람으로 누군가를 소개하면서 이 사람이 얼마나 훌륭한 사람인지에 대해 칭찬이 가득한 말을 할 경우, 당신이 정확히 사고하는 사람이라면 내가 하는 말에 과장이 심하게 들어갔는지, 얼마나 주의해서 가려들을 말인지 알 것이다. 그리고 추천받은 사람에 대해 주의 깊게 검증을 할 것이다.

어떤 사실과 사람들에 대해 일단 의심하거나 부정적으로 보라는 말은 절대 아니다. 하지만 신이 우리에게 주신 훌륭한 뇌를 사용해서 정확히 사고하여 자신이 듣는 정보가 사실인지 아닌지 주의해서 살펴야 할 필요가 있다.

사기에 대한 주의

많은 사람이 스스로 바보 같은 짓을 한다. 세상에서 스스로 바보짓을 하는 것만큼 어리석은 짓은 없다. "한 번 속으면 속인 이의 탓, 두 번 속으면 내 탓"이라는 중국 속담이 있듯이 말이다.

사람들은 똑같은 사기 수법에 오랫동안 속곤 한다. 예컨대 누군가가 백화점에 쇼핑하러 온 손님에게 접근해서 이렇게 말한다.

"저에게 500달러가 있어요. 만약 당신에게 500달러가 있으면 제가 절반인 250달러를 드릴게요."

손님은 시기꾼에게 자신의 500달러를 준다. 사기꾼은 손님의 진짜 돈 500달러를 눈속임으로 자신이 갖고, 가짜 돈 500달러와

250달러를 손님에게 돌려준다. 손님은 집에 와서야 자신이 속은 사실을 알지만, 사기꾼이 이미 자신의 돈을 가지고 사라진 후다. 이런 일이 오랫동안 벌어져 왔다.

사람들은 대개 은행원들은 영리한 사람들이어서 사기를 잘 당하지 않을 것이라고 생각한다. 하지만 세계적으로 유명한 사기꾼인 바니 버치Barney Birch로부터 직접 들은 이야기가 있다. 바니는 시카고를 주 무대로 사기 행각을 벌였는데, 나는 그와 여러 번 만나 이야기를 나눈 적이 있다. 나는 그에게 어떤 사람이 가장 사기 치기 쉬운 표적인지 물었다. 그러자 그는 이렇게 대답했다.

"은행원이죠. 은행원들은 자신들이 매우 똑똑하다고 생각하니까요."

소망은 종종 사실을 왜곡시켜 받아들이게 한다. 많은 사람이 자신이 바라는 대로 사실을 왜곡해서 해석하곤 한다. 따라서 정확한 사고를 위해서는 거울 속의 자신을 객관적으로 바라볼 필요가 있다. 자신의 생각이 과연 맞는 것인지 의심해봐야 한다. 어떤 일이 사실이길 바라면, 그것을 사실로 받아들여 생각하기 때문이다.

우리는 보통 자신의 생각에 동의해주는 사람들을 좋아하고 같이 어울리려고 한다. 인간의 본성이기 때문이다. 하지만 종종 우리의 생각에 동의하고 아주 친하게 어울리는 사람도 우리를 속이며 이용하려고 들 수 있다.

보통 누군가를 일단 좋게 보기 시작하면 그 사람의 흠결을 간과하기 십상이다. 하지만 그 사람에 대한 신뢰가 완전히 검증되기 전까지는 자신이 괜찮다고 보는 사람에 대해 옳은 판단을 하고 있는지 객관적으로 볼 필요가 있다. 내가 괜찮게 본 꽤 많은 사람이 이후에 내게 참으로 위험한 짓을 하는 경우를 경험했기 때문이다.

사실, 초창기에 내가 겪은 대부분의 힘든 일은 사람들을 지나치게 신뢰하며 내 이름을 빌려줬기 때문에 비롯됐다. 그런 일로 곤란함을 겪은 경험이 대여섯 번 정도 된다. 내가 그들을 잘 알고 그들이 좋은 사람들이라고 생각했고, 그들이 하는 말과 행동이 좋아서 신뢰했다. 당신이 좋아하는 말과 행동을 하는 사람들을 조심하라. 그들의 결점을 간과하기에 십상이기 때문이다.

어찌 보면 당신에게 곤란한 경험을 안겨주는 지인 또는 친구들에게 고마움을 느껴야 할지도 모르겠다. 자신이 제대로 사실을 판단하고 있는지 되돌아보고 주의하게 해주는 계기이기 때문이다.

세상에는 공짜 정보가 넘쳐난다. 하지만 대개 그 정보들에는 치러야 할 대가가 있다. 그 정보들이 사실인지 포착하기 힘들다는 점이다. 그렇게 얻은 정보들은 정확한 정보인지 공들여 확인할 필요가 있다. 정확한 사실을 얻기 위해서는 그것이 우리가 반드시 치러야 할 최소한의 대가이다.

"어떻게 아시게 됐나요?"

"어떻게 아시게 됐나요?"는 깊게 생각하는 사람들이 가장 좋아하는 질문이다. 쉽게 받아들일 수 없는 이야기를 들으면 이들은 이렇게 묻는다.

"어떻게 아시게 됐나요? 어디서 정보를 얻으셨죠?"

만약 당신이 꼬투리만 한 의심으로 꼬치꼬치 물으면 상대방은 답을 잘하지 못할 수도 있다. 어떻게 알게 됐는지 물으면 그는 "글쎄요. 어쨌든 저는 그렇게 믿습니다."라고 대답하고 말지도 모른다. 하지만 자신의 믿음을 뒷받침할 근거가 마땅히 없다고 해서 믿지 못해야 하는 걸까?

나는 신의 존재를 믿는다. 많은 사람이 나처럼 신의 존재를 믿지만, 꼬치꼬치 근거를 묻는 사람에게 마땅한 대답을 할 수는 없다. 하지만 나는 근거를 댈 수 있다. "그걸 어떻게 아시죠?"라고 묻는다면 나는 많은 증거를 댈 수 있다. 창조주의 존재에 대한 증명만큼 많은 근거를 댈 수 있는 것은 없다고 생각한다. 창조주가 없었다면 우주를 운행하는 계획이 없었다면, 이 우주를 영원히 움직이게 하는 질서는 없었을 것이기 때문이다. 많은 이들이 신의 존재를 증명하기 위해 속임수가 있는 그릇된 방법으로 노력한다. 하지만 내 기준에서는 그런 것들은 전혀 근거가 되지 못한다. 신을 포함해서 어떤 것의 존재 여부를 밝히기 위해서는 그것을 뒷받침하는 증거가 있어야 한다. 그런 증거가 없다면 그것은 존재하지 않는 것으로 추정하는 편이 안전하다.

논리는 의견과 판단 또는 계획의 타당성을 입증하는 증거와 사실을 댈 수 없을 때 기댈 수 있는 도구다. 아무도 신을 본 사람은 없지만, 논리학으로 보면 신은 존재한다. 신이 존재해야 우리가 존재할 수 있기 때문이다. 우리보다 더 높은 지능을 가진 창조주 없이는 우리는 존재 불가능하다.

우리는 직감을 느낄 때가 있다. 어떤 것이 진실인지 아닌지 직감으로 느낄 수 있다. 이 직감을 무시하지 않고 주의 깊게 주목할 필요가 있다. 우리의 한계를 깨도록 도와주는 무한한 지성의 안내일 수 있기 때문이다.

강의 중 한 학생이 일어나서 내게 이렇게 말한다고 하자.

"저의 명확한 주요 목표는 내년에 1백만 달러를 버는 겁니다."

그러면 내가 어떻게 대답할까? 내가 그 학생에게 가장 먼저 물을 질문은 무엇일까?

당신이라면 어떻게 하겠는가? 나라면 그의 계획과 함께 어떻게 실현해나갈 것인지 들을 것이다. 먼저, 그가 1백만 달러를 벌 만한지 그의 능력을 가늠해볼 것이고, 목표를 위해 무엇을 할 것인지 파악할 것이다. 그리고 논리적으로 그의 계획이 실행 가능하고 실용적인지 판단할 것이다. 이러한 판단 과정은 대단히 많은 지적인 사고가 필요하지 않은 반면에 대단히 중요한 과정이다.

나는 나의 학생들을 신뢰하고 사랑하며 대단히 존중하고 있다. 그들 중 한 명이 자신의 계획이 내년에 1백만 달러를 버는 것이라고 말할 때, 내가 "그렇군요. 하실 수 있겠다고요?"라고 가볍게 반응하고 만다면 나는 대단히 무책임한 선생일 것이다.

그러나 그 대신에 "아주 좋습니다. 당신의 계획이 틀림없는 것이길 바래요. 계획을 자세히 들려주세요."라고 대답한다고 해보자. 나는 그의 계획을 세심히 듣고, 그의 능력과 지난 경험 그리고 지난 성취 결과에 대해 분석하기 시작한다. 그리고 그가 1백만 달러라는 목표를 성취하도록 도움을 줄 수 있는 사람들이 있는지 분석할 것이다. 분석을 다 마치고 나면 이렇게 말할 것이다. "들어보니 목표를 달성할 수 있을 것 같네요." 아니면 목표 달성이 그의 원래 계획보다 2~3년 정도 더 걸릴 것 같다는 의견을 줄 수 있을 것이다.

하지만 그의 계획을 듣고 나서, 그가 전혀 목표를 실현할 가능성이 없다고 판단할 수도 있다. 논리상 그런 판단이 들면 나는 그렇게 피드백을 줄 것이다. 실제로 자신의 계획과 목표를 설명한 학생들은 그런 대답을 듣기도 한다. 나는 그들에게 그런 목표를 실행하려고 노력하는 것은 시간 낭비라고 답한다. 놀라운 아이디어가 담겨 있는 계획을 들려주는 학생들도 있다. 예컨대, 그런 학생에게는 내가 아는 해당 분야의 유명한 전문가를 소개해주기도 한다. 그가 현장을 제대로 알고 자신의 아이디어를 현실화하는 데 도움을 받을 수 있도록 하는 것이다.

이런 과정이 정확한 사고를 하는 사람이 생각하는 방식이다. 이들은 감정이 정확한 사고를 가리지 않도록 한다. 감정이 눈을 가리면 정확한 사고를 할 수 없다.

내가 성공학 수업에서 수없이 강조하는 좌우명이 있다. "마음에 품고 믿으면 어떤 것이든 이룰 수 있다."가 그것이다.

마음에 품고 믿으면 어떤 것이든 이룰 '수 있다.'이지 '것이다.'가 아님에 유의하길 바란다. 이 둘에는 차이가 있다. '것이다.'는 확정적인 반면 '수 있다.'는 당신에게 달려 있다. 당신이 얼마나 마음의 주인인지, 얼마나 신념이 강한지, 그리고 당신의 판단과 계획이 얼마나 견실한 것인지에 따라서 성취하는 결과가 달라진다.

사실과 허구를 분별하라

사실과 정보를 구별하는 방법을 소개한다. 먼저 당신이 듣고 보고 읽는 신문과 방송, 라디오의 내용을 면밀히 검토하고 거기서 주장하는 내용을 사실로 받아들이지 않는 습관을 들이도록 하라. 당신이 보고 들은 것들이 모두 사실인 것은 아니기 때문이다. 일부 사실이 포함된 주장은 종종 의도적이거나 부주의하게 잘못된 의미를 전달하는 경우가 있다. 속일 목적으로 진실의 일부만 말하는 반쪽짜리 진실은 새빨간 거짓말보다 더 위험하다. 반쪽짜리 진실은 전달되는 내용 전부가 사실인 것처럼 속일 수 있기 때문이다.

당신이 책에서 읽는 모든 내용은 저자가 누구인지에 상관없이 다음의 질문들에 합당한 답을 줄 수 있는지에 따라 주의 깊게 읽도록 하라. 마찬가지로 이 질문들은 당신이 접하는 모든 매체, 강의, 주장, 대화 등에 적용하기 바란다.

당신이 접하는 작가, 강사, 전문가는 해당 분야에서 인정받는 권위자인가? 이것이 당신이 먼저 살펴야 할 첫 번째 질문이다. 당신이 어떤 강의를 듣는 경우를 예로 들어보자. 당신은 강의를 위해 적지 않은 금액을 지불하고, 적지 않은 시간을 들인다. 그런데 강의를 신청한 후 알고 보니, 강사가 해당 분야의 권위자가 아니란 사실을 발견했다. 해당 강의가 신뢰할 만하지 못하다는 사실은 낭패가 아닐 수 없다. 그래서 당신은 크게 실망하지 않을 수 없을 것이다.

이번에는 당신이 내 성공학 강의를 듣는 경우를 예로 들어서 내 강의가 믿을 만한 것인지를 어떻게 판단할 수 있을지 살펴보자. 판단을 위한 근거는 어떻게 확보해야 할까?

먼저 이 성공학이 전 세계에 널리 보급돼있다는 사실을 가장 먼저 파악하기 쉬운 근거로 삼을 수 있다. 나의 성공학은 전 세계의 많은 나라에서 책으로 발간되어 알려져 있고, 전 세계 수천 명의 뛰어난 인물들이 이 성공학을 믿을 만한 것으로 인정하고 있다. 이 성공학의 결점이 인식된 사례는 어느 국가에서도 없다.

이 성공학에 문제가 있었다면 사람들은 그 문제를 아주 잘 발견했을 것이다. 인간으로서의 나폴레온 힐은 부족한 점이 많다는 것을 사람들은 알고 있다. 하지만 그가 설파하는 성공학에서 결점이 있다고 말하지 않는다. 따라서 나폴레온 힐은 성공학 분야의 권위자라고 말할 수 있다. 그는 40년이라는 긴 시간 동안 오백 명의 뛰어난 인물들에게서 얻은 성공 노하우를 전수하는 데 노력하고 있기 때문이다. 그가 성공학의 토대를 쌓은 출처 또한 세계적으로 인정받는 성공한 인물들이다. 그 많은 사람의 성공 경험과 시행착오를 담은 것이다.

전 세계에서 받는 인정과 지금까지 수천수만 명의 사람들을 성공으로 이끈 사실이 나폴레온 힐이라는 사람을 성공학의 권위자로 인정받게 하고 있다.

이와 같은 방법으로 어떤 사람이 신뢰할 만한 권위자인지를 판단할 수 있다. 당신이 그 사람에 대해 개인적으로 느끼는 호감이나 그에 대해 잘 안다고 생각하는 것은 판단의 기준이 될 수 없다. 그 사람이 지금껏 이룬 성취와 사람들에게 미친 영향으로 판단해야 한다.

숨겨진 동기를 파악하라

그다음으로 할 질문은 저자 또는 말하는 사람이 정확한 정보를 전하는 대신에 숨기고 있는 동기나 자신의 이익을 위한 동기를 가지고 있는가이다. 책을 저술하고, 대중 앞에서 말하고, 사적으로나 공적으로 자신의 의견을 주장하는 사람의 동기를 확인하는 것은 매우 중요하다. 말하는 이의 동기를 파악할 수 있다면, 그의 말이 얼마나 진실인지 알 수 있다.

지난주에 어떤 사람과 2시간 동안 대화한 적이 있다. 그 자리에서 그는 대부분의 시간 동안 자신에 관해 이야기하며 자신을 대단히 좋게 말했다. 그는 내가 눈치채지 못했을 것으로 생각했겠지만 우리 회사에 들어와서 강사로 일하고 싶어 하는 것 같았다. 그는 은근히 자기 자랑을 늘어놓기 시작했다. 그는 내가 쓴 책들을 모두 소장하고 있고 책의 내용을 잘 알고 있으며 나의 팬이라고 말했다. 거기까지는 괜찮았다. 시간이 갈수록 그는 과도하게 나에 관한 좋은 말을 늘어놓더니 화제를 살짝 돌려서 자신이 얼마나 이 성공학을 잘 실천하고 있고 잘 가르칠 수 있는지에 대해 이야기하기 시작하며 끝도 없이 자기 자신에 관해 이야기했다.

그쯤에서 나는 그의 말에 제동을 걸어야 했다. 나는 그에게 몇 가지 질문을 던졌다. 첫 번째 질문으로 그가 나의 성공학을 사람들에게 가르친 경험이 있는지 물었다. 실제로 그는 가르친 경험이 없었음에도 불구하고, 자신이 이 성공학을 잘 알고 있기 때문에 틀림없이 잘 가르칠 수 있을 것이라고 말했다. 나는 그의 숨겨진 의도를 눈치채고 그가 자신에 관해 말한 많은 이야기들을 그다지 믿지 않았다. 적어도 그에 관한 판단을 유보해야 했다. 그는 자신을 좋게 말하려는 의도를 처음부터 가지고 말했기 때문에 나는 그의 말에 넘어가지 않았다.

정치 선전인지 확인하라

다음으로 저자 또는 말하는 이가 직업적으로 특정 정치 집단에 몸담고 있는지 확인해야 한다. 정치 선전propaganda이 난무하는 시대이니 말이다. 예컨대, 어느 집단의 이름이 '애국 아무개 단체'라는 식으로 거창하다면 특히 조심히 들여다볼 필요가 있다. 실제로는 국가를 위한 단체가 아니라 국가에 해가 되는 단체일 수 있기 때문이다. 소비에트 사회주의 공화국 연방(소련)은 간첩과 정치 선동자들을 활동하게 해서 한 나라씩 정권을 넘겨받아서 총 한 방 쏘지 않고 전 세계의 약 3분의 2를 지배했다. 전에 없던 이 같은 방식에 세계는 무력하게 당하는 수밖에 없었다.

우리는 정치 선전의 효과가 걷잡을 수 없이 퍼지는 것을 볼 수 있다. 저자 또는 말하는 이가 특정 정치 집단으로부터 경제적인 이득을 취하고 있는지 살펴야 한다. 동기가 파악되면 그 사람의 의도에 놀아나지 않을 수 있다. 그 사람이 해당 주제에 대해 건전한 판단을 하는 사람인지, 아니면 정치적인 광신자인지 살펴야 한다. 나는 칼 마르크스Karl Marx나 레닌Lenin 등 공산주의 사상가들에게 광적일 정도로 열성인 사람들을 많이 봤다. 그들은 다른 사람들의 주장은 무조건 틀리고 자신들은 옳다는 생각을 했다. 그들은 자신들이 옳은 일을 하고 있음을 조금도 의심하지 않았다. 나라면 그들의 교리를 믿기 전에 판단을 보류하고, 그들의 말이 아니라 행동을 보고 어떻게 판단할지 고려할 것이다.

당신은 나를 내가 매고 있는 넥타이, 입고 있는 옷, 머리 스타일로 판단하지 않을 것이다. 내가 사람들에게 얼마나 좋은 영향을 미치는지, 또는 나쁜 영향을 미치는지로 나를 판단할 것이다. 우리는 이처럼 사람들을 판단해야 한다.

어떤 종교 또는 정치적인 입장을 가졌는지가 아니라 그가 자기 일을 잘하고 있고, 많은 사람에게 도움을 주고 있으며 해를 끼치지 않는지가 기준이 되어야 한다. 그가 다른 사람들에게 해를 끼치지 않고 선한 일을 훨씬 많이 한다면 비난하지 않아야 한다.

어떤 사람의 주장을 사실로 받아들이기에 앞서, 그의 주장에 담긴 동기를 확인하라. 또한 그 사람의 신뢰성과 진실성에 대한 평판을 확인하고, 그가 얻고자 하는 강한 동기 또는 목표에 기반한 주장을 면밀히 검토하라. 마찬가지로 지나친 상상을 하는 습관이 있는 사람의 열성적인 주장을 사실로 받아들일 때는 주의해야 한다. 당신에게 영향을 미치려는 사람들에 대해서 주의하고, 스스로의 판단력을 사용하는 법을 익히도록 하라. 최종 결정에서는 자신의 판단력을 사용해야 한다.

전문가의 조언

스스로의 판단을 신뢰할 수 없다면 어떻게 해야 할까? 많은 경우 사람들은 자신의 판단을 신뢰하지 못한다. 자신이 직면한 상황에 대해 충분한 지식이 없기 때문이다. 이럴 때 경험이 더 풍부하고, 해당 분야의 전문적인 교육을 받았거나, 더 예리한 분석을 할 수 있는 사람의 도움이 필요하다.

예컨대, 영업의 달인들로만 회사를 구성해 운영하면 성공할 수 있을까? 그런 회사를 본 적이 있는가? 회사의 모든 자산과 인재를 관리하고, 회사가 잘못된 방향으로 가지 않도록 조정해주는 역할을 할 사람이 필요하다. 또한 회사의 성장을 가로막는 모든 것들을 앞서서 헤치고 나가는 역할을 해줄 사람도 필요하다. 나는 이런 역할들을 하고 싶지는 않다. 대신 기꺼이 이런 사람들을 회사에 영입할 것이다.

사람들에게서 사실을 얻고 싶을 때는 당신이 원하는 사실이 무엇인지 밝히지 마라. 예컨대 내가 당신에게 이렇게 물어본다고 하자.

"자네 가게에서 일했던 존이 우리 가게에서 일하고 싶다고 하는데, 내 생각에는 그가 꽤 괜찮은 친구 같아. 자네는 어떻게 생각하나?"

만약 존에게 좋지 않은 단점이 있다면, 분명 나는 내가 원하는 답을 듣지 못할 것이다. 내가 정말 당신의 가게에서 일했던 사람에 대해 알고 싶다면, 당신에게 직접적으로 그렇게 물어보지 않을 것이다. 나는 당신을 통해서 그의 신용에 대한 자료를 신용평가회사에 의뢰할 것이다. 그러면 당신은 나를 포함한 다른 누군가에게 주지 않았을 그에 대한 사실을 신용평가회사에 줄 것이다. 어떤 사람에 대한 정보를 얻으려고 할 때, 종종 우리는 진짜 정보를 얻지 못할 때가 있다. 그 사람에 대한 신랄하고 진실된 정보가 아니라, 좋게 포장된 형식적인 평가를 얻는 경우가 많다.

대부분의 사람은 굳이 피곤한 일에 얽히고 싶어 하지 않는다. 그래서 당신이 어떤 사람에 관해 묻는다면, 당신이 원할 것 같은 답을 해주는 데 그친다. 당신은 뭔가 성에 안 차서 계속해서 물어보다 지치고 말 것이다.

반면 현명한 사람들은 직접적인 목적을 밝히지 않고 아주 영리하게 원하는 정보를 얻어낸다. 그들은 유연하게 우회해서 원하는 정보를 얻는 방법을 잘 알고 있다.

과학은 사실을 체계화하고 분류하는 기술이다. 사실을 다루고 있는 것인지 확인하고 싶다면 과학적인 출처를 찾아 실험해보면 된다. 제대로 된 과학자라면 사실을 바꿔서 잘못된 정보를 전달하려고 할 이유도 의도도 가지지 않는다. 만약 그런 의도를 가진 사람이라면 그는 과학자가 아니다. 그런 사람은 가짜 과학자 또는 사기꾼이며, 이 세상에는 자신이 모르는 부분을 아는 척하는 가짜 과학자들이 많다.

머리와 가슴 사이에서 균형을 잡아라

우리의 감정은 언제나 믿을 수 없다. 정말이지 감정은 믿을 수 없을 때가 대부분이다. 그래서 감정의 영향을 지나치게 받기에 앞서 머리가 당면한 문제에 관해 판단할 기회를 줘라. 머리는 가슴보다 더 신뢰할 수 있지만 둘 사이에서 균형을 잡는 것이 가장 이상적이다. 그렇게 했을 때 올바른 해답을 찾게 될 것이다. 이것을 잊는 사람은 자신의 태만에 대해 후회하게 될 것이다.

올바른 사고를 가로막는 주요한 적 가운데 사랑의 감정은 맨 앞자리를 차지한다. '어떻게 사랑이 사고 과정에 방해가 될 수 있나요?'라고 생각하는 사람이 있다면 사랑의 경험이 부족한 사람이다. 사랑을 경험해본 사람이라면 라이터와 함께 TNT 폭탄을 가지고 노는 것처럼 얼마나 위험한 감정인지를 잘 안다. 폭탄의 폭발은 예고 없이 찾아온다.

증오, 분노, 질투심, 공포심, 복수심, 탐욕, 허영심, 이기심, 헛된 것에 대한 부질없는 욕망, 미루는 버릇 등 모든 감정이 올바른 사고를 가로막는 적이다. 올바른 사고는 매우 중요하므로 이러한 감정들이 마음에 자라지 않도록 주의해야 한다. 그래서 자신의 마음을 완전히 지배할 줄 알아야 한다.

마음은 우리가 필요로 하는 모든 것을 다 이루게 해줄 정도로 놀라운 힘을 가지고 있다. 과거는 이미 지나갔고, 미래에는 어떤 일이 일어날지 알 수 없다. 하지만 현재에 대해서 우리는 많은 것을 알고 있다. 나는 현재에 집중해 어떻게 나의 운명에 영향을 미칠 수 있을지에 대해 많은 것을 발견했다. 또한, 그 과정에서 많은 즐거움을 누리고 있으며, 사람들에게 즐거움을 나눠줄 수 있고, 나 자신을 사람들에게 도움이 되는 사람으로 만들 수 있다. 이렇게 성장하는 내 모습에 긍지도 느낀다.

나는 마음을 관리하고 지배하며, 원하는 것을 이루고, 원치 않는 상황은 버리며, 원하는 상황은 받아들이는 법을 터득했다. 내가 원하는 상황이 아니라면 어떻게 해야 할까? 내가 원하는 환경을 만드는 것이다. 그것을 가능하게 하는 것은 명확한 목표와 상상력이다.

광신의 위험성

종교 및 정치에 대한 광신 또한 올바른 사고를 위협한다. 이 두 가지 형태의 광신에 우리 인간이 쏟는 무의미한 시간과 에너지가 안타깝다. 종교와 정치는 앞으로 어떤 일이 벌어질지를 두고 쓸모없이 싸운다. 실은 앞으로 어떤 일이 벌어질지 아무도 모르는데 말이다. 안다고 생각은 하지만, 실제로는 알지 못한다. (차라리 모르는 게 나을수도 있다. 불행한 미래라면 말이다.)

미국 정치의 경우, 민주당과 공화당 간의 차이는 무엇일까? 단지현재 누가 권력을 잡고 있고, 그렇지 않냐의 차이일 뿐이다. 그뿐이다. 농담으로 하는 말이 아니다. 내가 당신에게 민주당과 공화당의차이를 설명해보라고 한다면, 제대로 된 차이를 설명하기 어려워할수도 있다. 내가 발견한 유일한 차이는 어떨 때는 민주당이 정권을잡았다가 권력을 오용하고, 또 어떨 때는 공화당이 정권을 잡았다가권력을 오용한다는 점뿐이다. 정치가들이 분노와 증오가 얼마나 사회를 뒤흔드는지 보라.

우리는 워싱턴 정가에서 벌어지는 일들을 믿기가 힘들다. 정치적으로 상대방을 무너뜨리거나 입지를 세워주기 위한 정치적 술책일수 있기 때문이다. 정치가 얼마나 위험하고, 교묘하며, 정직하지 못한지 알기 때문에 진실에 도달하기란 어려운 문제다. 예전에 미국에서는 상대방을 '의원님'이라고 치켜세워 부르던 표현이 있었다. 지금 그렇게 하면 사람들은 좋아하기는커녕 멱살을 잡으며 불쾌해할것이다. 시대가 바뀌어 이제는 국회 의원이 세상에서 가장 신뢰할수 없는 사람들 가운데 하나가 됐다.

자신에게 질문하는 습관을 들여라

당신이 접하는 모든 사실과 사람들에 대해 만족스러울 때까지 질문하는 습관을 들이도록 하라. 의문점을 찾을 때는 입을 열어 말하지 말고 마음속으로 하라. 구두로 사람들에게 직접 물어보면 제대로 된 답을 얻을 수 없으니 조용히 자신에게 질문해서 스스로 답을 찾도록 하라.

당신이 구두로 질문하면 사람들은 당신이 원하는 것을 눈치채고 원하는 정보를 알려주지 않을 수 있다. 그러니 조용히 스스로 정보를 찾아보고 정확히 사고해보면, 답을 찾게 될 것이다.

말하기보다 듣기를 잘하는 사람이 되고, 들을 때는 정확히 사고하도록 하라. 말을 잘하는 사람인 것이 당신에게 이득일까, 아니면 남의 이야기를 잘 들어주는 사람인 것이 이득일까? 뛰어난 언변은 이 세상을 살아나가는 데 아주 큰 도움이 된다. 하지만 다른 사람의 말을 잘 듣고, 잘 분석할 수 있는 사람이 훨씬 더 이득이다. 들을 때는 정보를 얻지만, 말을 할 때는 자기 생각을 표현하기만 할 뿐이기 때문이다. 말을 잘함으로써 얻을 수 있는 것은 자신감에 불과할 뿐이다.

항상 자신에게 질문을 던지도록 하라. 그렇다고 해서 부정적이거나 의심 많은 사람이 되라는 것이 아니다. 모든 인간관계에서 정확한 사고를 기초로 해 사람들을 만나라는 것이다. 그러면 사람들과의 관계에서 만족스러움을 얻게 될뿐더러, 당신의 일이 더욱 성공할 것이다.

사람들과 눈치 있게 잘 어울리면 성급한 판단으로 어울릴 때보다 훨씬 더 많은 사람을 사귈 수 있다. 정확한 사고로 사람들을 만나면 그들 대부분이 당신에게 도움이 되는 사람들이 될 수 있다.

당신의 사고 습관은 사회적 유전과 육체적 유전의 결과물이다. 이 두 가지를 잘 살펴야 하고, 그중 특히 사회적 유전을 잘 살펴야 한다. 육체적 유전을 통해서 당신은 키, 피부결, 눈동자와 머리 색깔 등 모든 육체적인 형질을 조상에게서 물려받는다. 당신은 당신이 기억할 수 있는 것보다 훨씬 더 앞서 산 모든 조상의 총합으로, 좋은 유전적 형질과 나쁜 유전적 형질을 물려받는다. 육체적 유전에 대해서 당신이 할 수 있는 일은 없다. 이것은 날 때부터 정해져 있다.

현재의 당신을 구성하는 훨씬 더 중요한 요소는 당신의 사회적 유전이다. 사회적 유전이란 환경이 당신에게 주는 영향, 다시 말해서 당신을 둘러싼 환경 중 당신이 성격의 일부로 받아들인 부분들을 말한다.

대단히 기분이 좋지 않았지만 결국 교훈을 얻게 된 일화가 있다. 테네시주의 전 주지사 겸 상원 의원인 로버트 러브 테일러Robert Love Taylor는 정치에 입문하기 전에 잡지사 사장으로서 나를 기자로 뽑아서 성공한 사람들의 이야기를 쓰도록 했고, 그렇게 해서 결국 카네기를 만나게 됐다.

당시 그는 상원 의원으로 워싱턴에 있었고, 나는 그와 의원 회관 식당에서 같이 식사를 하며 정치에 관해 대화를 나누고 있었다. 그는 테네시주 출신이었고, 나는 옆에 붙어 있는 버지니아주 출신이었으며 둘 다 민주당원이었다. 우리는 죽이 잘 맞아서 그날도 민주주의에 대해 주거니 받거니 열띤 대화를 나누고 있었다. 그러던 중 그가 물었다.

"그런데 말이야, 나폴레온. 자네는 어떻게 민주당원이 됐나?"

"저희 할아버지도 민주당원이셨고, 아버지도 민주당원이셨고, 삼촌까지도 모두 민주당원이셨어요. 증조할아버지도 민주당원이셨고요."

"대단하군. 만약 자네 조상들이 말 도둑이었으면 자네는 불행했겠군."

나는 그의 말에서 그가 전하려는 핵심을 이해하지 못하고 화가 났었다. 당시에 나는 성숙할 만큼 나이가 들지 않았고 많은 인생 경험이 없던 때였지만, 그가 한 말의 의미에 대해 곧 생각해보게 됐다. 그가 하려던 말은 단지 나의 아버지나 할아버지라는 이유만으로 내가 그들을 따른다면, 내게는 아무런 선택권이 없다는 의미였음을 뒤늦게 깨달았다.

나는 그의 말 덕분에 이후로 더는 민주당원이 아니다. 그렇다고 공화당원이 된 것도 아니다. 나는 그저 정확한 사고를 하는 사람이다. 나는 공화당과 민주당이 각각 내놓는 정책 중에서 좋다고 생각되는 것을 받아들인다. 그 이후로 투표할 때는 한 번도 특정 정당에 내리 투표를 하지 않는다. 특정 정당에만 계속 투표하는 것은 내 지성에 대한 모독이다. 나는 선거에 나온 후보에 대해 면밀히 검토해서, 민주당이든 공화당이든 그가 속한 정당에 상관없이 가장 일을 잘할 것으로 생각되는 후보에게 표를 행사한다. 나는 언제나 지역 주민들과 국가를 위해 일을 잘할 것으로 생각되는 후보에게 투표하며, 정확한 사고를 하는 사람이라면 당연히 그렇게 할 것이라고 생각한다.

지침으로서의 양심

자신이 알고 있는 모든 지식과 사실을, 판단을 위한 근거로 다 써버렸을 때 양심은 좋은 지침이 될 수 있다. 양심을 공모자가 아닌 지침으로 삼도록 유의해야 한다. 많은 사람이 양심을 지침이 아닌 공모자로 삼고 있다. 다시 말해서 사람들은 나쁜 일을 하면서도 자신이 옳은 일을 하고 있다고 정당화하며 자신의 양심을 판다. 이렇게 양심은 공모자로 전락해버린다.

알 카포네와 만나 이야기를 했을 당시, 나는 정부가 범죄자인 그와 부정한 밀착 관계를 맺었었다는 사실을 듣고 몹시 놀랐다. 국민의 안위를 보살펴야 할 정부가 범죄자인 마피아 두목과 결탁해 범죄를 방조한 것이다. 정부로서 가져야 할 양심을 저버린 행위였다.

알 카포네 또한 자신의 양심을 버리고 많은 범죄를 저질렀다. 자신의 내면에 있는 양심의 목소리를 듣지 않으면 우리도 이처럼 양심을 버릴 수 있다. 양심은 지침으로써의 역할을 버리고 공모자로서 당신을 돕게 될 수도 있다.

정확한 사고를 위해 치러야 할 대가

당신이 정확한 사고를 하길 진심으로 바란다면, 반드시 치러야 할 대가가 있다. 그것은 돈으로 측정할 수 없는 대가다. 먼저, 당신의 감정을 이성을 통해 세심히 검토하는 법을 익혀야 한다. 그것이 정확한 사고를 위한 첫 번째 단계다. 당신의 감정이 가장 원하는 것이 당신이 바라는 목표 달성에 도움이 되는 것인지 세심히 검토해야 한다.

내가 아는 한 남자는 세상의 어떤 누구보다 한 여자를 사랑했다. 그녀에 대한 사랑은 집착이자 그의 중요한 목표가 됐다. 그의 청혼에 그녀는 거듭해서 거절하곤 했지만, 끈질긴 그의 구애에 못 이겨 마침내 청혼을 승낙해 이 둘은 결혼에 이르게 됐다. 하지만 두 사람은 곧 결혼에 대해 후회하게 됐고, 특히 남자의 경우가 더 심했다. 아내가 끊임없이 그에게 바가지를 긁었기 때문이었다. 오해가 없기를 바란다. 나의 경우가 아니다.

당신의 가슴이 원하는 것에 조심스러운 주의를 기울일 필요가 있다. 원하던 것을 얻게 될 때, 당신이 원하던 것이 전혀 아님을 깨닫게 될 때도 있기 때문이다. 앞서 말했던 유명 가수 빙 크로스비의 이야기를 다시 해보자. 그와 그의 매니저였던 동생은 5만 달러라는 목표를 세우고 목표를 이루면 은퇴하려고 마음먹었다. 하지만, 5만 달러를 이루고 나자 한 번만 더 5만 달러를 벌고 싶었다. 총 10만 달러라는 돈을 벌게 되자 이들은 이렇게 생각했다.

'세상에. 돈 벌기가 이렇게 쉽군. 100만 달러만 벌고 은퇴해야지.'

하지만 100만 달러를 벌자 또 100만 달러를 더 벌고 싶어 했다. 이들은 결국 자신들이 원래 바라던 소망을 버렸고, 이제는 언제 은퇴할지를 기약할 수 없다.

자신이 그토록 바라던 것을 얻은 대신 너무 많은 대가를 치른 사람들과 노력한 결과 마침내 원하던 것을 크게 이뤘지만 결국 지나친 욕심이 화근이 되어 삶의 균형을 잃어버린 사람들 등 이와 같은 사례는 수없이 많다.

이 성공학을 정립하는 과정에서 부를 이룬 사람들을 만나며 느낀 안타까운 점이 있었다. 비록 큰 부를 이뤘지만, 그들은 삶의 균형을 잃어버렸다. 돈과 돈으로 얻을 수 있는 권력에 지나치게 집착하게 됐기 때문이다. 우리가 삶을 살아가는 데는 사실 엄청난 돈은 필요 없다. 나 역시도 개인적인 삶을 살기에는 지나치게 많은 돈은 필요 없다. 다만, 나 자신이 아니라 이 성공학을 널리 보급해 전 세계의 많은 사람을 돕기 위해서는 많은 돈이 필요하다. 이런 경우라면 돈은 나뿐 아니라 누구의 삶에도 부정적인 영향을 끼치지 않을 것이다.

사실에 기반하지 않은 의견을 삼가라

사실 또는 당신이 사실이라고 믿는 것에 기반하지 않고 의견을 피력하는 습관을 피해야 한다. 당신이 사실 또는 사실이라고 믿는 것에 기반하지 않을 경우에 의견을 말할 권리가 없다는 말을 들으면 아마

선뜻 동의하지 못할 것이다.

물론 그래도 의견을 말할 권리는 있다. 다만, 사실 또는 당신이 사실이라고 여기는 것에 기반하지 않은 의견을 냄으로 인해 일어나는 일들에 대해서는 책임을 져야 한다.

많은 사람이 근거가 없는 의견으로 인해 인생에서 반복해서 바보같은 결과를 초래한다. 단지 당신이 좋아하는 사람이거나 아는 사람, 또는 당신에게 호의를 베풀었다는 이유만으로 주변 사람들의 영향을 쉽게 받는 습관을 버려야 한다.

당신이 최선을 다해 사람들을 도울 때, 많은 사람이 당신에게 신세를 지게 될 것이다. 나는 당신이 그러길 바라고, 거기에는 아무런 문제가 없다. 하지만 반대의 경우를 생각해보자. 당신이 누군가에게 신세를 졌을 경우, 단지 신세를 졌다는 이유만으로 그 사람들의 영향을 쉽게 받지 않도록 주의해야 한다. 누군가에게 도움을 주는 일은 좋은 것이지만, 누군가의 도움을 받는 것 또한 우리에게 신세를 갚아야 할 빚을 남긴다.

토마스 에디슨의 유일한 사업 동료였던 에디 반스Ed Barnes와 나는 지난 40년간 친구로 함께 시내 이곳저곳에 있는 식당과 카페에서 식사와 차를 즐기곤 했다.

나는 그와 만나며 단 한 차례만 비용을 지불할 수 있었다. 예전에 나와 에디, 그리고 나의 비서는 함께 야구 경기장에 갔던 적이 있다. 나는 비서를 보내 표를 끊게 해서 그날 유일하게 에디는 비용을 지불하지 못했다. 어느 날 나는 그에게 물었다.

"왜 자네가 항상 계산하려 하는지 궁금하네."

"음. 솔직히 말하겠네. 이제는 자네가 내게 신세를 지게 하고 싶어서였네. 내가 오래전에 자네에게서 신세를 졌기 때문에 오랫동안 그 신세를 갚으려고 했던 것이지. 그리고 이제는 자네가 내게 밥값으로 신세를 져서 예전에 자네가 1백만 달러를 벌도록 내게 도움을 줬다는 사실로 바가지를 긁지 않도록 하려고 했지."

그의 말에 일리가 있었다. 내게 지나치게 큰 신세를 지고 싶지 않아서 밥값 계산으로 신세를 갚고 싶었던 것이다. 물론 내가 하려고만 하면 그보다 더 빨리 계산할 수도 있다. 하지만 내가 계산하고 싶어도 못할 때가 있다. 한번은 같이 식사를 했는데, 만약 내가 계산을 해야 했다면 내 지갑에 가진 돈으로는 계산할 수 없을 정도의 식사비가 나온 적이 있다.

당신에게 도움을 줌으로써 당신이 갚아야 할 마음의 빚을 남기고, 영향력을 미치는 사람들의 숨겨진 동기는 혹시 없는지 점검하는 습관을 들이도록 하라. 사람들과의 관계에서 사랑의 감정이든 증오의 감정이든, 이 두 가지 감정 모두는 당신의 생각에 불균형을 초래할 수 있기 때문에 판단에 주의해야 한다.

화가 난 상태에서는 결정을 미루라

화가 난 상태에서는 중요한 결정을 내리지 않아야 한다. 예컨대, 화가 나 있을 때는 아이들을 혼을 내서는 안 된다. 열에 아홉은 아이들에게 잘못된 행동과 말이 나가서 득보다는 실이 많을 것이기 때문이다. 성인의 경우에도 마찬가지다. 화가 난 상태에서는 결정을 내리지 말라. 그럴 때는 사람들에게 어떤 주장이 담긴 말을 하지 않아야 한다. 당신의 말이 화살이 되어 되돌아와 많은 상처를 줄 것이기 때문이다.

그래서 우리는 앞서 자제력에 대해 살펴봤다. 화가 났을 경우에 자제력을 발휘해야 한다. 정확한 사고를 하려면 자제력을 가져야 하고, 내심 하고 싶은 말과 행동을 상당 부분 자제해야 한다. 화가 완전히 가라앉을 때까지 기다려야 한다. 올바른 판단, 올바른 말과 행동을 할 수 있는 때가 있다.

정확한 사고를 하는 사람들은 버럭 화를 내지 않고, 생각 없이 말하지 않는다. 그들은 말하기에 앞서 자신이 하는 모든 말이 상대방에게 미치는 영향을 세심하게 고려한다.

최근에 나는 우리 회사의 내부 모임에서 이야기할 기회가 있었다. 그 자리에서 스톤은 최근에 신의를 저버린 행동을 한 직원들에 대해 징계를 내린 사건에 관해 이야기했다. 이적 행위를 한 직원들이 있었는데, 다행스럽게도 모든 상황이 올바르게 정리됐고 더 이상의 이적 행위는 벌어지지 않는다.

모든 일은 적절하게 처리됐다. 그 과정에서 잘못한 직원들에 대한 인신공격은 이루어지지 않았고, 직접적인 잘못을 한 직원만 징계를 받았다. 아무것도 알지 못한 상태에서 그 일에 무고하게 관련됐던 직원들에 대한 부당한 징계는 없었다.

잘못됐더라면 우리 회사를 산산조각냈었을 일이었지만 스톤과 나는 감정에 휩쓸리지 않고 상황을 차분하게 처리했다. 우리는 상황에 대한 처리를 이런 식으로 해야 한다는 것을 알고 있었고, 그에 따라 무리 없이 상황을 잘 마무리 지었다. 그 일로 인해 부당하게 피해를 보는 사람이 없었고, 더 이상의 문제도 벌어지지 않았다.

나는 직원들을 비난할 수도 있었고, 심하게 몰아붙일 수도 있었다. 하지만 나는 정확한 사고를 하지 않는 사람이 했을 법한 행동과 말을 하지 않았다.

이 성공학을 제대로 배우고 실천하는 사람이라면 불쾌한 상황이 벌어지더라도 올바르게 처신할 수 있다. 당신 자신과 당신의 판단과 행동에 영향을 받는 사람들 모두에 대해 올바른 말과 행동을 하게 될 것이다. 나는 어떠한 상황에서도 사람들의 마음에 상처를 주는 말과 행동을 하고 싶지 않다. 나 자신과 수많은 사람을 도우려는 일을 지키는 경우를 제외하고는 누구에게도 상처를 주지 않을 것이다.

나의 회사와 성공 철학, 그리고 성공 철학을 사람들에게 전하는 나의 능력을 위협하는 사람들에 대해서는 필요하다면 불같이 일어나 싸울 것이다. 이 성공 철학은 나를 포함한 모든 이들보다 훨씬 큰 것이기 때문이다.

요약

다른 사람에게서 좋은 습관과 장점을 받아들이려면, 당신의 삶의 주요 목표와 맞는 것들만을 받아들이도록 연습해야 한다. 단지 그 사람이 존경스럽다는 이유만으로 상대방의 방식을 받아들여서는 안 된다. 상대방에게서 당신의 삶의 목표와 적합한 것들만을 받아들이도록 하라. 결정을 신속히 하는 연습을 하되, 그 결정이 당신의 계획과 다른 사람들에게 미치는 영향을 신중하게 고려한 후 결정하라.

우리는 자신에게는 이익이 되지만 다른 사람에게는 이익이 되지 않고, 심지어 해가 되는 많은 일을 할 수 있다. 하지만 그런 일을 해서는 안 된다. 결국 그 대가를 치르게 되기 때문이다. 모든 것은 자신이 다른 사람에게 한 대로 자신에게 돌아오기 때문이다. 그리고 더 큰 것으로 돌아온다.

이것이 정확한 사고를 할 때 고려해야 할 또 한 가지 사항이다. 이 성공학을 철저히 습득한 후에는 부메랑이 되어 돌아올 당신에게 해가 될 말과 행동을 다른 사람에게 하지 말라.

다른 사람의 주장을 사실로 받아들이기에 앞서, 그 사람에게 어떻게 그 '사실'을 알게 됐는지 확인하도록 하라. 사람들의 의견을 들을 때는 어떻게 그 의견이 맞다고 생각하는지 물어보도록 하라. 누군가 자신의 의견을 말한다면, 그 의견은 내게 조금도 영향을 미치지 못할 것이다. 나는 의견이 아닌 사실을 원하고, 그 사실에 기반해 내 의견을 세울 것이기 때문이다. 정확한 사고를 하는 사람들은 사람들에게서 사실을 얻고, 그 사실을 종합해 판단을 내리고 자신의 의견을 형성한다.

어떤 사람이 다른 사람에 대해 하는 경멸 섞인 말은 특별히 주의해서 확인해야 한다. 그런 말은 편견이 들어가 있지 않을 수 없다.

당신이 내린 결정이 잘못된 것으로 드러났을 경우, 자신의 결정을 정당화하려는 습관을 버리는 연습을 해야 한다. 정확한 사고를 하는 사람들은 그런 정당화를 하지 않는다. 자신의 결정이 잘못됐다는 것을 알게 되면 바로 결정을 수정한다.

변명과 정확한 사고는 결코 양립할 수 없다. 많은 사람이 자신의 잘못과 부주의에 대해 변명을 아주 잘 하지만, 그 변명을 뒷받침할 만한 믿을 수 있는 근거가 있지 않으면 주장은 통할 수 없다.

정확한 사고를 하는 사람은 "~이라고들 해요." 또는 "~라고 들었어요."라는 표현을 절대 사용하지 않는다. 당신이 반복해서 듣는 어떤 것이 있다면 출처를 확인하고 믿을 수 있는 내용인지 확인하라. 내가 당신에게 신이 존재한다는 것을 알고 그 이유는 무엇인지 말한다면, 나는 정보의 출처를 제시하고, 당신이 이해할 수 있는 말로 설명할 것이다. 내가 공화당원 또는 민주당원임을 당신에게 말한다면, 내가 왜 특정 당의 당원이며 그 이유는 무엇인지 말하는 편이 좋다.

정확한 사고를 하기란 쉽지 않다. 하지만 정확한 사고를 하려고 노력하는 만큼 얻는 대가가 있고, 정확한 사고를 게을리하는 데 따라 치러야 할 대가가 있다. 정확한 사고를 하지 않으면 사람들은 당신을 이용하려 든다. 삶에서 얻을 수 있는 즐거움과 행복이 그만큼

줄어들게 된다. 정확한 사고를 하지 않으면 결코 균형 잡힌 판단을 내리지 못한다.

정확한 사고를 위해서는 일련의 원칙을 따라야 한다. 그 원칙들에 대해 이번 장에서 설명했다. 여러 번 주의 깊게 읽고, 필요한 내용은 메모해서 이제부터 정확한 사고를 하길 바란다. 사실과 허구를 구분하고, 다시 사실을 중요한 사실과 중요하지 않은 사실로 구분하라.

정확한 사고를 위한 몇 가지 간단한 원칙들은 당신의 삶에 대단히 유용할 것이다. 사실과 허구를 구별해서 어떤 것이 사실인지 확인하라. 그리고 그 사실들을 다시 구분해서 시간을 낭비하게 만드는 중요하지 않은 사실은 버리고, 중요한 사실을 바탕으로 사고하라.

NAPOLEON HILL'S

MASTER COURSE

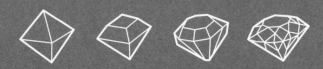

12

집중력

명확한 목표에 대한 강박적인 열망은

우리의 동기를 움직이는 핵심이다.

동기를 움직이는

강박적인 열망과 강박적인 목표가 없으면

동기는 제대로 된 힘을 가질 수 없다.

이 장에서 살펴볼 주제는 집중력이다. 나는 한 번에 한 가지에 집중하는 강한 집중력 없이 성공한 사람을 단 한 사람도 본 적이 없다.

우리는 한 가지에 몰두하는 사람을 외곬수라고 놀리곤 한다. 누군가 내게 외곬수라고 말한다면 그 말에 감사할 것이다. 많은 사람이 한 번에 한 가지에 집중하지 못하고 한 번에 여러 가지를 생각하느라 어느 한 가지도 제대로 하지 못하는 반면, 나는 그렇지 않을 것이기 때문이다. 성공한 사람들을 만나면서 그들은 한 번에 한 가지에 마음을 집중하는 능력을 크게 개발한 사람들임을 알게 됐다.

나는 매일 하루 24시간 중 한 시간의 '고요한 시간'을 가진다. 이 시간 동안 내 마음속에 있는 높은 벽 너머로 물러나 마음을 집중해 온전히 무한한 지성과 교감한다.

또한, 이 시간 동안 마음을 집중해 어제와 오늘, 그리고 다가올 내일에도 변함없이 언제나 나를 이끌어주는 여덟 명의 각 방면의 멘토들과 교감하고 감사를 표한다.

이런 고요한 시간이 의미 없어 보일 수도 있지만, 내게 이 시간은

24시간 중 가장 도움이 되는 시간이다. 이 시간 동안 나는 명상을 통해 인생에서 얻을 수 있는 더 높은 성취와 바라는 것들에 대해 생각해볼 수 있다.

자기 자신과 만나는 것은 놀라운 경험이다. 올바른 마음 자세를 가지면 자신을 만날 수 있다. 이것은 목표와 사전의 숙고 과정이 있어야 가능한 일이다.

각 가닥이 모여 하나의 밧줄을 이루듯, 집중력을 가능하게 하는 각 원칙을 이번 장에서 하나하나 살펴보도록 하자. 비록 각 가닥은 작지만 하나가 되면 튼튼한 밧줄이 되는 것처럼, 각각의 원칙을 지킨다면 강력한 집중력을 얻게 될 것이다.

자기 암시

자기 암시 또는 자기 최면은 모든 집중력의 기초를 이룬다. 올바른 목표를 위해서 자신에게 최면을 걸면 자기 최면은 놀라운 힘을 발휘한다. 하지만, 올바르지 않은 상황과 목표를 위해서 최면을 걸면 자기 최면은 그 힘을 발휘하지 못한다. 많은 사람이 두려움, 자기 한계, 욕망, 불신, 신념 부족으로 자신에게 최면을 건다. 한 번에 한 가지에 집중하는 법을 익히면, 당신이 집중하는 것을 이미 소유하고 있는 모습이 마음속에 그려질 것이다.

자기 암시 또는 자기 최면을 두려워하지 마라. 대신에 당신이 원하는 삶의 모습과 성공을 위해 자기 암시를 사용하지 않음을 두려워하라.

모든 집중력의 출발점은 아홉 가지 기본적인 동기이다. 다시 말해서 동기가 없는 것에 대해서는 집중하지 않아야 한다.

예를 들어 당신이 전원주택 또는 토지를 살 수 있는 돈을 원한다고 하자. 그 목표에 집중하면, 전에는 전혀 생각해보지 못했던 돈을 벌 수 있도록 습관이 바뀌고 기회가 오는 것에 놀라게 될 것이다. 나는 그런 경험을 직접 했다. 몇 해 전, 120만 평 규모의 토지를 사길 원했다. 당시 나는 120만 평이 얼마나 큰지도 잘 몰랐지만, 120만 평 크기의 땅에 집중했다. 내가 원하는 땅을 사려면 대략 25만 달러가 필요했고, 당시 가진 돈보다 큰 금액이었다. 하지만 그만한 크기의 땅을 사려고 마음을 먹은 날부터 기회의 문이 열리기 시작했다. 내 저서들에 대한 저작권 수입이 증가하기 시작했고, 강의 요청과 사업 상담 의뢰 또한 늘어나기 시작했다. 모두 내가 나에게 한 자기 암시에 맞는 결과였다. 나는 그 땅을 사기 위한 돈을 벌어야 하며, 벌 것이라는 자기 암시를 했었다.

하지만 원래 목표였던 120만 평이 아니라 73만 평의 땅을 사게 됐다.

"120만 평 규모의 땅은 현재 이 부근에서 나와 있지 않고, 대신에 73만 평 크기의 땅이 매물로 나와 있습니다. 그런데 73만 평이 얼마나 큰지는 아십니까?"

"대략 알고 있어요."

"저와 같이 가서서 한번 땅을 돌아보시겠어요?"

우리는 방울뱀을 쫓을 수 있는 골프채를 하나씩 들고 아침부터 걷기 시작했다. 정오가 될 때까지 걷고 또 걸었지만 불과 전체 면적의 절반 정도만 볼 수 있었다. 정오가 되자 그가 말했다.

"이제 겨우 절반을 본 겁니다."

"여기까지만 보기로 하고 이제 그만 돌아가죠."

73만 평이라는 땅은 정말 어마어마하게 컸다.

내가 그 땅을 사고 나자 바로 1929년에 대공황이 시작돼 1930년, 1931년까지 이어졌다. 힘든 시기를 보내긴 했지만, 결국 그 땅에 대한 비용을 감당하기에 충분한 돈을 벌었다. 만약 내가 목표에 집중하지 않았다면 그 땅을 가지지 못했을 것이다.

집중력과 명확한 목표

명확한 목표에 대한 강박적인 열망은 우리의 동기를 움직이는 핵심이다. 동기를 움직이는 강박적인 열망과 목표가 없으면 동기는 제대로 된 힘을 가질 수 없다.

평범한 목표, 열망 그리고 강박적인 열망 간의 차이는 무엇일까? 그것은 바로 집중력이다. 다시 말해서, 평범한 소망과 바람은 현실이 되는 힘이 약하지만, 불타는 열망과 강박적인 열망은 우리를 실행하게 만든다. 그 열망의 힘이 당신에게 필요한 것과 바라는 것을 끌어온다.

강박적인 열망을 키우려면 어떻게 해야 할까? 한 가지를 택해서 집중적으로 생각해야 한다. 식사할 때는 식사에 집중하고, 잠잘 때는 편히 잠자리에 들려고 노력하고, 이야기할 때는 이야기에 집중해야 한다. 당신이 원하는 것을 계속해서 자신에게 이야기하라. 당신의 잠재의식에게 바라는 것을 반복해서 이야기하라. 원하는 목표를 분명히 하고 또다시 분명히 하라. 그렇게 해서 당신의 잠재의식이 당신이 기대하는 결과를 분명하게 알도록 하라.

삶에 대한 주도적인 자세와 체계적인 노력은 집중력 있는 실행을 불러오고, 실행하는 믿음은 실행을 지속하게 하는 힘이다.

다시 말해서, 실행하는 믿음이 없으면 상황이 힘들어질 때 힘이 빠지거나 포기해버리기 쉽다. 실행하는 믿음이 있으면 상황이 어렵고 바라는 결과가 나오지 않을 때에도 실행을 멈추지 않게 된다.

장애나 반대에 부딪히지 않고 처음부터 성공한 사람을 본 적이 있는가? 처음부터 무난히 성공하는 사람은 드물다. 모든 사람에게는 힘든 순간이 찾아오기 마련이다. 성공학을 가르치는 강사라면 내가 그랬던 만큼 힘들지는 않을 것이다. 우선 나는 이 철학을 정립해야 했고, 가르쳐야 했으며, 10년간 이 강의를 전달하는 방법과 성공학의 내용을 계속해서 발전시켜야 했기 때문이다.

성공학의 각 내용에는 당신이 집중해야 할 엄청난 정보들이 담겨 있다. 적절한 비유가 아닐 수도 있지만 나는 이미 내 입으로 음식물을 잘게 씹어서 당신이 쉽게 먹을 수 있도록 모든 준비를 해놓았다.

성공을 위한 각 원칙이 이 책에 상세하면서도 명확하게 담겨 있다. 당신이 해야 할 일은 단지 거듭해서 각 페이지의 내용을 보며 익히고, 손으로 필기하며 정리하는 것이다. 집중해서 각 원칙을 이해하고 필기하며 정리하라. 완전히 당신의 것으로 소화하려면 여러 번 반복해서 봐야 할 것이다. 각 원칙에 대해서 집중하고 생각해보는 시간을 가지도록 하라. 한 원칙에 집중하는 도중에 다른 원칙들에 마음을 뺏겨 집중력을 잃지 않도록 하라. 한 번에 한 가지 원칙에 집중해서 생각하고 정리하도록 하라.

마스터 마인드와 집중력

마스터 마인드는 확실한 성공을 위해 필요한 동맹의 힘이다. 다른 사람들의 두뇌, 영향력, 교육적 배경이나 직업적 경력 등의 마스터 마인드의 도움 없이, 뛰어난 성공을 거둘 수 있을까? 다른 사람들과의 협력 없이 뛰어난 성공을 거뒀다는 사람의 이야기를 들어본 적이 있는가?

나는 그런 사례를 들어본 적이 없다. 성공학을 연구하고 가르치면서 다른 사람들의 두뇌와 협력, 때로는 재정적인 지원 없이도 뛰어난 성공을 거둔 사람들을 단 한 사람도 보지 못했다.

당신이 진행하려는 사업의 규모가 대단히 커서 혼자 사업을 추진하기에 충분한 사업 자금이 없다면, 다른 사람들이 자금을 출자해 당신의 사업을 돕고 성공적인 사업 결과에 따른 수익을 공유해야 한다. 이것이 대기업이 사업을 영위하는 방식이다. 대기업들은 소수의 사람이 지분을 출자한 포드 자동차를 제외하고는 대개 주식 시장에 상장하는 방식을 택하고 있다. AT&T와 철도 회사들과 같은 대부분의 대기업은 수천수만 명의 주주들이 돈을 출자해 주식을 통해 회사를 소유하고 있다. 이와 같은 마스터 마인드 형태의 재정적인 협력 없이 대기업들은 사업을 추진할 수 없다.

보통 이상의 성과를 목표로 한다면 당신의 집중을 위한 마스터 마인드 연합이 필요하다. 실패하고자 한다면 사람들의 도움 없이 혼자서 집중하고 노력하면 된다.

성공하고자 한다면 내가 제시하는 집중력에 대한 원칙들을 따라야 한다. 그렇지 않고서는 절대로 성공할 수 없다. 이들 각 원칙을 하나라도 소홀히 해서는 안 된다.

자제력은 올바른 방향으로 계속해서 나아갈 수 있도록 해주는 파수꾼이다. 상황이 어려울 때, 반대와 장애물에 부딪힐 때, 이를 헤쳐 나가려면 욕망을 자제할 수 있는 자제력이 필요하다.

힘들다는 이유만으로 중간에 멈추지 않으려면, 신념과 단호한 결심을 유지하게 해줄 자제력이 필요하다. 자제력이 있지 않고서는 집중할 수 없다. 물론, 전혀 어려운 상황에 부딪히지 않고 모든 것이 잘 돼가고 있다면 집중도 쉽게 할 수 있겠지만 말이다.

창의적인 비전

창의적인 비전 또는 상상력은 집중력 있게 현실적인 계획을 실행에 옮기도록 하는 설계자 역할을 한다. 집중해서 실행하기에 앞서 먼저 계획이 있어야 하고, 계획을 입안하는 입안자가 있어야 한다. 그 입안자는 당신의 상상력이고 마스터 연합의 상상력이다.

아주 그럴듯한 목표는 있지만 그것을 실행에 옮길 제대로 된 계획이 없어서 실패한 사람들의 이야기를 들어보지 않았는가? 이것이 사람들이 저지르는 흔한 패턴이다. 사람들은 아이디어는 있지만 그것을 실행에 옮기게 해줄 제대로 된 계획을 세우지 않는다.

최선을 다해 다른 사람에게 도움을 주는 것은 사람들로부터 협력을 얻을 수 있는 원칙이다. 사람들을 위해 최선을 다하는 자세는 집중해서 일할 때 필요하다. 다른 사람들이 당신을 돕도록 하려면, 당신이 먼저 다른 사람에게 도움이 되는 사람이 되어야 한다. 당신에게 사람들이 신세를 갚고 싶게 하는 동기를 생기게 해야 한다. 당신의 마스터 연합조차도 동기가 없으면 당신을 도우려고 하지 않을 것이다.

당연히 가장 큰 동기는 경제적 이득에 대한 갈망이다. 모든 사업과 직업에서 경제적인 이득은 사람들이 가지는 가장 큰 동기다. 사업을 시작하려고 하는데(사업의 주요 목적은 돈을 버는 것이다.) 중요한 역할을 하는 사람들에게 충분한 보상을 해주지 않으면, 그들은 당신 옆에 오래 머물지 않는다. 그들은 독립해서 자신이 직접 사업을 운영할 것이다. 그리고 당신의 경쟁자가 될 것이다.

나는 앤드류 카네기가 찰스 슈왑Charles Schwab(찰스 슈왑은 세계 최초로 연봉 1백만 달러 이상을 받은 사람이다—옮긴이)에게 1년에 7만 5,000달러의 급여를 주고, 100만 달러의 보너스를 지급하는 해도 있다고 말하는 것을 듣고 놀란 적이 있다. 나는 뛰어난 지성의 소유자인 카네기가 슈왑에게 급여의 열 배 이상이나 되는 보너스를 지급하는 이유가 궁금해서 그에게 물었다.

"카네기 씨, 왜 그렇게 많은 보너스를 주시나요?"

"그렇지 않으면 그가 회사를 나가서 자신이 직접 회사를 만들고 나와 경쟁할 수도 있으니까요."

그 말에는 많은 의미가 담겨 있었다. 찰스 슈왑은 카네기에게 아주 중요한 사람이었고, 카네기는 계속해서 그가 자신을 위해서 일하기를 바랐으며, 독립해서 자신이 직접 사업을 운영하며 버는 돈보다 카네기와 함께 일할 때 더 많은 돈을 벌 수 있다는 사실을 그에게 알려주고 싶었던 것이다.

정확한 사고는 우리가 현실과 동떨어진 계획을 세우지 않도록 해준다. 대부분의 사고는 현실과 동떨어진 계획과 희망, 소망 세우기에 불과하다. 많은 사람이 꽤 많은 시간을 현실과 동떨어진 계획과 희망, 소망 세우기로 시간을 낭비한다. 그리고 계획을 실행하기 위한 구체적인 실행은 좀처럼 하지 않는다.

오래전, 아이오와의 한 도시에서 강의했을 때다. 강의를 마치고 한 노인이 쇠약한 몸으로 비틀거리며 내게 다가왔다. 그는 주머니를 뒤지더니 꾸깃꾸깃하게 접힌 종이 하나를 내밀며 말했다.

"당신의 강의에는 하나도 새로운 것이 없어요. 나는 20년 전부터 이미 알고 있었어요. 이 종이에 적혀 있는 대로요."

물론 그 또한 내가 강의에서 말한 내용을 이미 알고 있었을 것이다. 수백만 명의 다른 사람들 역시 그와 마찬가지다. 하지만 그는 자신이 머릿속으로 생각한 것을 실행하지 않았다.

이 성공학에는 보상의 법칙 한 가지를 제외하고는 하나도 새로운 부분이 없다. 보상의 법칙조차도 랄프 왈도 에머슨이 말한 보상의 개념을 사람들이 이해할 수 있는 언어로 재해석한 것이다.

그 노인은 오랜 세월 동안 자신의 아이디어를 주머니 속에 가지고만 있었다. 내가 성공학을 정립해 사람들에게 알리는 일을 시작하기 전에 나보다 먼저 자기의 생각을 사람들에게 알렸더라면 나처럼 됐을 것이다.

역경의 힘

실패에서 얻은 교훈은 어려울 때 우리가 멈추지 않도록 해주는 힘이 된다. 실패와 역경은 그것을 딛고 일어섰음에도 불구하고 우리를 다시 찾아왔을 때 좌절하지 않고 버티게 해준다. 힘든 경험은 훗날의 힘이 된다.

나는 대공황을 겪으며 전 재산을 잃었고 처음부터 다시 시작해야 했다. 그리고 그 경험은 나에게 성공을 위한 큰 자산이 됐다. 지나치게 많은 돈을 너무 쉽게 벌며 점점 자만심에 빠져 가고 있던 내게, 당시의 힘든 경험은 큰 축복이었다.

나는 다시 일어나기 위해 역경에 맞서 싸웠고, 결국 예전보다 훨씬 더 성공할 수 있었다. 그런 경험이 없었더라면 계속해서 저술하고 강연하는 대신에 전원주택에 은둔해 있었을 것이다.

축복은 때론 역경으로 그 모습을 감추고 나타난다. 우리가 올바른 태도를 가지면 축복은 감추었던 모습을 드러내기 시작한다. 마음속에서 실패에 굴하지 않는 한, 우리는 실패하거나 좌절하지 않는다. 힘든 점 대신에 자신이 배울 수 있는 점에 집중하면 역경은 축복의 씨앗이 된다. 다시 똑같은 실수를 하지 않기 위해 실수에 대해 분석하고 배우려는 목적 외에는 자신이 한 실수에 대해 곱씹으며 시간을 낭비하지 마라.

자제력을 잃지 않고 집중하기 위해서는 이 성공학의 많은 다른 원칙들을 종합적으로 실천해야 가능하다. 인내력, 다시 말해서 끈기는 이 모든 원칙을 실행할 때 지켜야 할 덕목이다. 자제력을 잃지 않는 집중은 명확한 목표의 쌍둥이다.

명확한 목표와 목표 실행에 대한 집중이라는 두 가지 원칙을 실행하면 어떤 결과가 나올까? 명확한 목표에 집중하면 당신의 마음과 뇌, 그리고 성격에 어떤 일이 벌어지게 될까?

집중이란, 많은 시간을 들여 명확한 목표를 달성하는 모습을 그려 보는 것이다. 목표 달성을 위한 계획을 설계하며, 계획 실행의 첫 번째 단계부터 두 번째, 세 번째 단계를 하나씩 밟아 나가는 것이다. 매일 이렇게 집중하다 보면 명확한 목표에 조금 더 가까이 다가서게 될 기회들을 발견하게 될 것이다. 자신이 무엇을 원하는지를 알면, 원하는 것과 관련된 수많은 기회를 발견하게 된다.

몇 해 전 플로리다에 살았을 때, 우체국에 있는 나의 우편 보관함으로 매우 중요한 우편물이 도착할 예정이었다. 나는 뉴욕의 한 은행과 통화해서 그 사실을 알고 있었다. 정오가 되기 전에 우편물을 받아야 함에도, 아직 도착하지 않은 상태였다.

나는 친구인 우체국장과 통화해서 우편물이 1번 고속도로 선상의 어딘가에서 오고 있다는 말을 들었다.

"자네가 직접 가서 배달 중인 우체부를 만나지 않는 한, 정오 전에 우편물을 받아보지 못할 걸세. 대략 어디쯤 지나고 있을지 번지수를 말해줄 테니 직접 가보게."

1번 고속도로는 내가 시내에서 집까지 다니며 매일 이용하는 곳이었다. 평소에는 유심히 보지 않았던 각 집의 번지수가 그때부터 중요해지기 시작했다. 나는 30미터 간격으로 줄지어 있는 집들에 걸린 번지수를 보며 우체국장이 알려준 대략적인 번지수를 찾았다.

그리고 결국 그 근처에서 우편물을 배달하고 있는 우체부를 발견했다. 마침 월요일이라 그가 배달하는 우편물은 한가득이었다. 그에게 우편물을 찾아봐 달라고 부탁했지만 그는 이렇게 말했다.

"찾아봐 드릴 수가 없습니다. 우편물이 너무 많아서 도저히 찾을 수 없을 거예요."

"그 우편물을 꼭 찾아야 합니다. 틀림없이 여기 있을 거예요. 우체국장님이 당신을 찾아서 우편물을 찾아보라고 말했어요. 믿지 못하시겠으면 전화를 해보셔도 좋습니다."

"아무리 그래도 그건 불법입니다."

"불법이든 아니든 저는 그 우편물이 꼭 있어야 해요. 당신도 해야 할 일이 있겠지만, 저도 제가 해야 할 일이 있어요. 당신의 일도 중요하지만, 제 일도 중요합니다. 우편물을 찾는다고 해서 당신에게 해가 되는 일은 없을 거예요. 조금만 시간을 내서 해주시면 됩니다."

"이런, 참. 알았습니다."

마침내 그는 우편물을 찾기 시작했고, 바로 내 우편물을 찾아냈다. 당신이 무엇을 원하는지 알고, 마음의 결심이 있으면 그것을 이루기란 생각보다 어렵지 않다.

자신이 무엇을 원하는지를 알고 그것을 성공적으로 이뤄내는 사람들은 집중의 결과가 어떤 것인지를 여실히 보여준다. 그들을 가로막을 것은 어떤 것도 없다. 그들은 어떤 반대와 장애에도 굴복하지 않기 때문이다.

나는 뛰어난 사업가이자 나의 사업 동료 스톤이 영업 사원들에게 말하는 것을 들을 때마다 놀라곤 한다. 그는 결코 '안 된다.'는 자세와 상황을 받아들이지 않는다. 그는 오랫동안 '노No'를 '예스Yes'로 받아들였다. 그가 이룬 결과들이 이를 보여준다. 그는 내가 아는 사람 중에서 누구보다 가장 자신이 원하는 목표에 명확했고, 거절을 받아들이길 단호기 거부했다. 다시 말해서 그는 앞을 가로막는 장애물을 넘거나, 피해서 가거나, 무너트리면서 결코 멈추지 않고 앞으로 나아간다. 그것이 바로 집중력의 힘이다. 집중력은 명확한 목표를 실행해내는 힘을 가진다.

성공하는 사람들의 특징, 집중력

집중을 통해 성공을 이뤄낸 사람들을 살펴보도록 하자. 헨리 포드부터 살펴보면 그의 대단한 집념과 목표는 모든 사람이 알 정도였다. 그가 자신의 명확한 목표에 집중한 결과, 수많은 사람이 그가 만든 자동차를 매일같이 타고 다니고 있다. 그는 자기의 생각에 반대하는 사람들에게 굴복하지 않고, 저가이면서도 믿을 만한 자동차를 만들어 냈다. 많은 마케팅 전문가들이 포드에게 화려한 마케팅 전략을 제시했지만, 그의 해답은 언제나 저가의 믿을 만한 품질의 자동차가 최고의 마케팅 전략이라는 것이었다. 그는 그 명확한 목표 이외에는 관심을 두지 않았다.

그는 어려움 속에서도 자신의 목표를 끝까지 지킨 결과, 놀라울 정도의 부를 이룰 수 있었다. 포드가 시작했을 때보다 더 많은 돈을 투입해서 자동차 산업에 뛰어든 수많은 사람이 실패의 무덤에 묻히게됐고, 현재 그들의 이름을 기억하는 사람들은 거의 찾아볼 수 없다.

이들은 모두 포드보다 더 나은 교육을 받았고, 더 나은 개성을 가진 사람들이었으며, 한 가지를 제외한 모든 면에서 포드보다 훨씬 더 많은 것을 가지고 있었다. 그들은 어려움 속에서도 끝까지 노력하지 않았다. 힘든 시기에 포드가 지켰던 명확한 목표를 그들은 지키지 않았다.

발명 분야에서는 에디슨이 집중의 놀라운 결과를 잘 보여주는 사례다. 에디슨이 천재라고 불리는 까닭은 어려움에 부닥쳤을 때 포기하지 않고 최대한으로 최선을 다해 노력했기 때문이다.

수만 번의 실패에도 불구하고 그가 탄생시킨 백열등을 생각해보자. 머리가 어떻게 되지 않고서는 같은 실험을 1만 번이나 반복한다는 것을 일반적인 사람들은 상상하기 힘들다. 나는 에디슨이 1만 번이나 실험을 반복했다는 이야기를 듣고 그의 실험 일지를 살펴봤다. 각각 250페이지 분량의 두 권의 일지에는 빽빽이 매일의 실험 결과가 적혀 있었다. 각 장에는 그가 시도했던 각기 다른 실험 계획들과 결과가 기록돼 있었다.

"에디슨 씨, 만약 백열등에 대한 해법을 찾지 못했다면 지금 무엇을 하고 계실 거로 생각하시나요?"

"당신과 함께 시간을 낭비하는 대신에 실험실에서 실험하고 있었을 겁니다."

나의 질문에 크게 웃으며 대답했지만, 그의 말은 진심이었다.

또 다른 예로 윌리엄 리글리 주니어William Wrigley Jr.를 들 수 있다. 그 유명한 리글리 껌을 만든 장본인인 그는, 내가 처음으로 성공학 강의를 통해 돈을 벌게 해준 사람이기도 했다. 나는 그를 통해 처음으로 강의 대가로 100달러라는 돈을 벌 수 있었다. 지금도 시카고의 강변 옆에 있는 그의 본사 건물을 지나갈 때마다, 그가 5센트짜리 츄잉 껌에 기울인 노력을 떠올리지 않을 수 없다.

무한한 지성의 도움

무한한 지성은 당신이 포기하지 않는 모습을 보면 당신의 편을 들어줄 것이다. 어려움에도 굴하지 않고 멈추지 않고 앞으로 나아가면, 무한한 지성은 당신을 도우려고 한다. 무한한 지성은 당신의 신념, 주도적인 자세, 열정, 끈기가 검증되는 것을 모두 본다. 그래서 당신이 시험들을 통과하고 불굴의 의지를 보이면 당신을 돕는다. 무한한 지성은 당신이 포기하지 않고 어려운 상황을 뚫고 나아가면 당신의 편이 될 것이다.

나는 이것을 경험으로 안다. 단지 여전히 답을 찾지 못했기 때문에 성공학에 대한 집대성을 포기하지 않았을 뿐이다. 그것이 무한한 지성이 나를 도운 이유라고 할 수 있다.

나는 20년간 어떠한 보상도 없이 성공 철학을 정립해나갔다. 다른 곳에서 번 돈을 모두 이 성공학 연구에 쏟았다. 세상에 이런 바보 같은 짓을 할 사람이 과연 몇 명이나 될까?

어떠한 금전적 보상도 없이 이런 노력을 기울이는 사람은 거의 없을 것이다. 하지만 그 결과 수백만 명의 사람들이 이 성공 철학의 혜택을 받고 있다. 우리가 사는 힘든 세상에서 나의 성공 철학은 많은 사람에게 힘이 됐다. 나의 성공 철학은 공산주의를 비롯해 인류의 이익에 반하는 모든 정치적인 교리에 대한 해독제 역할을 했다고 생각한다. 신 또는 창조주라고 할 수 있는 무한한 지성은 이해하기 쉬운 언어로 사람들에게 정보를 전달한다. 이 성공 철학 또한 남녀노소에 관계 없이 쉽게 이해할 수 있다. 당신의 무한한 지성은 이 성공 철학의 원칙들을 접하는 순간 알 것이다. 증명할 필요도 없이 이 철학이 옳다는 것을 말이다. 20년 동안 역경과 좌절 속에서 집중하지 않았더라면 이 철학은 지금 존재하지 않았다.

어려움 속에서도 집중한 결과, 무한한 지성은 나를 도왔다. 좌절과 실패에 굴하지 않고 집중하면 무한한 지성은 우리의 편이 된다.

히틀러와 같은 사람들의 경우라면 그렇지 않을 것이다. 그는 분명 명확한 목표와 강박적인 열망을 가졌지만, 그의 목표와 열망은 무한한 지성의 계획과 자연의 법칙을 역행했다. 한 사람에게라도 고통과 부당함을 경험하게 하는 사람은 좌절과 후회에 빠지게 될 것이다.

무한한 지성을 당신의 편으로 만들려면, 당신이 하는 일이 당신을 포함한 모든 사람에게 도움이 되는 올바른 것이어야 한다.

예수의 삶은 평생 인류의 삶을 증진하는 데 집중했다. 하지만 정작 본인의 삶은 평탄하지 못했다. 그럼에도 불구하고, 그는 올바른 일을 한 것이 분명했다. 그가 죽은 후에도 그의 제자들이 그의 뜻을 이어갔기 때문이다. 나에게는 훨씬 많은 제자가 있지만, 나를 비난하는 사람들도 많다. 예수가 받은 고난과 그를 따른 몇 안 되는 제자들을 생각해보면, 그에 비해 나는 행복한 것이라 할 수 있다. 예수가 혹독한 고난 속에서 제자들을 통해 인류에게 지대한 영향을 미친 일에 비하면, 나의 조건과 업적은 초라하기 때문이다.

예수가 행하고 설교한 것들이 올바른 것이 아니었다면, 지금까지 그의 가르침이 이어지지 않았을 것이다. 창조주가 만든 만물의 법칙 아래에서 모든 악은 자멸하게 되어 있다. 이 법칙에 예외는 없다. 우주의 자연법칙과 조화되지 않는 모든 것, 그리고 모든 악은 자멸하기 마련이다.

자유라는 목표

조지 워싱턴George Washington, 토마스 제퍼슨Thomas Jefferson, 아브라함 링컨Abraham Lincoln과 미국의 독립 선언문을 작성한 사람들이 집중한 목표는 미국민뿐만 아니라, 궁극적으로 전 세계의 사람들에게 개인의 자유를 주는 것이었다. 미국은 가히 인류의 자유를 탄생시킨 요람이라고 할 수 있다. 미국만큼 개인의 자유에 집중한 나라도 없기 때문이다. 그리고 이 성공 철학을 공부한 사람들만큼, 많은 사람을 자유롭게 하고자 하는 목표를 가진 사람들을 알지 못한다.

먼저 당신의 목표가 당신을 자유롭게 하는 것이고, 그다음으로 이 성공 철학을 사람들에게 전해서 그들을 자유롭게 하는 것이길 바란다.

13

역경으로부터 배우기

나는 자신의 능력에 대한 큰 신뢰 없이

성공한 사람을 본 적이 없다.

이 성공 철학의 목적 가운데 하나는

당신의 자존감을 키워주는 일이다.

역경과 좌절을 좋아할 사람은 세상에 없다. 하지만 자연의 법칙에 따라 우리가 성장하기 위해서는 역경과 좌절, 실패와 반대를 겪어야 한다.

초창기의 역경이 없었다면 당신이 지금 읽고 있는 이 책도 나오지 않았을 것이다. 그리고 전 세계 수백만 명의 사람들이 이 성공 철학을 접하지 못했을 것이다. 역경은 이 성공 철학을 완성하고 세상에 공개할 수 있었던 원동력으로 내게 힘과 지혜를 주었다. 하지만 그 시절로 돌아간다면 조금 더 쉬운 길을 택할 것이라는 데 의심의 여지가 없다.

저항이 덜한 쉬운 길을 택하려는 것이 사람의 마음이자 자연의 원리이다. 그래서 강의 물줄기가 굽어 있고, 어떤 경우에는 사람의 몸이 굽어 있는 것이다. 사람들은 대개 지나치게 큰 노력과 대가를 치르지 않으려고 한다. 할 수만 있다면 쉬운 길을 택하려고 한다.

우리의 마음은 신체의 다른 부분과 마찬가지로 사용하지 않으면 약해지고 위축된다. 그렇기 때문에 우리에게 일어나는 문제와 역경은 우리가 고민하면서 생각하는 능력을 강화해주는 '메기 효과(미꾸라지 떼가 있는 곳에 메기를 한 마리 넣으면, 미꾸라지들이 메기를 피하려고 빨리 움직여 활동성을 유지하는 것을 기업 경영에 비유하여 이르는 말-옮긴이)'와 같은 역할을 한다. 나태하게 쉬운 길만 택하려는 우리의 마음을 깨워주는 역할을 하는 셈이다.

앞서 성공을 위한 열일곱 가지 원칙을 살펴보았다면, 이제 실패를 만드는 서른다섯 가지의 주요 원인을 살펴볼 차례다.

자신에 대한 점검은 우리 자신을 위해 할 수 있는 가장 유익한 일 가운데 하나다. 자신의 치부를 들여다보는 일은 즐거운 일이 아닐 수 있지만, 우리 자신을 잘 알기 위해 반드시 필요한 일이다.

성공 철학을 제대로 배우기 위해서는 성공하기 위해 해야 할 일과 하지 않아야 할 일들을 알아야 한다. 여기서는 성공하기 위해서 하지 않아야 할 일들과 극복해야 할 단점들에 대해 살펴보자. 아래의 실패를 야기하는 서른다섯 가지 주요 원인을 읽고 자신의 점수를 오른쪽에 적도록 하라. 0에서부터 100까지 점수를 매겨라. 해당 원인이 자신에게 전혀 없으면 100점을 주면 된다. 해당 원인이 자신에게 반 정도 있다고 생각하면 50점을, 자신에게 대단히 많다고 생각하면 0점을 매기면 된다.

모든 항목에 대한 점검을 마치면 모든 점수를 더하고 35로 나누어 평균 점수를 계산하라. 그 점수가 당신을 실패로 이끄는 원인을 당신이 얼마나 통제하고 극복하고 있는지를 보여준다.

1. 명확한 목표의 부재

우리를 실패로 이끄는 첫 번째 원인은 '명확한 목표의 부재'다. 명확한 목표 없이 흔들리는 습관이 없고, 결정을 빠르게 하며, 계획을 세워서 실행하고, 자신이 무엇을 향해 가고 있는지 그리고 어디쯤에 있는지 정확히 안다면 자신에게 100점을 주도록 하라.

하지만 신중하지 못하게 자신에게 100점을 주지 않도록 주의하라. 정말 100점을 받을 만한 사람은 드물기 때문이다.

2. 불리한 신체적 유전

두 번째는 선천적인 '불리한 신체적 유전'이다. 불리한 신체적 유전은 실패의 원인이기도 하지만, 성공의 원인이 되기도 한다. 내가 아는 가장 성공한 사람 중 몇 명은 신체적인 장애를 가지고 태어났다. 전기 공학자이자 발명가인 찰스 스타인메츠Charles P. Steinmetz 박사는 선천적으로 굽은 등을 가지고 태어났지만 세계적으로 뛰어난 업적을 남겼다. 그는 자신의 고난을 열등의식으로 받아들이지 않고 뛰어난 두뇌를 온전히 활용했다.

내 아들 블레어는 귀가 없이 태어났다. 처음에 우리는 머리카락으로 귀를 가리게 해서 아들을 학교에 보냈다. 그런데 아이들은 아들의 긴 머리카락을 보고 계집애 같다고 놀리기 시작했다. 그러던 어느 날, 아들은 학교를 마치고 집으로 오는 길에 이발소에서 귀를 덮고 있던 긴 머리카락을 잘라버렸다. 집에 도착한 아이의 머리를 보고 아내는 화를 냈지만 아들은 이렇게 말했다.

"이제부터는 친구들이 제 긴 머리카락을 가지고 놀리지 못할 거예요. 제 머리가 왜 길었었는지를 알 테니까요."

그때부터 지금까지 아들은 조금도 남의 시선을 의식하지 않는다. 길을 걸어가면 사람들은 가다가 뒤돌아서 놀란 얼굴로 아들을 다시 한번 쳐다보지만, 조금도 개의치 않는다. 나는 아들에게 고난은 축복이며 사람들이 그것으로 인해 더 친절하게 대할 수 있다고 말했다. 올바른 마음 자세를 가진다면 타고난 신체적 불리함을 자신이 가진 자산으로 바꿀 수 있다. 당신은 타고난 신체적 결함을 어떤 마음 자세로 받아들이고 있는지 점수를 매겨보라.

3. 다른 사람의 일에 대한 쓸데없는 호기심과 간섭

세 번째는 '다른 사람의 일에 대한 쓸데없는 호기심과 간섭'이다. 본래 호기심은 나쁜 것이 아니다. 호기심이 없다면 뭔가를 배울 수도, 자세히 알아볼 수도 없기 때문이다. 하지만 당신과 관계없는 다른 사람의 일에 대한 쓸데없는 호기심은 당신에게 필요하지 않은 호기심이다. 자신의 경험을 되돌아보고 이 단점을 얼마나 잘 통제하고 관리하고 있는지 점수를 매겨보도록 하라.

4. 명확한 주요 목표의 부재

네 번째는 '명확한 주요 목표의 부재'다. 인생의 주요 목표에 대해서는 앞서 충분히 설명했다. 자신의 목표가 얼마나 명확한지 점검해보고 0에서 100 사이에서 점수를 매겨보라.

5. 부족한 학교 교육

'학교 교육'과 성공은 사실 별로 관계가 없다. 내가 아는 성공한 사람들 가운데에는 최소한의 학교 교육만 받은 사람들도 있다. 하지만 많은 사람이 자신의 부족한 학교 교육을 실패의 원인으로 생각하며 변명으로 삼는다. 자신이 대학 교육을 받지 못했기 때문에 실패한 것이라고 변명하는 식이다. 정작 대학 교육은 실무에 도움이 되지 않는 경우도 많은데 말이다.

대학 교육을 받은 경우라고 하더라도 올바른 자세를 가지지 못하면 소용이 없다. 자신이 대학을 나왔으니 그에 합당한 급여를 받아야 한다고 생각하면 오산이다. 대학을 나온 것이 중요한 것이 아니라 자신이 실제로 할 수 있는 일과 능력이 중요하다. 실제적인 능력이 없으면 인형에 눈을 붙이는 일과 같은 단순 노동을 해야 할 수도 있다. 당신이 받게 되는 급여의 기준은 당신이 얼마나 교육을 받았느냐가 아니라 당신이 어떤 일을 할 수 있느냐이다.

6. 부족한 자제력

'부족한 자제력'은 자제하지 못하고 과식하거나 과음하는 등, 자기 계발에 무관심한 형태로 나타난다.

7. 부족한 야망

당신에게는 평범한 목표를 뛰어넘는 야망이 있는가? 당신은 어디를 향해 가고 있는가? 당신은 인생에서 무엇을 원하는가? 어떤 목표에 만족하는가?

제1차 세계 대전이 끝난 직후 퇴역 군인이 나를 찾아왔다. 그에게는 그저 일용할 양식과 몸을 누일 수 있는 잠자리면 충분하다는 아주 소박한 꿈이 있었다. 하지만 나는 그에게 더 높은 목표를 가지라고 말했다. 결국 그는 4년 후 백만장자가 되기에 이르렀다. 나는 당신이 작은 목표에 안주하지 않고 포부를 키우기를 바란다.

목표를 크게 세워라. 큰 목표를 세운다고 돈이 드는 것도 아니지 않은가. 목표에 미치지 못하는 성과를 낼 수도 있지만, 목표를 세우지 않은 것보다는 훨씬 더 낫다.

시야를 넓히고 야망을 품어라. 과거에는 실패했더라도 앞으로는 성공할 것이라고 굳게 결심하라.

8. 좋지 못한 건강

잘못된 생각과 좋지 못한 식습관은 '좋지 못한 건강'을 야기한다. 사람들은 상상 속에서 자신의 건강이 좋지 않다고 생각하며 도피처를 만든다. 심기증 또는 건강 염려증이라고 하는 이것을 당신이 어느 정도 가졌는지, 이런 생각으로 얼마나 자신을 응석받이로 만들었는지 점수를 매겨보라.

9. 어린 시절의 부정적인 영향

우리는 때로 어린 시절의 부정적인 영향이 계속해서 삶에 영향을 미치고 있는 사람들을 보게 된다. 그리고 그런 사람이 바로 우리 자신일 수도 있다.

나는 의붓어머니가 아니었다면 틀림없이 비뚤어지게 자랐을 것이다. 아마 제2의 제시 제임스Jesse James(미국의 무법자, 강도이며 살인자이나 의적으로 영웅시 되기도 함-옮긴이)가 되었을지도 모른다.

그러던 내 삶에 의붓어머니가 구세주처럼 등장했다. 어머니는 불량한 소년이었던 내가 가지고 있는 부정적인 기질을 긍정적인 기질로 바꾸어주었다. 그 결과 불량 소년은 수백만 명에게 선한 영향을 미치는 사람이 되었다. 어머니가 살아 계셔서 지금의 내 모습을 보셨더라면 더없이 좋아하셨을 것이다.

10. 부족한 인내력

성공을 가로막는 다음 요인은 '부족한 인내력'이다. 시작한 일을 끝까지 완수하지 못하게 하는 원인은 무엇일까? 사람들은 왜 중도에 포기하고 마는 걸까?

바로 동기가 부족하기 때문이다. 절실히 원하지 않기 때문이다. 사람들은 어떻게 해서든 끝까지 해내고 싶은 것은 해내지만, 그런 마음이 들지 않는 것은 그만둘 핑곗거리를 숱하게 찾아낸다.

어떤 일을 시작했을 때 끝까지 해내는 습관을 들이는 것이 득이 될까, 아니면 중간에 곁길로 새는 게 득이 될까? 당신은 끝까지 해내는 사람인가, 아니면 곁길로 새버리는 사람인가? 누군가 당신을 비난하면 쉽게 그 말에 포기하는가?

비난을 두려워했다면 나는 아무것도 이루지 못했을 것이다. 나는 오히려 비난을 발전의 계기로 삼았다. 비난은 내게 투지를 불러일으켰다. 그리고 비난받기 전보다 훨씬 더 노력해서 더 좋은 성과를 이뤄냈다.

어려운 상황일수록 사람들은 끝까지 해낼 수 있는 원동력을 잃고 실패한다. 직종에 상관없이 우리는 힘든 시기에 마주치곤 한다. 새로 사업을 시작한다면 초기에 자금 부족으로 어려움에 부닥칠 것이다. 고객 확보에 어려움도 겪을 것이다. 새로 취직을 했다면 회사에서 신임을 받아야 할 것이다. 뭐든지 처음에는 항상 쉽지 않다. 그래서 끝까지 해내는 힘이 필요하다.

11. 부정적인 마음 자세

당신은 주로 부정적인 생각을 하는가, 아니면 긍정적인 생각을 하는가? 도넛을 보면 가운데에 뚫린 구멍을 먼저 보는가, 아니면 도넛 자체를 보는가? 우리는 도넛을 먹을 때 가운데 뚫린 구멍을 먹는 게 아니라 도넛 자체를 먹는다. 그런데도 많은 사람이 문제에 부닥치면 도넛 자체를 보지 않고 뚫린 구멍을 두고 투덜댄다.

부정적인 마음을 가지는 습관이 있는 사람의 결과는 어떨까? 부정적인 마음은 자신과 똑같은 사람을 불러들인다. 긍정적인 마음을 가진 사람은 자신의 마음 자세와 성품과 조화를 이루는 사람들을 불러들인다. 유유상종이다. 백로는 까마귀 노는 곳에 가지 않는다.

당신의 마음을 지배하는 사람은 누구인가? 누가 당신의 마음을 결정할까? 당신이 그 특권을 얼마나 행사하고 있는지 점수를 매겨보라. 그 특권은 당신이 이 세상에서 가질 수 있는 가장 소중한 권리다. 본래 누구의 간섭도 받지 않고 당신이 완전히 지배할 수 있는 유일한 것은 당신의 마음이다. 마음을 긍정적으로 사용할지, 외부의 영향을 받아서 부정적으로 사용할지는 당신에게 달려 있다.

마음을 긍정적으로 유지하려면 노력이 필요하다. 당신을 둘러싼 부정적인 영향들이 너무 많기 때문이다. 너무 많은 사람의 의견으로 인해 부정적인 환경이 조성되어 긍정적인 마음을 지키지 못하면 같이 부정적으로 변할 수 있다.

부정적인 마음과 긍정적인 마음의 차이를 개념적으로 분명히 아는가? 마음이 긍정적일 때와 부정적일 때 당신의 뇌에서 일어나는 화학적인 작용에 대해 아는가? 걱정에 빠져 있을 때와 그렇지 않을 때 당신의 성취에 차이가 나는 것을 경험한 적이 있는가?

처음 『놓치고 싶지 않은 나의 꿈 나의 인생』을 썼을 때는 대공황 시기였고 루스벨트 대통령의 첫 번째 임기 기간이었다. 나는 그의 밑에서 함께 일하고 있었다. 그리고 힘들었던 당시의 여느 사람들과 마찬가지로 부정적인 마음 자세를 가지고 있었다. 몇 년 후 책이 나와서 읽어보니, 무의식적으로 부정적인 마음을 갖고 책을 썼다는 것과 그래서 잘 팔릴 만한 책이 아님을 깨닫게 되었다. 독자라면 책을 읽으면서 저자의 마음 자세가 어떤지를 정확히 알 것이다.

나는 완벽히 긍정적인 새로운 마음 자세로 타자기 앞에 앉아 책을 수정했다. 그 결과 책은 세계적인 베스트셀러가 됐다. 마음이 부정적이면 당신에게 득이 되는 일을 할 수도, 다른 사람에게 영향을 미칠 수도 없다. 긍정적인 마음을 가지기 전까지는 사람들이 당신에게 협력해주길 바라거나, 사람들을 설득하길 바라거나, 사람들에게 좋은 인상을 주길 바라지 않아야 한다.

특정 시간 또는 짧은 시간 동안이 아니라, 평소에 당신이 어떤 마음 상태를 유지하고 있는지 점수를 매겨보라. 당신의 마음 상태가 부정적인지, 긍정적인지를 아는 방법이 있다. 아침에 일어나서 어떤 기분인지 살펴보라. 뭔가 기분이 좋지 않으면 그 전날의 마음 상태가 부정적이었을 가능성이 크다. 아침에 일어나면 우리는 잠재의식의 영향에서 벗어나게 된다. 그리고 의식이 자신의 의무를 다시 시작하면서 밤새 잠재의식이 휘저어 놓은 것들을 깨끗이 정리한다.

아침에 즐거운 기분으로 그날 할 일들을 의욕적으로 시작하고 싶은 마음이 든다면, 그 전날 또는 그전 며칠간 긍정적인 마음을 유지했을 가능성이 크다.

12. 부족한 감정 조절

부정적인 감정뿐만 아니라 긍정적인 감정도 조절할 필요가 있다. 예컨대 지나치게 뜨거운 사랑의 감정은 우리를 데이게 할 수도 있다.

돈에 대한 지나친 갈망 또한 조절이 필요하다. 돈에 대한 갈망이 지나치면 많은 돈을 탐하는 욕심이 되어버린다. 나는 지나치게 많은 부를 소유하고 있는 사람들과 부모에게서 지나치게 많은 부를 상속받았지만 불행해진 사람들을 많이 봤다.

내가 나폴레온 힐이라는 이름을 가지게 된 사연이 있다. 아버지는 종조부의 이름인 나폴레온 힐을 따서 내 이름을 지었다. 목화 중개인으로 백만장자가 된 종조부의 유산을 일부 물려받길 기대했기 때문이다.

하지만 나는 종조부에게서 한 푼도 유산을 물려받지 못했다. 내가 아무것도 받지 못한다는 사실을 알게 됐을 때, 매우 기분이 좋지 않았다. 그렇지만 삶의 지혜가 쌓이고, 유산을 물려받은 이들의 삶이 불행해지는 모습을 보면서 단 한 푼도 유산을 물려받지 않은 것을 오히려 다행으로 생각하게 됐다. 유산을 물려받았더라면 불행해졌거나, 지금처럼 스스로 인생을 개척하며 성공한 삶이 주는 즐거움을 느끼지 못했을 수도 있기 때문이다.

13. 아무런 노력도 하지 않고 공짜로 얻으려는 욕심

노력하지도 않고 무언가를 얻고자 하는 욕심이 있는가? 합당한 대가도 지불하지 않고 뭔가를 바란 적이 있는가? 누구나 적어도 한 번쯤은 이런 욕심을 가져봤을 것이다.

당신에게는 많은 단점이 있을 수 있다. 하지만 당신은 자신의 단점이 무엇인지 알고 고치기 위해 이 책을 읽으며 공부하고 있다. 당신이 자신의 단점에 대한 판사이자 피고인, 그리고 검사가 되어서 최종 판결을 내려보길 바란다. 그러면 다른 사람이 당신의 고칠 점을 말해주는 편보다 훨씬 더 잘 찾을 수 있을 것이다. 그렇게 하면 자신의 단점에 대한 변명을 하지 않게 되고, 고치기 위한 노력을 더욱 기울이게 된다.

14. 신속히 결정하지 않는 습관

당신은 신속하고 단호하게 결정하는 사람인가, 아니면 대단히 느리게 결정하는 사람인가? 혹은 다른 사람의 의견에 따라 쉽게 결정을 바꾸는 사람인가? 합당한 이유 없이 그저 상황에 따라 쉽게 결정을 바꾸는 사람인가? 결정을 내린 후에는 어느 정도로 자신의 결정을 고수하는가? 어떤 상황에서 당신이 내린 결정을 바꾸는가?

합당한 이유 없이 상황이나 다른 사람의 의견에 따라 쉽게 결정을 바꾸는 것은 문제지만 합당한 이유가 있다면 자신의 결정에 대해 유연할 필요도 있다. 그럴 때는 '죽을 때까지 이 결정을 지킬 거야.'라는 태도를 가져서는 안 된다. 상황이 바뀌면 그에 맞춰 신속히 결정을 바꿀 줄도 알아야 한다.

어떤 사람들은 한번 내린 결정을 무슨 일이 있어도 죽을 때까지 바꾸지 않으려고 한다. 이 성공 철학을 제대로 익힌 사람이라면 그렇지 않아야 한다. 아직 제대로 익히지 못했다면 아마 이 항목이 마음에 들지 않을 것이다.

15. 일곱 가지 기본적인 두려움

인간에게는 일곱 가지의 기본적인 두려움이 있다.

1. 가난에 대한 두려움
2. 비난에 대한 두려움
3. 건강에 대한 두려움

4. 사랑하는 사람을 잃을지 모른다는 두려움

5. 자유를 잃을지 모른다는 두려움

6. 노화에 대한 두려움

7. 죽음에 대한 두려움

누구나 한 번쯤은 이런 두려움을 경험하게 된다. 나 역시 이 두려움들을 느꼈던 시절을 기억한다. 하지만 지금은 이런 두려움을 하나도 느끼지 않는다.

나는 죽음에 대한 두려움조차도 느끼지 않는다. 인생을 살면서 통과해야 할 또 하나의 멋진 경험이라고 생각하기 때문이다. 죽음에 이르는 날에는 인생에서 느낄 수 있는 새로운 즐거움이 있을 것이다.

이 멋진 세상에 내가 있다는 것이 기쁘고, 지금의 나 자신으로 살아가고 있다는 것이 기쁘다. 유쾌하지 않은 상황과 마주친다고 해도 여전히 기쁘다. 내가 그 상황보다 힘이 센지 아닌지 알 수 있기 때문이다. 나의 앞을 가로막는 상황이 온다고 해도, 나를 좋아하지 않는 사람들이 있다고 해도, 나에 대해 좋지 않은 말을 하는 사람들이 있다고 해도 말이다. 내가 극복할 수만 있다면 걱정하지 않을 것이다. 극복할 수 있다면 걱정을 왜 하겠는가?

나에 대해 악담을 하는 사람들이 있다면 나는 나 자신을 돌아보고 그들의 말이 사실인지 살펴볼 것이다. 그들의 말이 사실이 아니라면 그들이 얼마나 바보 같은 짓을 하는지, 자신들에게 얼마나 해가 되는 일을 하고 있는지를 생각하며 그들을 비웃어줄 것이다.

16. 잘못된 배우자 및 사업 동료 선택

이 항목에 대해 점수를 매기면서 배우자 및 사업 동료에게 최근 잘못한 것이 있는지 돌아보고 고치도록 노력하길 바란다.

나는 조화로운 결혼 생활을 유지할 수 있도록 수많은 부부를 도왔다. 결혼하기 전에 헤어지는 것이 나았을 부부들도 있었지만, 그들은 실수를 인정할 용기를 내지 못했다. 조화롭지 못하고 서로 보완해 주는 관계가 아니라면 따로 사는 것이 낫다는 게 내 생각이다. 그래서 서로 정 안 맞을 경우에는 결혼 생활을 정리하는 것이 좋겠다고 충고한 경우도 있다. 하지만 원만한 결혼 생활이 되도록 도운 경우가 훨씬 많다.

결혼을 천생연분끼리의 당연한 만남으로 생각하는 사람들도 있다. 그렇다면 참 좋겠지만, 그렇지 못한 경우도 많다.

사업적인 관계도 하늘이 맺어준 인연이 아닌 경우가 있다. 나는 다른 사람들과 조화로운 관계에서 협력하지 못하는 사업가 및 회사 직원들을 조화롭게 협력할 수 있도록 많이 도왔다. 조화로운 관계에서 협력하지 못하면서 성공하는 사업은 없다. 특히 고위 임원급의 조화가 중요하다. 가정의 경우도 아이들의 부모인 부부가 조화롭지 못하면 집안 전체에 따스함과 즐거움이 넘칠 수 없다.

조화는 신의와 신뢰에서 시작되고, 그다음이 능력이다. 앞서 말했듯이 나는 이런 기준으로 사람들을 평가한다. 나는 고위급 인사를 정할 때 그 사람이 신의를 지키는 사람인지를 가장 먼저 본다. 그렇지 않은 사람이라면 아무리 다른 조건이 좋아도 그를 선택하지 않는다.

다음으로 내가 보는 것은 신뢰성이다. 필요한 상황과 시기, 그리고 일에서 신뢰할 수 있는 사람인지 보는 것이다. 그다음으로 살펴보는 것이 능력이다. 능력은 뛰어나지만 신뢰할 수 없는 사람들을 많이 봤다. 그런 사람들은 신의가 없어서 매우 위험할 수 있다.

17. 지나친 조심성

성공을 가로막고 실패로 이끄는 다음 원인은 사업과 직업적 관계 또는 가정에서의 '지나친 조심성'이다. 지나치게 조심스러워서 장인 장모도 믿지 못하는 사람들도 간혹 있다.

지나친 조심성으로 작은 자물쇠가 달린 특수한 지갑을 가진 사람을 본 적이 있다. 그는 아내가 지갑에서 돈을 빼가지 않도록 매일 밤 열쇠를 매번 다른 장소에 숨겼다. 그처럼 까다로운 사람이었지만 아내는 그래도 그 남자를 사랑했다.

내가 아는 또 다른 경우는 한 농부의 아내다. 남편이 모든 돈을 관리했기 때문에 그녀는 할 수 없이 모자에 다는 장식 끈을 사기 위해 남편 몰래 비상금을 빼서 써야 했다. 이것 또한 배우자를 잘못 선택한 경우이기도 하다.

18. 부족한 조심성

지나친 조심성도 문제지만 부족한 조심성도 문제가 된다. 사람들은 인간관계에서 다양한 형태로 조심성이 부족할 수 있다. 아무런 생각 없이, 자신의 말이 다른 사람들에게 미치는 영향을 생각하지도 않고 말하는 사람들이 그중 하나다.

자신의 말과 행동에 조심성과 판별력이 없고, 다른 사람들에게 미치는 영향을 고려하지 않는 사람들을 본 적이 있을 것이다. 나 또한 날카로운 새 면도칼처럼 다른 사람의 마음을 베는 사람들을 본 적이 있다. 그들은 아무렇지도 않은 듯 사람들의 마음에 상처를 낸다. 조심성이라고는 전혀 찾아볼 수 없다.

우리는 지나치게 조심스러울 수도, 지나치게 조심스럽지 않을 수도 있다. 적절한 중간 지점은 어떻게 찾을 수 있을까? 바로 정확한 사고를 통해서다. 먼저 신중하게 생각해보고 말과 행동을 해야 한다. 뒤늦게 생각해보는 것이 아니라, 말과 행동에 앞서 그것이 사람들에게 어떤 영향을 미칠지 생각해야 한다.

이 항목에 대해 자신을 정확히 평가하기 어려울 수도 있다. 솔직히 말해서 나 역시도 17번과 18번 두 가지 항목에 대해서는 정확한 점수를 매기기가 쉽지 않다. 살면서 조심스럽지 않았던 때가 많았기 때문이다.

내 인생의 초반에 겪은 대부분의 어려움은 사람들을 지나치게 믿었기 때문이었다. 내 앞에서는 나를 추켜세우며 입에 발린 소리를 하더니, 사람들 앞에서는 내 이름을 팔며 허튼소리를 하던 사람이 있었다. 그런 일을 여러 번 겪으면서 나는 더욱 신중해졌다.

그럼에도 불구하고 누구도 신뢰하지 못할 정도로 지나치게 조심스러워지고 싶지는 않다. 지나치게 조심스러우면 삶의 즐거움을 누리기가 힘들 것이다.

이번 장은 이 책에서 가장 가치 있는 부분 중의 하나이다. 자신을 점검하는 기회가 되기 때문이다. 그러니 당신에 대해 잘 점검하고 판단해보길 바란다. 이번에 자신에 대해 잘 알 수 없다면, 다음에 다시 이 부분을 읽으면서 자신에 대해 더 잘 알게 돼어 점수를 매기기가 쉬워질 것이다.

각 항목에 대해 점수를 매기면서 자신에 대해 점검하는 가운데, 당신의 변화가 적어도 열 가지 이상에서 일어나기 시작할 것이 분명하다.

19. 잘못된 친구 선택

다음으로 점검할 실패의 원인은 '잘못된 친구 선택'이다. '친구 따라 강남 간다'는 말처럼 친구를 잘못 둔 탓에 잘못된 경우를 많이 보게 된다. 젊은이들은 다른 사람의 영향으로 인해 잘못된 습관을 지니게 되는 경우가 부지기수다.

20. 잘못된 직업 선택

다음은 '잘못된 직업 선택'이다. 아마 백 명 중 약 아흔여덟 명이 이 항목에 0점을 매기지 않을까 싶다. 물론 성공 철학을 전하고자 하는 예비 성공학 강사들은 명확한 목표를 가졌으므로, 훨씬 높은 점수를 매기리라 생각한다.

그 외의 경우에는 아마 중간 지점 없이 대개 0점 아니면 100점, 둘 중 하나를 택할 것이다. 대개의 사람은 자신의 직업에 대해 명확한 목표를 가지고 있거나 그렇지 않거나 둘 중 하나일 경우가 많다.

21. 집중력 또는 노력의 부족

집중력의 부족은 관심이 분산되어 있음을 의미한다. 각기 다른 많은 것들에 관심이 흩어져 있는 것이다. 한 번에 하나에 집중해서 끝까지 완수하는 집중력을 개발하지 않는 한, 인생에서 성공을 거두기란 쉽지 않다.

22. 잘못된 돈 관리

아마 이 항목에 좋은 점수를 줄 수 있는 사람은 많지 않을 것이다.

수입과 지출을 체계적으로 잘 관리하는 사람은 많지 않다.

일반적으로 사람들은 예산을 어떻게 관리할까? 신용카드 사용 한도액이 다 될 때까지 사용하는 것이 유일한 지출 관리 방법인 사람들도 많다. 사용 한도액이 다 찰 때까지 마구 소비를 하는 것이다.

수입과 지출을 관리하는 시스템이 없는 회사는 얼마 안 가서 망하게 될 것이다. 성공한 회사에는 대개 쓴소리를 할 수 있는 회계 책임자가 잘못된 지출이 발생하지 않도록 회사의 수입과 지출을 잘 관리한다.

23. 잘못된 시간 관리

당신을 실패로 이끄는 다음 원인은 '잘못된 시간 관리'다. 시간은 당신이 가지고 있는 가장 귀한 것 중 하나다. 당신에게는 매일 24시간이 주어진다. 그중 8시간은 보통 잠을 자는 데 쓴다. 건강을 지키려면 8시간 정도 자는 것이 좋다. 다른 8시간은 돈을 버는 데 쓰며, 나머지 8시간은 자유로이 쓸 수 있는 시간이다. 자유 민주 국가의 국민은 이 8시간을 자신이 원하는 것은 무엇이든지 하는 데 쓸 수 있다. 나쁜 짓을 할 수도 있고, 그저 시간을 의미 없이 낭비해도 누가 뭐라 할 사람이 없다. 건강한 취미 생활을 할 수도 있고, 자신을 계발하는 데 사용할 수도 있다.

당신은 이 8시간을 어떻게 사용하고 있는가? 최대한 의미 있게 사용하려고 시간 관리를 하는가? 시간을 관리하는 당신만의 방법을 가지고 있는가? 자신이 시간 관리를 잘하고 있는지 점검하고 점수를 매겨보라.

잠을 자고 일하는 16시간은 대개 어떻게 활용할지 정해져 있지만, 나머지 8시간의 자유 시간은 당신이 원하는 대로 마음껏 사용할 수 있다. 이 책 전반에 시간과 돈을 유용하게 사용할 수 있는 마음 자세와 방법이 소개되어 있다. 참고해서 매일 8시간이라는 귀중한 자유 시간을 잘 사용하기 바란다.

24. 부족한 감정 조절 능력

열정을 자유자재로 필요할 때 켰다 껐다 할 수만 있다면, 의심의 여지 없이 모든 감정 중에서 가장 가치 있는 감정일 것이다. 당신이 원할 때 막힘없이 열정의 등을 켜고 끌 수 있다면 이 항목에 대해 100점을 줘라. 이런 능력이 결여되어 있다면 0점에 가까운 점수를 줘야 할 것이다.

당신에겐 의지력이 있는가? 의지력의 쓰임새는 무엇일까? 의지력은 우리의 마음을 관리하는 자제력의 다른 이름이다. 우리는 의지력으로 마음을 정할 수 있고, 좋은 습관도 만들 수 있다.

통제 불가능할 정도로 뜨거운 열정이 있는 것과 전혀 없는 것 중 어느 것이 더 나쁠까? 둘 다 우열을 가리는 것이 무의미할 정도로 나쁘다. 유능한 교사가 되려면 학생들을 가르칠 때 열정의 등을 켤 수 있어야 한다. 그러지 못하면 당신의 말은 지루하고 단조로울 것이며 학생들의 눈과 귀를 끌지 못할 것이다. 당신의 말에 열정이 깃들어 있지 않다면 사람들은 당신의 말에 주의를 집중하지 못할 것이다. 당신이 내면에서 진심으로 열정을 느끼지 못하면 말에 열정을 실을 수 없다.

그리고 누군가 나를 화나게 한다면 열정의 등을 *끄고* 다른 감정의 등을 켜야 할 것이다. 그 사람에게 험한 말로 되받지만 않는다면 그렇게 하는 것이 훨씬 적절할 것이다. 나에겐 열정의 등을 켜는 것보다 분노의 등을 켜는 것이 훨씬 더 빠르고, 그 등을 *끄기*가 켜기만큼 쉽지 않았던 때가 있었다. 이런 경우 또한 당신이 극복해야 할 문제다. 당신의 감정을 필요할 때 켜고 끌 수 있는 능력을 길러야 한다.

25. 편협한 생각

'편협한 생각'은 종교, 인종, 정치, 경제적인 문제들에 대해 닫혀 있는 마음이다. 당신은 이 항목에 대해 자신에게 어떤 점수를 줄 수 있는가?

이 항목에 대해 자신 있게 100점을 주면서 자신이 모든 사람에 대해, 그리고 모든 주제에 대해 마음이 열려 있다고 말하는 사람이 있다면 대단히 놀라운 일일 것이다. 그런 사람은 인간이 아니라 성인이라 할 수 있다.

설사 당신이 모든 것에 대해 마음을 열 것을 결심했다고 하더라도, 오래 지속되지 못하고 잠깐 동안일 것이다. 당신뿐만 아니라 많은 사람이 그럴 것이다.

이 항목에 100점을 줄 수 없고 모든 사람에 대해 그리고 모든 주제에 대해 마음을 열 수 없다면 이를 개선하기 위해 무엇을 할 수 있을까?

우선 포용력을 키우는 연습을 꾸준히 하는 것이다. 노력이 쌓일수록 점점 더 포용력이 강해지고 안정적으로 변할 것이다. 편협한 마음 대신에 포용하는 마음이 습관이 될 것이다.

많은 사람들은 만나는 사람에게서 즉시 자신이 싫어하는 점을 찾아내는 습관이 있다. 그에 반해, 정반대의 사람들도 있다. 이들은 다른 사람들보다 훨씬 더 크게 성공하고, 더 행복하며, 어디를 가든 더 큰 환영을 받는다. 이들은 지인을 만나든 새로운 사람을 만나든 바로 그 사람의 좋은 점을 발견하고 칭찬한다.

나에게 다가와 이렇게 말하는 사람이 있을 때 나는 기분이 매우 좋아진다.

"나폴레온 힐씨 아니세요?"

"네, 맞습니다."

"선생님의 책을 읽고 정말 큰 도움을 받았습니다. 정말 감사드립니다."

진심이 아닌 말로 나를 추켜세우려고 하는 말이 아니라면, 이런 말에 기분이 좋아지고 앞으로 더 잘해야겠다는 마음을 다지게 된다.

상대방이 건네는 칭찬에 똑같이 칭찬을 건네지 않는 경우란 없다. 가만히 있는 고양이의 등을 툭하고 치면 고양이는 꼬리를 치켜세우면서 으르렁거릴 것이다. 하지만 (고양이는 그다지 친근한 동물은 아니지만) 고양이가 좋아하는 행동을 하면 고양이는 당신에게 똑같이 친근한 행동을 보일 것이다.

26. 협력하지 않는 자세

당신을 실패로 이끄는 스물여섯 번째 원인은 '협력하지 않는 자세'다. 하지만 때론 협력하지 않아야 할 때도 있다. 사람들이 내게 찾아와서 들어주기 힘든 부탁을 할 때가 상당히 많다. 나의 영향력에 기대고 싶은 것이다. 사람들은 내가 추천서를 써주거나 전화를 걸어주기를 바란다. 하지만 나는 합당한 이유가 없거나 도와줄 만한 사람이 아니라면 협력하기가 힘들다.

27. 노력하지 않고 얻은 기회와 부

노력하지 않고 얻은 영향력과 기회나 부는 당신의 힘으로 얻은 진정한 결과가 아니므로 언제 사라질지 모르는 불확실한 것들이다. 노력하지 않고 얻은 것이 있다면 그중 어느 정도를 당신의 진정한 실력으로 지킬 수 있을지 점검해보라.

28. 부족한 신의

'부족한 신의'는 마땅히 신의를 지켜야 할 대상의 믿음을 저버리는 것을 말한다. 신의를 지켜야 할 대상에 진심으로 신의를 지키고 있다면 100점을, 그렇지 않고 신의를 지킬 때도 있고 지키지 않을 때도 있다면 100점을 주지는 못할 것이다.

당신을 실패로 이끄는 서른다섯 가지 원인 중에 50점 미만의 항목이 있다면, 표시를 해두고 시간이 어느 정도 흐른 후에 다시 점검해보도록 하라. 어느 항목이든지 적어도 50점 이상이 되도록 자신을 관리하도록 하라. 50점 미만이라면 위험 신호이다.

29. 사실에 근거하지 않은 의견

스물아홉 번째 원인은 '사실에 근거하지 않은 의견'이다. 당신의 점수가 50점 미만이라면 당장 고치도록 노력하라. 사실에 근거하지 않는 의견을 멈춰라.

나는 누군가 자신이 전혀 모르는 것에 관해 의견을 피력하는 걸들을 때면 아인슈타인의 상대성 이론에 대해 논쟁을 벌이는 두 남자 이야기가 떠오르곤 한다. 상대성 이론에 대해 뜨거운 논쟁을 벌이던 중 한 사람이 이렇게 말한다. "그런데, 아인슈타인은 정치에 대해 뭘 좀 알까?"

이 두 사람처럼 세상만사에 대해 의견 내기를 좋아하는 사람들이 있다. 이들은 자신들이 아이젠하워보다 나라를 잘 운영할 수 있다고 생각한다. 그리고 에드거 후버에게 일 좀 잘하라고 훈수를 둘 수 있는 사람들이며, 동료나 친구가 하는 일을 자신이 하면 더 잘할 거라는 생각으로 남의 일에 충고를 하는 사람들이다. 정작 이들이 직장이나 사업에서 하는 일을 들여다보면, 자기 일도 제대로 못 하는 경우가 태반이다.

30. 자만심과 허영심

당신을 실패로 이끄는 서른 번째 원인은 자만심과 허영심이다. 자만심과 허영심이 반드시 나쁜 것만은 아니다. 조금의 자만심과 허영심도 없었다면 아침에 일어나서 세수를 할 필요도 없을 것이다.

조금의 자만심과 허영심은 자존심으로서 건강한 역할을 할 수도 있지만 지나쳐서는 안 된다. 립스틱과 화장은 여성의 얼굴을 아름답게 만들지만 지나치면 곤란하다. 예순이 넘은 여성이 열여섯 살 소녀처럼 분홍빛 화장을 볼에 짙게 하면 보기가 좋지는 않을 것이다.

많은 사람이 자존감을 잃고 살아간다. 삶에서 일어나는 상황 속에서 투지와 주도적인 자세, 상상력, 신념을 잃는다. 당신의 자존감은 잘 통제되어 다른 사람에게 불쾌함을 주지만 않는다면 훌륭한 역할을 할 수 있다.

나는 자신의 능력에 대한 큰 신뢰 없이 성공한 사람을 본 적이 없다. 이 성공 철학의 목적 가운데 하나는 자존감을 키워주는 일이다. 자존감이 지나쳐서 자만심이 돼버린 사람들의 경우에는 지나친 자존감을 줄여야 하지만, 반대로 자존감이 너무 부족한 사람들은 자신에 대한 자존감을 키울 필요가 있다.

31. 비전과 상상력의 부족

비전과 상상력이 선천적인 능력인지 아니면 후천적인 능력인지는 가리기 힘들다. 나의 경우에는 선천적인 능력이라고 생각한다. 나에겐 어린 시절부터 상상력이 대단히 많았기 때문이다. 인생의 초창기에는 지나친 상상력으로 인해 곤란에 처한 때도 많았다. 올바른 방향으로 이끌지 않으면 지나친 상상력은 해가 되기도 한다.

32. 사람들의 기대 이상으로 일하지 않는 습관

사람들의 기대 이상으로 일하고 그것에서 즐거움을 얻는 습관을 들이면, 많은 사람이 당신에게 신세를 졌다고 생각하게 될 것이다. 그들이 당신에게 신세를 졌다고 생각하는 한 그들의 영향력과 교육 또는 능력을 당신의 성공을 위해 활용하지 못할 이유가 없다.

당신이 원하는 것을 사람들이 해주도록 만드는 방법은 무엇일까? 당신이 먼저 그들이 원하는 것을 기대 이상으로 하는 것이다. 기대 이상으로 사람들을 위해 일하는 것은 생각보다 어렵지 않다. 그리고 그들을 위해 일한 후에는 당신이 부탁하지 않아도 사람들은 당신을 위한 일을 신경 쓰기 시작한다.

이 항목에 대한 점수는 몇 점인가? 당신에게 신세를 진 사람들에게서 필요할 때 도움을 받을 수 있는 경우가 얼마나 될까? 당신이 필요할 때 도움을 얻기 위해서 평소에 사람들에게 어떤 도움을 주려고 노력하고 있는가? 사람들에게 도움을 주고 나서 그다음 날 바로 도움의 대가를 요구할 수는 없다. 평소에 미리 호의를 쌓아두어야 한다.

평소에 호의를 베풀어서 미리 신뢰를 쌓고, 필요한 시기에 당신이 베푼 호의에 대해 돌려받을 수 있는 것이 좋다. 예컨대, 르투르노를 위해 일하면서 회사 직원들에게 사람들의 기대 이상으로 일하는 습관에 대해 강의한 적이 있었다. 강의를 들은 직원 중 한 사람이 요지를 잘못 이해했다. 그는 공구 제작자였고, 정규 근무 시간을 마친 후

저녁에 작업장에 다시 돌아와 매일 밤 2시간을 더 일했다. 그는 그 사실을 르투르노에게 말했지만, 매일 추가로 일한 것에 대한 금전적인 보상을 원한다는 말은 하지 않았다. 그 주가 끝나고 월급을 정산하는 날이 되었다. 그는 르투르노에게 자신이 일한 초과 근무에 대한 급여 계산을 느닷없이 청구했다. 그 일로 그는 자신의 이익을 얻는 대신에 르투르노에게서 신뢰를 잃었다.

많은 사람이 오직 자신의 이익을 위해 사람들에게 기대 이상으로 일하는 모습을 보이려고 한다. 사람들에게 신세를 지게 만들고, 그들이 신세를 갚을 시간을 충분히 주지 않는다. 사람들에게 신세를 지게 하고, 얼마 되지 않아서 그에 대한 답례로 두세 가지 부탁을 하기도 한다. 다른 사람이 당신에게 그렇게 한 경험이 있는가? 또는 당신이 그렇게 한 경험이 있는가?

성공을 위한 원칙 가운데 당신이 가장 잘할 수 있는 것을 하나 선택한다면, 사람들의 기대 이상으로 일하는 습관이 그것이다. 당신의 의지로 선택해서 할 수 있는 일이기 때문이다. 사람들의 기대 이상으로 최선을 다하는 것은 자발적으로 하는 일이지, 누군가가 자신을 위해 특별히 노력해달라고 요구할 수 없는 일이다.

사람들의 기대 이상으로 일하는 것은 당신의 적 또는 좋아하지 않는 사람들이 부끄러운 마음을 가질 수 있도록 할 수 있는 것 중 하나다.

약 2년 전 미주리주의 아주 작은 도시에 강의를 하기 위해 갔었다. 정말 시골이라고 할 수 있는 작은 도시에 그토록 유명하다는 나폴레온 힐이라는 사람이 나타났으니, 사람들은 내가 어떤 나쁜 짓을 벌이러 그 도시에 온 것은 아닌지 의심하기 시작했다. 그래서 그들은 기업평가 기관인 BBBBetter Business Bureau, 신용평가사인 던앤브래드스트릿Dun & Bradstreet, 증권 거래 위원회, 그리고 심지어 FBI와 우체국을 통해 나에 관한 조사를 벌였다.

대개 자신이 먼저 상대방에게 잘해줘야 상대방도 나에게 잘해주게 된다. 비록 그들은 나를 호의적이지 않은 방법으로 맞이했지만, 나는 호의적인 방법으로 반격에 나섰다.

나는 예비 강의료만 받고 본 강의는 무료로 진행했다. 그리고 예비 강의를 통해 모은 돈으로 인근의 대여섯 개 도시에 방송되는 프로그램에 방송료를 지불하고 내 성공 철학을 전했다.

이것이 내가 한 일이었다. 당신에게 해를 입힌 사람들에게는 나처럼 선한 의도와 마음 자세로 반격을 가하라.

내가 선한 의도로 반격에 나선 결과는 어땠을까? 나는 그때까지 성공 철학을 전하면서 볼 수 없었던 최고의 결과를 보게 됐다. 농업에 종사하는 그 지역 사람들이 이 성공 철학을 크게 갈망하고 있었다는 사실을 알게 된 것이다. 나를 의심 어린 눈초리로 보던 사람들에게 내가 선의의 반격을 하지 않았더라면 알지 못했을 사실이다.

이 성공 철학을 제대로 익힌 사람이라면 대부분의 사람보다 나아야 한다. 보통 사람들이 사용하는 법정과는 다른 법정에서 사람들과 화해해야 한다. 다른 사람에게 반격하려면 두려움을 주는 방법 대신에 선의의 반격을 통해 그가 부끄러운 마음이 들도록 하라.

나는 명예 훼손죄 고소를 통해 반격할 수도 있었다. 하지만 그래서 무슨 소용이 있겠는가? 일반적인 사람들의 수준이 되는 것뿐이다.

주먹 싸움을 한다면 나보다 더 주먹이 크고 싸움을 잘하는 사람들에게 나는 상대가 안 될 것이다. 그런 사람들과 주먹 싸움으로 문제를 해결하려고 든다면 나는 매우 어리석은 사람일 것이다.

그래서 나는 내가 선택한 법정에서 내가 선택한 판사, 검사, 피고인들과 함께 문제를 해결하고 싶다. 이것이 내가 원하는 문제 해결 방식이다. 이 법정은 당신 마음속에 있는 법정이다. 당신이 원하는 시간, 장소, 방법을 택하라. 그렇게 하면 당신에게 해를 끼치려는 사람들은 부끄러움을 느끼게 될 것이다.

33. 복수심

당신을 실패로 이끄는 다음 원인은 복수심이다. 상상으로 복수를 꿈꾸는 것과 실제로 복수를 하는 것 중 어느 쪽이 더 나쁠까?

한번 생각해보자. 실제로 복수를 실행하거나 복수를 꿈꾸면 어떤 일이 일어날까? 그 사람에게 해가 될까? 그렇지 않다. 실제로는 당신에게 해가 된다. 복수심은 당신을 부정적으로 만들기 때문이다. 복수심은 당신의 마음을 독으로 가득 차게 만든다. 실제로 복수심을 오랫동안 가슴에 품으면 혈액 순환이 원활하지 않게 된다. 부정적인 마음 자세는 당신의 피와 건강에 해가 된다.

34. 결과가 아닌 변명으로 말하기

실수했거나 해야 할 일을 소홀히 했을 때, 한 일이 제대로 되지 않았을 때 당신은 얼마나 자주 변명거리를 찾는가? 당신은 자신의 잘못임을 잘 인정하는 사람인가? 자신의 잘못임을 분명히 밝히고 비난을 달게 감수하는 사람인가, 아니면 자신이 벌인 일 또는 소홀히 한 일을 정당화하기 위해 변명거리를 찾는 사람인가? 이에 대해 생각해보고 점수를 매겨보라. 당신은 이와 관련해 어떤 습관이 더 많은가?

일반적인 사람들과 같다면 많은 사람처럼 당신이 한 일 또는 하지 않은 일에 대해 변명거리를 찾는다. 일반적인 사람들과 같지 않고 이 성공 철학을 제대로 익혔다면, 변명거리를 찾지 않을 것이다. 비난을 감수하고, 실수를 인정하며, 당신의 부족한 점을 받아들일 것이다. 자신의 잘못을 정말로 잘 알고 솔직히 고백하면, 당신의 영혼은 기뻐한다. 잘못을 부인함으로써 자신의 못남을 세상에 알리는 대신에 자신의 영혼과 사람들에게 솔직히 고백하는 편이 낫다.

35. 신뢰성 부족

자신의 신뢰성에 대해 객관적으로 평가하기가 어려울 수도 있지만, 사람들은 대체로 자신이 얼마나 신뢰할 수 있는 사람인지를 안다. 자신의 말이 신뢰할 수 있는지, 직장에서 성과를 내는 정도가 신뢰할 만한 수준인지, 가정에서 신뢰할 만한 남편 또는 아내인지 사람들은 안다.

나는 예전에 개인적으로 아는 알코올 중독자들을 도와주려고 노력했었지만 더는 그런 노력을 하지 않는다. 알코올 중독자가 아닌 사람들에게 들인 노력의 결과가 훨씬 더 낫다는 것을 알게 됐기 때문이다. 지금은 알코올 중독자를 알게 되면 알코올 중독자 치료 모임과 연결해준다. 그 모임이 나보다 훨씬 더 나은 결과를 보이기 때문이다.

술에 취해 있지 않을 때는 멀쩡한 사람들이 술에 취하면 전혀 딴사람이 되곤 한다. 이런 사람들은 신뢰할 수 없는 사람들이다. 대부분의 회사는 이런 사람들에게 책임감 있는 일을 맡기지 않는다. 믿을 수 없는 사람들이기 때문이다.

당신을 실패로 이끄는 주요 원인

아래의 실패를 야기하는 서른다섯 가지 주요 원인을 읽고 자신의 점수를 오른쪽에 적도록 하라. 0에서부터 100까지 점수를 매겨라. 해당 원인이 자신에게 전혀 없으면 100점을 주면 된다. 해당 원인이 자신에게 반 정도 있다고 생각하면 50점을, 대단히 많다고 생각하면 0점을 매기면 된다. 모든 항목에 대한 점검을 마치면 모든 점수를 더하고 35로 나누어 평균 점수를 계산하라. 그 점수가 당신을 실패로 이끄는 원인을 당신이 얼마나 통제하고 극복하고 있는지를 보여준다.

	항 목	점 수
1	명확한 목표의 부재	
2	불리한 신체적 유전	
3	다른 사람의 일에 대한 쓸데없는 호기심과 간섭	
4	명확한 주요 목표의 부재	
5	부족한 학교 교육	
6	부족한 자제력	
7	부족한 야망	
8	좋지 못한 건강	
9	어린 시절의 부정적인 영향	
10	부족한 인내력	
11	부정적인 마음 자세	
12	부족한 감정 조절	
13	아무런 노력도 하지 않고 공짜로 얻으려는 욕심	
14	신속히 결정하지 않는 습관	
15	일곱 가지 기본적인 두려움	
16	잘못된 배우자 및 사업 동료 선택	
17	지나친 조심성	
18	부족한 조심성	
19	잘못된 친구 선택	
20	잘못된 직업 선택	
21	집중력 또는 노력의 부족	
22	잘못된 돈 관리	
23	잘못된 시간 관리	

24	부족한 감정 조절 능력	
25	편협한 생각	
26	협력하지 않는 자세	
27	노력하지 않고 얻은 기회와 부	
28	부족한 신의	
29	사실에 근거하지 않은 의견	
30	자만심과 허영심	
31	비전과 상상력의 부족	
32	사람들의 기대 이상으로 일하지 않는 습관	
33	복수심	
34	결과가 아닌 변명으로 말하기	
35	신뢰성 부족	
	총점	
	총점 ( ) ÷ 35	

NAPOLEON HILL'S
MASTER
COURSE

14

창의적인
비전과 상상력

나보다 똑똑한 사람들이 많은데 왜 누구도 내가 사용한 방법을

진작에 사용하지 않았는지 의아한 생각이 들 때가 있다.

그리고 사람들은 좋은 아이디어가 떠올랐을 때

이렇게 생각하곤 한다.

'왜 돈이 필요했을 때는 진작에 이런 생각을 못 했을까?'

이번 장에서는 창의적인 비전에 대해 다룬다. 상상력은 뇌가 가지게 될 목적과 영혼이 가지게 될 이상을 만들어내는 공장이라고 누군가 말했다. 이보다 나은 정의는 없을 것이다.

상상력에는 두 가지 종류가 있다. 첫 번째는 기존의 아이디어와 개념, 계획, 사실을 새로운 방식으로 조합한 '종합적 상상력'이다.

사실, 하늘 아래 완전히 새로운 것은 흔치 않다. 누군가 새로운 아이디어를 냈다거나 새로운 것을 만들었다고 했을 때, 알고 보면 새로운 것일 가능성은 희박하며 이미 오래전에 있던 것들을 재조합한 경우가 많다.

두 번째는 잠재의식에 있는 여섯 번째 감각인 직감을 통해 작용하는 '창의적인 상상력'이다. 창의적인 상상력은 우리 뇌의 잠재의식을 담당하는 부분에 뿌리를 두고, 새로운 사실이나 아이디어를 내놓는 역할을 한다.

뇌의 잠재의식을 담당하는 부분은 의식 속으로 들어와 반복되며 감정의 지원을 받는 아이디어나 계획, 목적을 포착해서 논리적인 결론을 내리고 현실적인 방법으로 실행한다.

우리의 의식으로 들어와 반복해서 감정의 지원을 받는 아이디어, 계획, 목적은 결실을 본다는 사실을 강조하고 싶다. 감정의 지원을 받지 않거나, 열정이 실리지 않거나, 신념이 없는 마음속 아이디어들은 좀처럼 실행되지 못한다.

실행으로 이어지기 위해서는 감정과 열정 그리고 신념이 있어야 한다.

종합적인 상상력

종합적인 상상력의 예를 몇 가지 소개한다. 첫 번째는 에디슨의 백열전등 발명이다. 사실 에디슨의 백열등 발명에는 새로운 것이 없었다. 백열등을 탄생시킨 두 가지 아이디어는 이전부터 오랫동안 알려져 있던 것이다.

에디슨은 단지 1만 번의 실패를 거듭하며 이 두 가지 아이디어를 조합해 방법을 찾아냈을 뿐이었다. 첫 번째 아이디어는 전선에 전류를 흘려 마찰을 일으키고 열을 얻어 빛을 내게 하는 것이었다. 많은 사람이 에디슨 이전에 이 사실을 발견했다. 에디슨이 풀어야 할 숙제는 전선을 백열로 가열하여 빛을 낼 때, 전선이 타지 않도록 제어하는 방법을 찾는 것이었다.

에디슨은 1만 번 이상의 실험을 시도했지만, 그중 어느 것도 효과가 없었다. 평소 습관대로 잠재의식에 문제를 넘기기 위해 낮잠을 자려고 누운 어느 날, 그의 잠재의식은 그가 잠든 사이에 마침내 해답을 찾아냈다. (나는 그의 잠재의식이 답을 얻기 위해서는 과연 1만 번이나 실패를 겪어야 했을까가 늘 궁금했다.)

에디슨은 이미 문제의 절반을 푼 상태였고, 잠재의식을 통해 숯의 원리에서 나머지 절반의 해결책을 찾아낼 수 있었다. 숯을 생산하기 위해서는 땅 위의 나무 더미에 불을 붙인 다음, 산소가 적당히 스며들어 목재가 연기만 내며 탈 수 있도록 흙으로 덮되, 숯이 완전히 타도록 하지는 않는다. 그러면 목재가 완전히 타버리지 않고 숯이 된다. 산소가 없는 곳에서는 연소가 있을 수 없는 것이다.

에디슨은 오랫동안 익숙했던 이 개념을 가지고 실험을 시작했다. 그는 전기로 열을 내게 하던 전선을 병에 넣고 공기를 빼낸 다음, 병을 밀봉해 산소를 모두 차단하고 전선에 산소가 접촉하지 않도록 했다. 그리고 그가 전기를 켜자 전구는 8시간 반 동안 꺼지지 않고 빛을 냈다. 마침내 백열전등이 작동하는 원리가 세상에 드러난 순간이었다.

두 개의 오래되고 단순한 아이디어들이 종합적 상상력을 통해 하나로 통합된 것이다. 성공한 사람들의 상상력을 살펴보면 그들이 사용한 많은 상상력이 창조적 상상력이 아니라 종합적 상상력이었음을 알 수 있다.

클래런스 손더스Clarence Saunders의 피글리 위글리Piggly Wiggly 식료품점 시스템 또한 단지 종합적 상상력을 통해 나온 결과물이었다.

그가 새롭게 창조한 것은 아무것도 없었다. 그가 한 일은 단지 셀프서비스 식당의 아이디어를 식료품점에 접목한 것뿐이었다. 하지만 셀프서비스가 도입된 최초의 현대식 슈퍼마켓 아이디어가 창출한 가치는 어마어마했다. 4년 동안 400만 달러의 가치를 창출했기 때문이었다. 기존의 아이디어와 개념의 재조합은 이처럼 매우 큰 가치를 창출해낼 수도 있다.

당신은 지금까지와는 익숙하지 않았던 단 하나의 새로운 성공 원칙을 이 성공 철학에서 발견했을지도 모른다. 그것을 제외한 그 밖의 모든 성공 원칙은 이미 인간의 역사 이래로 잘 알려진 것들이다. 그 한 가지란 무엇일까? 바로 종합적 상상력이다. 나는 종합적 상상력을 사용해서 지금까지 알려진 성공 원칙들을 재조합했다. 가장 중요한 성공 원칙들을 정리해서 전에 없던 방식으로 구성해 누구나 쉽게 실행할 수 있도록 했다. 종합적인 상상력을 통해 탄생한 나의 성공 철학은 지난 500년간 성공학 분야의 어떤 철학보다 더 많은 사람에게 영향을 미칠 것이다. 이 책은 아직 태어나지 않은 세대들에게까지 도움을 줄 것이다.

나보다 똑똑한 사람들이 많은데 왜 누구도 내가 사용한 방법을 진작에 사용하지 않았는지 의아한 생각이 들 때가 있다. 그리고 사람들은 좋은 아이디어가 떠올랐을 때 이렇게 생각하곤 한다. '왜 돈이 필요했을 때는 진작에 이런 생각을 못 했을까?'

헨리 포드는 종합적 상상력으로 말이 끄는 사륜마차와 증기에 의해 작동되는 타작기를 결합했다. 증기 기관에 의해 작동되는 탈곡기를 보고 자동차에 대한 영감을 얻은 것이다. 헨리 포드는 증기 기관의 원리를 취해서 말 대신 사륜차에 적용해 말 없는 마차, 즉 자동차를 만들겠다는 생각을 하게 되었다.

창의적인 상상력

창의적인 상상력의 몇 가지 예를 들어보자. 모든 새로운 생각은 창의적인 비전을 가진 사람 또는 마스터 마인드를 통해서 나온다. 두 사람 이상이 중요한 문제 해결을 위해 모여 머리를 맞대고 열정을 합치면 그 모임의 모든 사람이 아이디어를 내기 시작한다. 그중 잠재의식의 주파수를 무한한 지성에 맞춘 사람이 가장 먼저 해결책을 찾아낸다.

해당 모임에서 가장 똑똑하고 교육을 많이 받은 사람이 반드시 가장 먼저 해답을 찾아내는 것은 아니다. 가장 교육을 적게 받은 사람이나 그중에서 가장 똑똑하지 않은 사람이라도 답을 먼저 찾아낼 수 있다. 잠재의식과 교육 수준은 그다지 관계가 없기 때문이다. 헨리 포드나 에디슨, 그리고 나와 같이 정식 교육을 제대로 받지 않은 사람들이 위대한 업적을 남기는 것을 보면 알 수 있다. 나는 고등학교 교육까지만 받았음에도 불구하고 처음으로 현실적인 성공 철학을 세상에 내놓아 전 세계 수백만 명의 사람들에게 도움을 주고 있다.

창의적인 상상력의 또 다른 사례로 퀴리 부인이 발견한 라듐의 경우를 살펴보자. 단지 그녀가 알았던 사실은 이론상 라듐이 우주 어딘가에 틀림없이 존재한다는 것이었다. 그녀는 지구라고 하는 작은 진흙 덩어리 어딘가에 라듐이 존재한다고 생각했다. 그리고 라듐의 존재를 찾겠다는 명확한 목표가 있었다. 퀴리 부인은 수학적으로 계산한 결과 틀림없이 라듐이 어딘가에 존재한다고 확신했다. 하지만 당시는 누구도 라듐의 존재를 발견하지 못했던 상태였다.

퀴리 부인이 라듐의 존재를 찾으려고 하는 노력은 '건초더미에서 바늘 찾기'라는 속담과 같았다. 나는 퀴리 부인의 노력을 설명할 때마다 건초더미에서 바늘 찾기였다고 비유하곤 한다. 밤낮으로 노력한 결과, 마침내 그녀는 분리와 정제 과정을 거쳐 라듐을 찾아내기에 이르렀다. 퀴리 부인의 창의적인 상상력과 각고의 노력 덕택에 라듐이 방출하는 방사선은 현재 의료계에서 인류를 위해 사용되고 있다.

그녀는 어떻게 창의적인 상상력을 얻게 됐을까? 지치지 않고 라듐의 존재를 규명하는 노력을 기울이게 한 원동력은 무엇이었을까? 어떻게 그녀는 라듐의 존재에 대한 첫 번째 단서를 찾게 됐을까? 노파심에서 하는 이야기지만, 혹시라도 그녀가 직접 삽을 들고 땅을 파며 라듐을 찾았을 것으로 생각하는 사람은 없길 바란다.

퀴리 부인은 마음의 주파수를 무한한 지성에 맞췄고, 무한한 지성은 그녀를 해답이 있는 곳으로 이끌었다. 그녀는 무한한 지성에 주파수를 맞춰, 부를 비롯해 우리가 원하는 것을 끌어오는 과정과 같은 과정을 거쳤다. 먼저 우리는 원하는 것을 마음에 분명하게 떠올리고 강한 믿음으로 강화하며, 어려움이 있어도 계속해서 원하는 것에 대한 집중을 놓치지 않아야 한다.

또 다른 예로 라이트 형제Wright brothers의 비행기를 들어보자. 당시에 라이트 형제가 제작한 것보다 무거운 비행기로 성공적인 운행을 한 사람은 아무도 없었다.

형제가 처음 자신들의 비행기를 선보였을 때, 사람들은 이들을 무시했다. 성공적으로 비행한 후 노스캐롤라이나주의 키티호크에서 공개적으로 시연하기 위해 언론사들에 연락했지만, 언론사들은 인간이 동력을 사용해 하늘을 날 수 있다는 사실을 의심하며 시연 장소에 나타나지 않았다. 지난 100년을 통틀어 가장 큰 특종감이었지만 현장에 나타난 기자는 단 한 명도 없었다. 교만하게 자신이 모든 것을 다 안다고 생각하는 사람들은 새로운 생각을 내놓을 수도, 받아들이지도 않는다. 그들은 지금까지 보지 못했다는 이유만으로 새로운 가능성을 믿지 않는다.

창의적인 비전을 꿈꾸는 것에는 한계가 없다. 마음을 무한한 지성의 주파수와 맞추는 사람은 어떤 문제이든 해답을 찾을 수 있다.

발명가 엘머 게이츠는 아이디어를 얻고자 할 때 명확한 목표를 가지고 잠재의식을 통해 무한한 지성과 직접 대화를 나눴다. 마르코니Guglielmo Marconi가 무선 통신을 발명하고, 에디슨이 녹음기를 발명한 것도 게이츠와 같은 방법을 통해서였다. 에디슨 또한 창의적인 비전을 통해 얻은 아이디어 중 하나가 바로 녹음기였다.

에디슨 이전에는 누구도 소리를 녹음한 적이 없었고, 녹음기와 비숫한 것조차 만들지 않았었다. 에디슨은 녹음기에 대한 아이디어를 즉석에서 구상해냈다. 그는 녹음기에 대한 아이디어가 떠오르자 바로 호주머니에서 종이를 꺼내 훗날 최초의 녹음기가 된 실린더 원통형 녹음기의 대략적인 초안을 그렸다. 그리고 실제로 제작해서 시험해보자 녹음기는 바로 작동에 성공했다. 에디슨이 백열등을 탄생시키기 위해 거쳐야 했던 1만 번의 실패는 보상의 법칙에 따라 이처럼 그에게 보상을 안겨주었다.

보상의 법칙은 매우 공정하게 작용한다. 한쪽에서 부당한 대우를 받으면 다른 한쪽에서 그에 상응하는 보상을 받게 되어 있다. 잘못한 일에 대한 벌도 마찬가지다. 빨간불을 무시하고 차를 운전해서 교통 법규를 위반하고 경찰의 눈을 용케 피할 순 있겠지만, 다음번에는 걸리게 되어 있다.

우주 어딘가에는 우리가 잘한 점과 잘못한 점, 실수와 성공을 낱낱이 기록하는 거대한 장치와 경찰이 있다. 우리가 잘못한 일에 대해서는 조만간 경찰이 쫓아와 책임을 물을 것이다.

창의적인 비전의 성과

창의적인 비전은 현재의 미국식 생활 방식을 가능하게 했다. 미국 국민은 역사상 어느 나라보다 더 부유하고 자유로운 나라에서 특권을 누리고 있지만, 이 위대한 축복을 계속해서 누리기 위해서는 창의적인 비전이 필요하다.

미국을 위대하게 만들었던 특징들을 되짚어보도록 하자.

첫째, 지금 미국 국민이 누리고 있는 미국식 생활 방식을 가능하게 했던 리더들은 성공학의 열일곱 가지 명확한 원칙들을 지켰고, 그중에서도 특히 아래의 여섯 가지 원칙을 지켰다.

당시의 리더들은 이 원칙들을 이 이름들로 부르지도 않았고, 아마도 자신들이 이 원칙들을 따르고 있다는 사실 자체도 의식하지 못했을 것이다. 내가 성공한 부자들을 만나면서 특이했던 사실 중 하나는, 이들 가운데 누구도 자신이 성공한 방식들을 하나하나 체계적으로 설명하진 않았지만, 결국 이 원칙들로 귀결되는 이야기들을 했다는 것이다.

1. 명확한 목적

2. 사람들의 기대 이상으로 일하는 자세

3. 마스터 마인드 연합

4. 창의적인 비전

5. 실행하는 믿음

6. 주도적인 자세

오늘날의 미국식 생활 방식을 있게 한 미국의 리더들은 노력 없이 성취를 이룬 것이 아니었다. 그들은 밤낮을 가리지 않고 일했고, 어려울 때도 리더로서의 책임을 다했다. 사업에서 성공한 모든 사람은 이런 자세를 견지하고 있다는 것을 볼 수 있다. 그들이 어떻게 이 성공원칙들을 실천했는지 살펴보도록 하자.

토마스 에디슨은 창의적인 비전과 시대를 개척하는 주도적인 자세를 통해 전기 시대를 열었고, 인류가 전에 없던 에너지원을 사용할 수 있도록 했다. 그가 없었다면 지금의 레이더, 텔레비전, 라디오와 같은 산업 발전이 가능하지 않았을 것이다. 에디슨 한 사람이 전 세계의 문명화에 끼친 영향은 실로 대단했다.

포드 또한 자동차를 통해 인류 문명의 발전에 지대한 공헌을 했다. 그는 시골과 도시 중심가 사이의 거리를 획기적으로 줄였다. 엄청난 자동차 보급을 통해 도로가 건설되고 도시가 발전했으며, 실업률 감소에 큰 영향을 미치며 직간접적으로 수백만 명의 고용을 창출했다.

라이트 형제의 창의적인 비전은 비행기를 발명함으로써 전 세계 각 나라 사이의 거리를 줄여 물자와 인적 교류를 통한 인류의 이익에 크게 이바지했다.

스톤과 나는 회사의 운영과 미래를 이야기하면서 우리가 이 성공철학을 세상에 소개할 수 있었던 기회가 대단히 큰 행운이며, 그 기회에는 우리의 임무를 충실하고도 계속해서 이행해야 할 책임감이 따른다는 결론을 내리게 됐다. 그렇게 우리는 우리가 맡은 임무에 충실하기로 했다.

앤드류 카네기는 창의적인 비전과 주도적인 삶의 자세로 철강 시대를 열어서 전체 산업 구조에 혁신을 가져왔고, 강철로 인한 무수한 산업의 탄생을 가능하게 했다. 그는 엄청난 부를 쌓은 것에 만족하지 않고, 세상에서 최초로 성공 철학을 정립하도록 독려해 어떠한 사람이라도 성공을 위한 방법을 익힐 수 있도록 노력하며 여생을 마쳤다.

카네기가 역사상 어떤 사람보다 많은 일자리를 사람들에게 제공할 수 있었던 것은 그의 주도적인 삶의 자세와 창의적인 비전 때문이었다. 그가 독려한 이 성공 철학은 후대에 태어날 수백만 명의 사람들에게까지도 전해져 도움이 될 것이다. 한 개인이 그리고 그가 다른 사람과 힘을 합쳐 이처럼 위대한 일을 했다는 사실은 참으로 대단한 일이다.

이처럼 개인들이 힘을 합쳐서 마스터 마인드 연합을 만들어내면 세상에 도움이 되는 놀라운 일을 해낼 수 있다. 두 사람이 마스터 마인드의 원리에 따라 조화롭게 힘을 합치면 불가능한 일은 없다.

앤드류 카네기와의 연합이 없었다면 나는 이 성공 철학을 절대 탄생시키지 못했다. 카네기와 같이 위대한 인물과 만남으로써 영감과 신념, 자신감과 진취적인 자세를 가지게 됐고, 그와 교류하지 못했다면 절대 불가능했을 부와 명예를 얻었다.

창의적인 비전을 이용할 수 있고, 그것을 통해서 우주의 힘에 주파수를 맞출 수 있다는 사실은 실로 놀라운 일이다. 나는 지금 현실적이고, 이미 성공한 경험으로 검증됐으며 당신이 할 수 있는 것들에 관해 이야기하고 있다.

지난 50년간의 미국식 생활 방식을 되돌아보기 위해, 창의적인 비전과 주도적인 삶의 자세를 가졌던 사람들의 업적에 대해 관찰해보자. 먼저 자동차는 우리의 삶의 방식을 완전히 바꾸어놓았다. 지난 수십 년간 태어난 이들은 마차가 다니던 시절의 사회를 짐작조차 하지 못한다. 당시 사람들은 안전하게 길에서 걸을 수 있었지만, 지금은 지나다니는 차들에 주의하지 않으면 안 된다. 모든 운송 방법과 사업 방식이 자동차로 인해 바뀌었다. 만약 정부가 내일 당장 자동차 운행을 전면 금지한다고 가정하면 대혼란이 벌어질 것이다. 그만큼 오늘날의 사회에서는 자동차가 없으면 안 되는 시대가 됐다.

그리고 소리보다 빠른 비행기는 나라와 나라 사이의 거리를 좁혔고, 전 세계의 사람들이 서로를 더 잘 알도록 놀라운 기여를 했다. 이것은 아마도 창조주의 계획이었을 것이다. 세계 어느 나라든 24시간 안에 도착할 수 있을 만큼 가까워졌다. 과거의 전쟁 대신에 각국의 사람들이 서로에 대해 더 잘 알게 되고 서로를 이웃처럼 생각하는 형제애가 가능하게 됐다.

이런 형제애가 나타나게 된다면 그것은 인간의 상상력으로 탄생한 자동차와 비행기와 같은 문명의 이기 덕분일 것이다. 자동차와 비행기는 우리를 보다 편하게 한곳에 모일 수 있게 하고 전 세계의 사람들이 서로 잘 이해할 수 있도록 한다. 함께 사업을 진행하거나 이웃한 국가와는 전쟁을 할 수 없다. 세계는 더욱 평화를 추구하며 서로 잘 지내려고 할 수밖에 없다.

라디오와 텔레비전은 시골의 통나무 오두막이든 도시의 고급 아파트이든 세상의 뉴스를 거의 실시간으로 우리에게 전달하고 오락

거리를 제공한다. 게다가 무료로 세상의 소식과 오락거리를 접할 수 있다는 사실이 먼 과거에 비하면 대단한 발전이 아닐 수 없다.

유명한 것이라곤 단지 아름다운 산의 경치와 옥수수 위스키, 그리고 방울뱀이 전부였던 내 고향 테네시주와 버지니아주의 산맥 지방에서도 버튼만 누르면 드라마와 음악을 보고 들으며 세상 돌아가는 소식을 실시간으로 알 수 있다는 사실은 정말 놀랍지 않을 수 없다.

만약 내가 자라던 시절에 지금과 같은 문명의 이기가 있었다면, 아마도 내 인생의 목표는 제2의 제시 제임스가 되는 것이 아니었을 것이다. 나는 무선 통신사가 되길 꿈꿨을지도 모른다. 이와 같은 문명의 이기들은 시골 사람들을 포함해 온 나라와 전 세계의 사람들의 삶의 양식을 완전히 바꾸어놓았다. 그리고 이것은 인간의 창의적인 정신에서 탄생한 것들이다.

전기의 발전은 버튼 하나로 모든 것이 간단히 해결되는 시대를 열었다. 인간의 고된 노동이 필요했던 많은 작업이 전기로 움직이는 기계에 의해 가능해졌다. 기계가 인간의 일자리를 뺏는 것이 반드시 좋은 현상인지는 알 순 없지만, 분명한 점은 버튼 시대가 열렸다는 사실이다.

레이다는 먼 상공과 해상에서 인간의 눈으로 볼 수 없는 위험 요인의 접근을 알려준다. 레이다를 통해 우리는 먼 거리에 있는 물체를 인지할 수 있다. 인류는 인간의 시야를 훨씬 넘어선 공간에 있는 물체를 파악하는 경지에 이르렀다.

또한 주도적인 삶의 자세와 창의적인 비전을 통해 우리 인류는 원자 에너지가 방출되는 비밀을 밝혀내고 인류를 위해 사용될 수 있도록 했다.

노사 관계에서의 열일곱 가지 성공 원칙

성공학의 열일곱 가지 원칙을 활용하면 노사 간의 노동 쟁의, 파업, 직장 폐쇄, 오해 등을 모두 없앨 수 있을지도 모른다. 열일곱 가지 성공 원칙은 모든 개인과 관계에서 관련 당사자들에게 평등하게 이익이 돌아가게 한다. 기업과 산업계는 이 원칙을 통해 추가적인 수익 증대를 창출할 수 있으며, 근로자들은 회사에 자본을 대는 사람들에게 배분되는 것만큼 현재 자신이 받는 급여 이상의 소득을 벌 수 있을 것이다.

주도적인 자세와 창의적인 비전으로 마찰과 오해를 기대 이상의 이익으로 변화시키길 바라는 사람들만이 이러한 높은 수준의 관계를 만들어낼 수 있다. 노사 양측의 많은 리더가 미국식 생활 방식의 영원한 지속을 위해 할 수 있는 출발점을 살펴보도록 하자.

내 수업을 듣는 학생과 이 책을 읽는 독자들이 이 성공 철학의 원칙을 적용해서 노사 간의 마찰을 없애고 훌륭한 노사 관계를 만들 수 있기를 기대한다.

예컨대, 내 수업을 들은 두 학생은 회사의 대표로서 일리노이주에 있는 자신들의 강철 저장고 제작 회사를 훌륭하게 경영하고 있다.

그들은 열일곱 가지 성공 원칙을 완벽히 회사 운영에 적용하고 있다. 나는 노사 간에 체결되는 모든 근로 계약서에 근로자가 열일곱 가지 원칙에 기초해서 일하겠다는 조항이 포함될 때가 오기를 희망한다.

실제로 내가 경영하는 회사와 자문을 제공하는 많은 회사에서 이와 같은 근로 계약서의 작성과 체결이 이루어지도록 했고, 그 결과는 대단했다. 그래서 다른 회사들의 기업가와 노동계의 리더들이 이런 방식을 도입하면 좋겠지만 그렇게 되기는 쉽지 않다. 노동계 리더들은 자신들이 지켜왔던 방식을 바꾸려 하지 않기 때문이다. 그리고 그들은 특히 성공 원칙 중에서 기대 이상으로 일하는 습관의 효용성을 믿지 않는다.

하지만 언젠가는 그들의 생각이 틀렸음이 드러날 것이다. 그리고 노동계 리더 중 어떤 이들은 나와 함께 일하며 노동계에서 중요한 역할을 하게 될 것이다. 노동계 리더인 윌리엄 그린William Green이 또 다른 리더인 존 루이스John L. Lewis와 절연했을 때, 나는 그와 협력을 추진했었다. 나는 윌리엄에게 그가 나의 성공 원칙을 따르면 노동계에서 존 루이스를 따돌리고 틀림없이 제1의 리더가 될 것이라고 말했다. 나는 미국 내의 모든 기업과 산업이 틀림없이 미국 노동 총동맹AFL(미국의 노동 단체 중 하나로 직업별 노동조합 연합체-옮긴이)과 계약을 맺도록 할 것이며 대가는 전혀 바라지 않는다고 말했다.

윌리엄과 만난 자리에서 그가 내게 말했다.

"나폴레온 힐씨에게 사과를 드려야겠습니다. 선생님에 대해서는 많이 들었지만, 얼굴을 못 봬서 어떤 분이신지 궁금했었습니다. 괴짜 같이 생기신 분이 아닐까 생각했는데 전혀 그렇지 않으시군요. 대가 없이 원칙을 전수해주신다고 하니 마다할 이유는 없는 것 같습니다. 선생님이 말씀하시는 기본 원칙이란 게 무엇인가요?"

"미국 노동 총동맹에 제가 평생을 기울여 정리한 핵심 내용을 전해드리겠습니다. 미국 전역에 학교를 세워서 미국 노동 총동맹의 모든 조합원이 이 철학을 배울 수 있게 하고 싶습니다."

"그 철학이란 어떤 것이고 원칙들은 어떤 건가요?"

"성공 철학에는 열일곱 가지 원칙이 있습니다. 첫 번째는 명확한 목표입니다."

"맞는 이야기 같네요."

"두 번째는 실행하는 믿음입니다."

"그렇군요."

"세 번째는 열정입니다."

"맞습니다."

"네 번째는 상상력입니다."

"그것도 맞는 말이고요."

"다섯 번째는 기대 이상으로 일하는 습관입니다."

"그건 뭔가요?"

"그건 상대방이 기대한 것보다 더 많이, 그리고 더 훌륭하게 일을 하는 것을 말합니다. 언제나 사람들을 위해 친절하고 즐거운 마음가짐으로 받기로 되어 있는 보상을 초월해서 최선을 다해 일하는 것을 말하죠."

"그건 어려운 문제입니다. 그런 방법을 따른다면 우리 단체를 운영하기 힘들 거라는 것을 잘 아실 텐데요."

사람들의 기대 이상으로 일하는 원칙을 잘 접목할 수 있는 노동 단체 리더는 노동계에서 선두를 달리게 될 것이다. 그것이 하나의 양식이 되면 다른 노동계 리더들도 그에 동참하거나 아니면 시류에 뒤처지게 될 것이다.

재계와 노동계가 동반자 관계가 되면, 보다 우호적으로 협력하게 되고 더욱 공정한 분배가 이루어질 것이다. 하지만 공정한 분배를 위해서는 먼저 더 많은 수익이 발생해야 한다. 그런 면에서 연좌 농성 등은 더 많은 수익 창출에 방해가 될 것이다.

이런 생각에 동의하기 어렵다면 메릴랜드주 볼티모어시의 기업가인 찰스 맥코믹Charles McCormick의 예를 들 수 있다. 내 강의를 들었던 그의 책을 살펴보면 이 방식을 채택한 후로 해마다 회사의 수익이 얼마나 증가했는지를 알 수 있다. 의심의 여지 없이 이 방식을 통해 회사와 근로자 모두에게 더욱 많은 수익이 돌아갈 수 있다.

전혀 비용이 드는 것이 아니며 기업의 생산성은 높이는 방법이다. 내 성공 철학은 노사 양측 사이의 반목과 마찰, 실망과 증오, 분노를 없애는 데 도움이 될 수 있다. 나는 보다 나은 세상을 만들고 싶다. 시도해본다면 기대 이상의 결과가 나올지 모르는 일이다.

15

건강을 유지하는 방법

어떤 마음가짐을 가지느냐가

다른 모든 요인을 합친 것보다

건강에 더 많은 영향을 미친다.

건강한 몸 상태를 유지해서 자신이 하고 싶은 것은 무엇이든 할 수 있다면 그것만큼 좋은 일은 없다. 건강을 유지하지 못하고 몸에 활력이 없었다면 지금까지 내가 이뤄온 일들이 가능하지 못했을 것이다. 나는 여러 이유로 지금과 같은 건강을 유지해야 한다. 우선 몸이 건강하면 인생을 더 즐길 수 있다. 몸이 건강해야 열정을 쏟을 일이 있을 때 열정을 쏟을 수 있다. 몸이 건강하지 못하면 열정조차 일어나기 힘들다. 나는 아침에 아픈 몸으로 일어나고 싶지 않다.

건강을 지킬 수 있는 여러 가지 방법이 있다. 이번 장에서 내가 제안하는 방법들을 통해 당신이 건강한 몸을 지키길 바란다.

마음 자세가 건강을 결정한다

마음 자세가 제일 중요하다. 마음이 건강하지 못하면 몸이 절대 건강할 수 없다. 그리고 건강하지 못한 몸은 마음까지도 병들게 한다.

이번 장을 다 읽고 나면 예전에 비해 건강한 몸을 꾸준히 유지하게 된다. 그러기 위한 첫 번째 방법이 건강한 마음 자세 유지다. 아래에 설명할 것들은 모두 건강한 마음 자세를 유지하는 방법들이다.

첫째, 가족과 직장 내 인간관계에서 불평하지 않아야 한다. 불평하는 마음은 소화를 해친다. "가족이 불평하게끔 만들기 때문에 그럴 수밖에 없다."고 말할 수도 있다. 그렇다면 불평할 거리가 생기지 않도록 상황을 변화시키도록 하라.

직장과 더불어 집은 우리가 대부분의 시간을 소비하는 곳이다. 따라서 직장과 가정 내에서 좋은 관계를 갖지 못하고 마찰과 오해, 다툼이 발생한다면 결코 좋은 건강을 갖지 못하고 마음의 평화도 가질 수 없다. 가정과 직장 내에서는 설령 미워할 수밖에 없는 사람이 있어도 미워하지 않아야 한다. 미움은 건강을 해친다. 미워하는 마음은 위궤양을 낳고, 부정적인 마음을 낳는다. 그리고 사람들을 당신에게 끌어오는 것이 아니라 몰아낸다. 미워하는 마음은 똑같이 상대방의 미워하는 마음을 일으킨다. 당신이 사람들을 미워하면 그들도 당신을 미워하게 된다. 말은 안 해도 사람들은 속으로 당신을 미워할 것이다.

그리고 남에 대한 험담이나 비방을 하지 않아야 한다. 하지만 세상에는 헐뜯을 일이 너무나 많기 때문에 지키기 참 어려운 일이다. 험담 대신에 당신에게 더 도움이 되고 득이 되는 일로 바꿔야 한다. 남을 험담하거나 비방하지 마라. 남에 대한 험담은 보복을 불러오기 때문이다. 그리고 미워하는 마음과 마찬가지로 남에 대한 험담은 소화를 해친다.

다음으로 두려워하는 마음이 없어야 한다. 두려워하는 마음은 인간관계에서 문제가 있음을 의미하고, 역시 소화를 해치기 때문이다. 또한 두려워하는 마음이 있다는 것은 당신의 삶에서 뭔가가 바뀌어야 함을 의미한다.

나는 진심으로 이 세상에서 두려운 것이 없다고 말할 수 있다. 예전에는 보통 사람들이 두려워할 만한 모든 것에 관해 두려움을 가졌다. 하지만 그런 두려움들을 극복하는 방법을 가지게 되면서 두려움이 사라지게 됐다. 두려움이 생기면 바로 담판을 짓는다. 어떻게 해서든 얼마나 걸리든 두려움을 일으킨 원인을 제거한다.

나는 두려움을 용납하지 않을 것이다. 죽음을 포함해 그 대상이 무엇이든, 두려움은 성공과 행복 그리고 마음의 평화를 막는다.

개인적으로 죽음의 순간이 크게 기대된다. 죽음은 내 인생에서 가장 흔치 않게 일어나는 사건 중의 하나가 될 것이다. 나는 해야 할 일이 많아서 죽음의 순간이 미뤄지길 원하지만, 그런 순간이 온다면 준비가 돼 있을 것이다. 죽음은 내가 인생에서 마지막으로 해야 할 일이자 가장 멋진 일이 될 것이다.

그리고 건강하기 위해서는 자신이 건강하지 않다는 생각과 말을 하지 않아야 한다. 건강에 대한 지나친 걱정은 건강 염려증이 될 수 있기 때문이다. 사람들의 건강에 대한 지나친 염려로 대부분의 의사가 돈을 벌고 있다는 사실을 알아야 한다.

또한 질투심을 갖지 않아야 한다. 질투심은 자립심이 부족함을 나타내고 소화를 해치기 때문이다.

어떤 마음가짐을 가지느냐가 다른 모든 요인을 합친 것보다 건강에 더 많은 영향을 미친다. 세균이 우리 몸의 혈액 속으로 침투하게 되더라도 자연의 힘을 통해 세워진 우리 몸 안의 놀라운 치료 시스템이 이를 처리한다. 우리 몸의 치료 시스템이 건강해서 제대로 작동한다면 몸속의 저항력이 신체 내로 들어오는 모든 세균을 처리할 것이다.

많은 사람이 결핵균을 비롯해 여러 다른 세균들을 평생 지니고 산다. 결핵균이 몸속에 있는데도 불구하고 결핵이 발병하지 않는 이유는 몸의 저항력이 세균이 번식하는 것을 막아주기 때문이다. 하지만 걱정, 짜증, 두려움이 생기는 순간 몸의 저항력은 무너진다. 세균은 수십억, 수조, 수천조로 증식하기 시작한다. 그렇게 해서 병이 시작되는 것이다.

식습관이 중요하다

식사 전에는 평화로운 마음으로 식사를 할 수 있도록 마음의 준비를 해야 한다. 식사 중에는 걱정과 불쾌한 마음, 말다툼이 없어야 한다. 보통의 가정에서는 식사 시간을 배우자와 아이에게 잔소리와 지적하는 시간으로 삼곤 한다. 가족이 모두 모여 식사하는 자리에서 지적이 오간다면, 식구들의 소화와 혈액 순환에 좋지 않은 영향이 일어나게 된다. 따라서 식사 시간을 지적하는 시간으로 삼지 않아야 한다. 식사 중 우리가 하는 생각은 먹는 음식을 에너지로 삼아 혈류로 흘러든다. 이를 가장 잘 알 수 있는 예는 아기에게 수유하는 경우다. 산모들이 걱정하거나 짜증이 난 상태에서 아기에게 수유하면 아기가 곧 배앓이를 한다는 사실을 잘 알고 있는가. 이처럼 산모의 마음이 모유를 독으로 바꿀 수 있다.

과식하지 않는 습관도 중요하다. 과식하게 되면 심장, 폐, 간장, 신장, 대장에 무리가 간다. 많은 사람이 적정 식사량의 두 배를 먹는 습관이 있다. 적정 식사량으로 식사하는 습관을 들이면 식비도 절약할 수 있다. 대단히 많은 사람이 과식하는 습관이 있다. 물론 몸을 많이 쓰는 직업을 가진 사람들은 육류와 감자 등을 든든히 먹어야 한다. 하지만 몸을 많이 쓰지 않고 주로 앉아서 일하는 사람들의 경우에는 소화가 잘되지 않는 느끼한 음식을 많이 먹지 않도록 해야 한다.

그리고 야채와 과일, 충분한 양의 물과 과일 주스 등을 균형 있게 섭취해야 한다. 건강을 위해서는 하루에 적어도 한 끼는 신선식품만을 먹는 것도 좋다. 야채와 과일, 견과류, 생선 등 신선식품만을 요리해서 먹고, 캔류나 가공식품 등은 먹지 않는 것이다. 이렇게 신선한 식품을 섭취하면 각 지역에서 난 농수산물을 골고루 즐기면서 영양도 챙길 수 있다.

급하게 먹지 않는 습관도 중요하다. 급하게 먹으면 충분한 소화 활동이 이루어지지 않아서 음식물로부터 제대로 된 영양을 섭취할 수 없다. 또한 서둘러 먹는 식습관은 마음이 안정되어 있지 못하고 생각이 지나치게 많음을 의미한다. 식사 시간에는 음식을 즐기고 즐거운 마음으로 식사해야 한다. 식사하는 동안은 당신이 원하는 것들과 목표 그리고 당신이 좋아하는 것들만 생각해야 한다.

함께 식사하는 사람이 있다면 상대방의 흠을 잡는 대화는 절대 하지 말고, 즐거운 대화만 해야 한다. 아내와 함께 식사할 경우라면 그녀의 아름다움에 대해 칭찬하면 좋을 것이다. 아내가 식사를 준비한 경우라면 음식이 참 맛있다는 이야기를 건네라. 나는 아내가 차린 식사가 무엇이건 항상 칭찬을 건넨다. 뭐가 되었건 기본적으로 아내가 나를 위해 정성 들여 차려준 식사이기 때문이다.

우리는 주기적으로 외식을 즐긴다. 외식에 2시간이 걸리지만 많이 먹어서가 아니라 충분한 대화를 나누면서 여유 있고 즐겁게 식사를 하기 때문이다. 식사하는 동안 우리가 키우는 반려견들은 각각 나의 무릎과 아내의 무릎 위에 앉아 있다. 우리는 반려견들과도 함께 대화를 나누며 모두가 함께 즐거운 시간을 갖는다. 이처럼 즐거운 식사 시간은 건강에 좋다.

나의 이런 식습관과 사는 방식을 다소 이질적으로 보는 사람들도 있다. 하지만 건강하게 살 수 있는 나만의 방식을 터득했다. 그것이 중요하다고 생각한다. 당신 또한 당신이 생각하는 건강한 삶의 방식을 개발하고 터득하길 바란다.

다음 식사 시간이 되기 전에 지나치게 간식을 먹거나 탄산음료를 마시지 말아야 한다. 젊은 사람들의 경우, 비교적 위가 튼튼해서 한동안은 견딜 수 있겠지만 결국에는 위장을 소홀히 관리한 대가를 치르게 되니 주의해야 한다.

지나친 음주는 언제나 좋지 않지만, 적당한 정도의 음주는 괜찮다고 본다. 나는 칵테일의 경우 한 잔에서 두 잔 정도 마신다. 그 정도가 딱 좋다. 세 잔까지 마실 수는 있지만 하지 않아야 할 말과 행동을 하게 될 수도 있으므로 피하려고 한다. 나는 어느 경우에도 맑은 정신을 유지하고 싶다.

위와 뇌를 자극해서 평소의 당신과는 지나치게 다른 사람이 되어서 무엇이 좋겠는가? 술에 취하게 되면 지나치게 솔직해져서 사람들에게 보이지 않아야 할 모습을 보여줄 수도 있다. 술에 취해 바보같이 행동하는 모습을 보일 수도 있다. 혀가 꼬이고 자신을 주체하지 못하는 모습을 보이면 사람들이 당신을 신뢰할 수 있을까?

술을 마시지 않는 고상한 사람인 척하는 것도 좋지는 않다. 나는 누군가의 집에 초대를 받은 경우 "죄송합니다. 저는 술을 원래 안 마십니다."라고 말하지 않는다. 술을 마시고 싶지 않은 날에는 일단 술잔을 들고 분위기를 맞추려고 한다. 사람들 앞에서 말을 해야 하는 날에는 술잔에 담긴 술을 몰래 싱크대에 붓기도 한다. 분위기는 깨지 않으면서 맑은 정신으로 사람들에게 강의하고 싶기 때문이다.

다른 모든 것과 마찬가지로 술이든 담배든 적당히 마시고 피운다면 그리 나쁘지는 않을 것이다. 하지만 할 수만 있다면 전혀 안 하는 것도 좋다고 생각한다.

술에 관해서는 내가 유연하게 이야기했음을 알 것이다. 각자에 맞게 잘 취사 선택하면 될 것이다. 어차피 당신이 원하는 대로 하게 될 테니, 본인에게 맞게 선택하면 된다.

영양 보충을 위해 비타민제를 복용하는 것도 건강을 지키는 좋은 방법이다. 단, 의사의 처방에 따르거나 비타민제에 대해 잘 아는 사람의 권고를 따르길 바란다. 약국에 가서 무턱대고 "모든 비타민 성분이 다 들어있는 비타민제 주세요."라고 말하지 마라. 당신에게 필요한 모든 비타민 성분을 줄 수 있는 비타민제는 없다. 나는 각기 다른 성분이 들어 있는 각각의 비타민제들을 가지고 있다.

휴식과 기분 전환

건강을 위해서는 기분 전환이 필요하다. 따라서 일과 기분 전환 사이에 균형을 이뤄야 한다. 그렇다고 해서 일한 만큼 기분 전환도 동일하게 맞춰서 해야 한다는 것은 아니다. 나의 경우에는 40분 일하고 5분간 쉬며 기분 전환을 한다. 일하는 시간에는 완전히 집중해서 글을 쓴다. 내게는 40분이라는 시간이 몸이 집중하며 견딜 수 있는 최대한의 시간이다. 40분간 일하고 나면 피아노 앞에 가서 5분에서 10분간 피아노를 친다. 집중해서 일했던 시간을 쉬는 시간과 섞어서 균형을 맞추는 것이다. 그리고 나서는 다시 40분간 일을 한다.

하루 24시간 중 8시간은 잠을 충분히 그리고 푹 자는 것 또한 건강 유지를 위한 방법이다. 편안하고 충분한 잠을 자는 것은 좋은 습관이다. 침대에 누워 뒤척이며 이 생각 저 생각에 고민하며 잠을 이루지 못하는 것은 좋지 않다. 침대에 누우면 바로 편안한 마음으로 잠들 수 있도록 해야 한다. 그러기 위해서는 당신 자신과 당신의 양심, 그리고 이웃과 좋은 관계를 맺어서 걱정할 일이 없어야 한다. 베개에 머리를 대자마자 바로 잠에 곯아떨어질 수 있어야 한다.

어떻게 할 수 없는 일들로 걱정하지 않는 연습을 해야 한다. 어떻게 해볼 수 있는 것만 걱정해도 충분히 건강에 좋지 않다. 나는 어떻게 해볼 수 있는 수준을 넘어서는 문제에 대해서는 고민하지 않는다. 예전에 학생 중 한 명이 나를 찾아오는 사람들의 문제를 지나치게 고민하지 않느냐고 물어본 적이 있다. 나는 그에게 이렇게 대답했다.

"다른 사람들의 고민거리로요? 저는 제 문제에 대해서도 걱정하지 않는걸요. 제가 왜 다른 사람의 문제로 머리를 싸매고 고민해야 하나요?"

내가 무관심해서가 절대 아니다. 나는 무관심하고는 한참 거리가 먼 사람이다. 나는 지인들과 학생들의 문제에 지대한 관심이 있다. 하지만 내 문제만큼은 아니다. 그들의 문제는 결국 그들의 문제일 뿐이다. 나는 그들의 문제를 해결해주기 위해 할 수 있는 모든 것을 하지만 내 문제일 경우만큼은 아니다. 당신 또한 이런 습관을 들이길 바란다. 많은 사람이 자신의 문제뿐만 아니라 친척, 친구, 지인, 심지어 온 나라의 문제까지 짊어지려고 한다.

삶은 당신이 찾는 것을 결국 어떻게든 드러내준다. 다른 사람들의 결점, 문제, 걱정할 거리 등을 찾는다면 당신은 언젠가 반드시 찾게 될 것이다. 멀리 갈 필요도 없다. 수많은 걱정할 거리를 찾는다면 집 안에서도 얼마든지 찾을 수 있다.

희망

건강은 희망을 자극하고, 희망은 건강을 자극한다. 희망이 없는 사람은 길을 잃고 방황하는 것과 같다. 희망이란 인생에서 아직 이루지 못한 목표이며, 우리가 추구하며 이루기 위해 노력하는 것이다. 당신은 그것을 이룰 것임을 알고 있다. 빨리 이루지 못한다고 해서 걱정하지 않아야 한다.

많은 사람이 부자가 되려고 노력한다. 많은 돈을 벌고 싶어 한다. 하지만 인내심이 너무 없다. 빨리 돈을 벌지 못하면 초조해하면서 분노에 빠져든다. 돈을 빨리 벌고 싶다는 욕망 때문에 나쁜 길로 빠져들기도 한다.

희망을 키워 이루고 싶다면 매일 기도하라. 말로 하건, 글로 표현하건, 생각으로만 하던, 어떤 형태로든 기도하라. 더 많은 축복을 바라는 기도가 아니라 이미 누리고 있는 것들에 대해 감사의 기도를 하라.

우리는 누리고 있는 자유의 혜택을 제대로 인식하지 못할 때가 많다. 되고 싶은 자신을 만들어갈 자유, 자신의 삶을 살 자유, 원하는 목표를 가질 자유, 친구를 가질 자유, 원하는 정치인에 투표할 자유,

원하는 종교를 누릴 자유, 심지어 원한다면 잘못된 삶을 살 자유 등 원하는 것은 무엇이든 할 수 있는 자유가 있다.

그리고 주도적으로 직업을 선택하고 추구할 수 있는 자유가 있다. 또한 당신의 재능에 맞게 경제적 자유를 얻을 수 있는 기회와 건강한 몸과 마음에 감사하라. 당신 앞에 놓인 삶의 나날들에 대해 감사하라. 나는 남은 삶과 성취해야 할 일들이 많이 남아 있다. 나는 여전히 젊은이인 셈이다. 일적인 면만 보자면 나는 유치원을 다니고 있는 셈이고, 초등학교에 가게 될 것이다. 더 잘해야 할 일들이 많다. 나는 지금 그 어느 때보다 시간을 유용하게 사용하고 있다.

그리고 더 나은 세계에 대한 희망이 있다. 당신은 이 성공 철학을 삶에서 실천하고 주변 사람들에게 전함으로써 이 세상을 더 나은 곳으로 만드는 데 일조할 수 있다. 그것이 곧 당신이 사는 세상을 더 나은 세상으로 만드는 일이다. 우리의 삶과 세상은 분리될 수 없다.

무조건 약에 의존하는 습관을 버려라

무조건 약에 의존하는 습관을 버려야 한다. 물론 의사의 처방에 따른 약 복용은 해야 한다. 하지만 무턱대고 진통제 등의 약에 의존하려는 습관은 버려야 한다. 두통은 변화와 조치가 필요함을 알리는 몸이 보내는 신호다. 두통은 자신의 마음이나 생활 패턴, 인간관계에 뭔가 문제가 있으니 필요한 조치를 해야 함을 알리는 몸의 신호다. 증상 자체만 들여다보려 하지 말고, 문제의 원인을 들여다볼 줄 알아야 한다.

통증은 모든 생명체가 가지는 신비 중 하나다. 통증은 지구상의 모든 생명체가 이해하는 언어다. 모든 생명체는 통증을 느끼면 자연스럽게 뭔가 조처를 하기 시작한다. 통증은 몸이 보내는 경고 신호이기 때문이다.

아플 때 무조건 약만 찾고 아무런 조치도 하지 않는 것은 나쁜 습관이다. 건강은 신선한 공기와 좋은 음식 그리고 좋은 사고와 생활 습관을 통해 얻을 수 있다. 이 모든 것은 당신이 할 수 있는 일이다.

단식

내가 왕성한 에너지를 유지하고 잔병치레가 없는 까닭은 1년에 두 번 열흘간 하는 단식 때문이다. 이 열흘 동안에는 어떤 음식물도 먹지 않는다. 단식 전 이틀간은 몸이 필요로 하는 필수 영양소를 가진 신선한 과일과 과일주스만 섭취하는 준비 기간을 갖는다. 그리고 물만 마시는 단식에 들어간다. 물맛의 밋밋함을 덜기 위해 레몬주스 등을 조금 타서 마시기도 한다. 믿지 못하겠지만 단식 중에 마시는 물맛은 굉장히 밋밋하게 느껴질 수 있다. 단식을 마치면 처음 이틀은 아주 가벼운 식사를 한다. 첫날은 기름기가 들어가지 않은 소량의 수프와 통밀빵을 한 조각 먹는다.

내가 단식 방법을 말했다고 해서 무작정 단식을 시작하지 않길 바란다. 단식하는 방법과 단식이 필요한 이유에 대해 의사 또는 경험이 풍부한 사람의 안내 없이 시작해서는 안 된다. 나는 미국 체육 문화의 선구자인 버나 맥파든Bernarr MacFadden으로부터 처음 단식을 배우게 됐다. 계기는 독감이었다. 독감이 나았다 싶다가도 2주 정도 후에 다시 가벼운 형태로 걸리곤 하던 때였다. 버나에게 이 사실을 말했더니 그는 이렇게 말했다.

"독감을 완전히 없애보지 그래요?"

"어떻게요?"

"굶겨 죽이는 겁니다."

그는 독감에게 영양분 공급을 끊으면 독감이 사라질 것이라고 말했다. 내 몸을 완전히 청소하고 독감이 먹을 양분을 완전히 남겨두지 않는 방법이었다.

단식을 실천하자 더는 독감에 반복해서 걸리지 않았다. 그 이후로 감기 비슷한 증상을 겪은 것은 단지 올해뿐이다. 나는 1년에 두 번 단식하며 몸의 면역력을 키우고 있다.

처음 단식을 하게 되면 인생을 통틀어 가장 영적인 체험을 하게 될 수도 있다. 나처럼 어린 시절의 기억이 떠오를 수도 있다. 처음 단식을 할 때는 불현듯 마당에서 기저귀만 차고 놀면서 엄마와 나눈 대화가 떠올랐다. 더운 여름날이었고 엄마는 내게 몇 가지 질문을 하고 나는 대답했다. 엄마와 나눈 질문과 대화를 마치 몇 분 전에 나눈 대화처럼 생생히 기억할 수 있었다. 그뿐 아니라 아주 어린 시절에 일어났던 많은 일도 떠올랐다. 기억력이 재활성화된 것이었다.

걱정거리가 있었어도 단식을 시작하면 걱정들이 사라지기 시작했다. 그리고 위장이 안 좋았다면 단식을 마치고 나서 위장이 좋아지는 경험을 하게 될 것이다.

나는 40일간 단식을 한 사람들과 단식으로 암을 치료한 의사들을 알고 있다. 단식은 이처럼 치료와 영적인 측면뿐 아니라 경제적 측면에서도 놀라운 효과를 준다.

감사한 마음으로 일해야 건강해진다

일은 축복임에 틀림없다. 일은 창조주가 모든 생명체에게 반드시 해야 할 것으로 준 것이기 때문이다. 하늘을 나는 새나 밀림의 야수는 사람처럼 씨를 뿌리고 곡식을 거두지는 않지만, 먹잇감을 얻기 위해서는 반드시 일해야 한다.

일은 섬기는 마음으로 해야 한다. 일을 통해 당신이 얻는 것을 먼저 생각하기보다 사람들에게 유용한 서비스를 제공하고 있다는 생각으로 일을 생각하라. 당신이 하는 일이 사람들에게 도움을 주고 있다고 생각해야 한다.

서비스를 받는 사람을 진심으로 위하며 일하면 일이 힘들다는 생각이 들지 않는다. 보상의 법칙에 따라 힘이 들지 않게 된다.

사람들의 기대 이상으로 일하는 습관은 이 성공 철학에서 가장 훌룡한 원칙이다. 당신의 기분을 좋게 해주고, 당신과 서비스를 받는 사람들 모두에게 좋은 일이며 건강에도 좋다.

삶의 명확한 목표를 이룬다는 희망을 바탕으로 일해야 한다. 그러면 일이 견뎌야 할 짐이 아니라 즐거움이 된다. 일함으로써 얻게 되는 건강한 신체와 경제적 안정, 그리고 당신의 가족에게 주는 혜택에 감사하는 마음으로 일해야 한다.

당신의 몸은 당신이 치유할 수 있다는 신념을 가져라

건강을 지키기 위해서는 내면에 있는 무한한 지성과 대화하고, 어디에서나 분명하게 보이는 자연의 법칙에 순응하는 법을 익혀야 한다. 이것이 내가 아는 위대한 치료법 중 하나다. 무한한 지성과 자연의 법칙은 신념의 마르지 않는 원천이며, 우리 몸을 치유해주는 가장 뛰어난 치료 약이다.

당신의 몸은 당신이 치유할 수 있다는 신념을 가져라. 만약 내 몸에 이상이 생기게 된다면, 나는 사막에 가서 벌거벗고 피부가 벗겨질 정도로 햇살을 맞으며 운동할 것이다. 창조주의 햇살과 사막의 모래 먼지 그리고 의지가 나의 몸을 괴롭히는 것은 무엇이든지 없애버릴 것이다.

습관의 힘

모든 습관은 습관의 힘을 통해 오랫동안 지속하는 속성을 가지고 자동으로 이루어진다. 우리는 생각의 습관과 몸의 습관을 정할 수 있다. 습관을 한번 정하면 습관의 힘이 계속해서 습관을 이행하게 한다. 이 습관의 힘과 습관의 법칙을 이해해야 한다. 그러면 건강 염려증이 있는 사람들이 계속해서 건강하지 못한 이유를 이해하게 될 것이다. 건강은 건강하고자 하는 마음에서 시작된다. '당신의 몸은 당신이 치유할 수 있다는 신념을 가져야 한다.'는 말은 이 말과 상통한다. 건강하고자 하는 마음과 의지가 없으면 사람은 건강할 수 없다.

16

습관의 힘

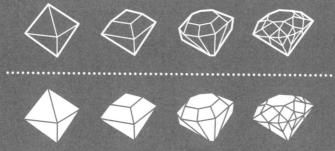

평범함을 뛰어넘으려는 목표가 있다면,

당신의 배터리를 충전시켜줄 수 있는

충전소가 반드시 필요하다.

그래야 어려움에 굴하지 않고 사람들의 조롱에 개의치 않고

계속해서 목표를 향해 나아갈 수 있다.

이번 장은 전체 17장 중에서 개인적으로 가장 심오한 깊이가 있다고 생각하는 장이다. 랄프 왈도 에머슨Ralph Waldo Emerson(미국의 사상가 겸 시인-옮긴이)의 강의를 들었거나 그의 에세이 중 '보상'을 읽어본 사람이라면 이번 장의 요지를 훨씬 빠르고 쉽게 이해할 수 있다.

나는 에머슨의 에세이에서 보상에 관한 부분에 집중하며 마침내 그가 이야기하는 내용을 해석할 수 있었다. 그리고 언젠가 그 부분을 누구나 쉽게 이해할 수 있도록 다시 써보겠다고 생각했었다. 이번 장이 바로 그것이다.

'습관의 법칙' 또는 '습관의 힘'은 우주의 모든 자연법칙을 조절한다. 우주에는 많은 자연법칙이 있고, 그 법칙에 따라 우주와 자연은 한순간도 멈추지 않고 자동으로 흘러간다. 또한 자연법칙을 이해하고 순응해서 그 법칙을 지키려고 노력하는 사람은 인생에서 크게 성공할 수 있다. 하지만 자연법칙을 이해하지 못하고 순응하지 않는 사람은 인생에서 실패하게 된다.

습관은 어떻게 생겨나고, 원하지 않는 습관은 어떻게 없앨 수 있느지 종종 궁금했을 것이다. 이번 장에서 그 궁금증에 대한 해답을 조금이라도 얻게 되길 바란다.

인간은 습관을 조절할 힘을 가지고 있다. 하나의 습관을 가지고 있다가도 그것을 버리고 자신이 원하는 다른 습관을 가질 수 있다. 지구상의 모든 생명체 중에서 인간만이 이런 특권을 누리고 있다. 인간 외의 생물들은 고정된 삶의 패턴을 운명적으로 따라 살아야 한다. 우리는 이것을 '본능'이라고 부른다.

인간은 본능에 얽매이지 않는다. 인간은 오로지 상상력과 마음의 의지력에 얽매일 수 있다. 그리고 의지력과 마음을 자신이 원하는 목표에 투영할 수 있다. 인간은 자신의 목표를 향해 나아가기 위해 필요한 습관들을 형성할 수 있으며, 이 장에서 그 주제에 대해 다룰 것이다.

자연법칙

먼저 인간을 제외한 모든 존재가 습관을 따르도록 하는 자연법칙에 대해 간단히 살펴보자. 인간에게 영구적인 습관이란 없다. 인간은 스스로 습관을 정하고, 의지에 따라 습관을 바꿀 수 있다. 창조주가 인간에게 자신의 마음을 관리하고 사용할 권한과 능력을 온전히 주었다는 것은 대단히 놀랍고 심오한 사실이다. 습관의 법칙은 마음의 패턴을 정하고 당신이 선택한 목표에 이르게 해주는 도구다.

우주에는 습관의 법칙에 의해 고정되어 멈추지 않으며 바뀌지 않는 것들도 있다. 그중 하나가 별과 행성이다. 수백만, 수십억, 수천조의 별과 행성이 하늘에서 부딪치지 않고 질서 정연하게 움직인다. 우주의 움직임은 매우 정확하다. 그래서 천문학자들이 수백 년을 미리 앞서서 별과 행성의 움직임을 예측할 수 있는 것이다.

만약 창조주가 우주의 질서를 세우지 않고, 매일 밤 모든 별을 보며 움직임을 조절해야 한다면 굉장히 바쁠 것이다. 창조주는 그럴 필요가 없도록 우주가 자동으로 움직이는 질서인 시스템을 만들었다. 내가 만든 시스템인 여덟 명의 각 방면의 멘토들은 창조주의 시스템처럼 자동으로 나를 위해 일해주고 있다. 상상 속의 존재이지만 이들은 내가 필요한 것들을 챙겨준다. 걱정할 필요가 없도록 내게 필요한 모든 것을 돌봐주는 존재들이다.

창조주는 질서를 고정해서 우주가 자동으로 돌아가도록 시스템을 만들었다. 이 시스템인 우주의 법칙을 따르느냐, 따르지 않느냐에 따라 당신은 다른 결과를 가진다. 이 법칙에 대해 알고 순응하면 좋은 결과를 얻게 되지만, 이 법칙에 대해 알지 못하면 무지와 무시의 결과로 고생하게 될 것이다.

많은 사람이 습관의 법칙이 있다는 사실을 인지하지 못하고 살아간다. 이 놀라운 법칙을 모르는 사람들이 마주하는 결과는 무엇일까? 경제적인 풍요와 건강, 그리고 성공과 마음의 평화일까?

그 결과는 가난과 건강하지 않은 몸과 마음, 좌절과 두려움 그리고 자신이 원하지 않는 그 밖의 것들이다. 우리가 계속해서 집중하는 생각은 습관의 힘에 따라 습관으로 굳어져 영구적인 게 된다. 당신이 배우고 있는 이 성공학이 어떤 계기와 깨달음에 의해 없어질 때까지 말이다.

어느 날, 한 여성이 스톤과 나의 사무실을 방문했다. 그녀는 생일에 따른 유명 인물의 운세를 책으로 펴내려는 계획이 있다고 말하며 그중 한 페이지에 우리의 운세를 싣고 싶다고 제안했다.

하지만 스톤은 그 제안을 거절했다. 스톤은 그녀에게 생일은 인생에서 일어나는 일들과 관련이 없다고 생각한다고 말했다.

"나폴레온 힐씨는 어떻게 생각하실지 모르겠습니다. 지금 말씀드린 건 제 경우이고요."

그의 말에 나는 이렇게 답했다.

"스톤씨가 제가 할 말을 했습니다."

별자리 운세는 당신에게 중요하지 않다. 그리고 당신에게 좋지 못한 상황이 오더라도 환경은 중요하지 않다. 당신의 과거 또한 중요하지 않다. 당신은 현재의 당신에서 당신이 원하는 미래의 모습으로 바뀔 수 있다. 법칙을 알고 따르면 쉽게 원하는 것을 이룰 수 있다. 과거에 비해 훨씬 쉽게 성공하도록 이끌어줄 습관을 만들어라. 성공하고 나면 그토록 열심히 노력했는데도 불구하고 성공하지 못했던 이유를 깨닫게 될 것이다. 대부분의 사람은 성공을 향해서가 아니라 실패를 향해 열심히 일한다. 이 법칙을 알게 되면 성공이 훨씬 쉬워지고, 실패가 아닌 성공에서 누릴 수 있는 즐거움을 알게 될 것이다.

습관의 법칙을 이해하고 원하는 것을 이루게 해줄 습관을 만들지 않으면 결코 성공할 수 없다. 여기에 예외란 없다. 당신이 나아가고자 하는 곳으로 이끌어줄 습관을 만들어야 한다.

규칙적으로 매년 오고 가는 계절에 따라 만물은 자라고 번식한다. 현미경으로만 볼 수 있는 원생동물에서 인간에 이르기까지, 각 생명의 씨앗은 자라서 변이 없이 자신을 닮은 개체를 번식한다.

엄격히 말하자면 환경과 기후 조건 그리고 지역에 따라 개체의 변이가 일어난다. 예컨대, 플로리다에 살았을 때 나는 지인과 함께 토끼 사냥을 나가곤 했다. 그런데 북부에서 살 때 볼 수 있었던 토끼들이 회색 토끼였던 데 반해, 플로리다 토끼들은 검은색이었다. 처음에는 고양이인 줄 알았다.

이처럼 생명을 가진 개체에는 변이가 있다. 원예 개량가인 루터 버뱅크Luther Burbank는 꽃에 변이를 일으키고 교배해 새로운 품종을 만들 수 있다는 사실을 발견했다.

습관은 물질의 화학적 작용에서도 발견된다. 이는 물질의 가장 작은 입자인 전자와 양성자에서부터 별과 같은 거대한 물질에 이른다. 물질의 모든 작용과 반작용은 습관의 법칙에 따라 고정된 습관을 지닌다.

물질의 가장 작은 입자들이 모두 습관의 결과로 존재한다는 생각을 해본 적이 있는가? 각 생명의 씨앗은 자신과 같은 종류를 다시 만들어 내지만, 각각의 번식은 그것이 놓인 다양한 환경에 따라 변이된다.

우리의 사고 습관은 습관의 힘에 따라 자동으로 고정되고 영구적이게 된다. 이런 사고 습관은 자동으로 굳어진다. 당신이 반복해서 하는 생각은 습관으로 고정된다. 습관으로 만들고 싶은 것에 한동안 집중하면 습관의 힘이 그것을 이어받아 습관으로 굳힌다.

생각의 패턴은 특정 주제에 대한 반복된 생각으로 만들어진다. 생각의 패턴은 당신이 의지로 멈출 때까지 습관의 법칙에 따라 오랫동안 지속된다.

종교 의식처럼 경건한 마음으로 일하라

일하는 동안의 마음 자세 또한, 우리 몸의 모든 세포에 에너지를 전달하고 치유하는 중요한 역할을 한다. 긍정적인 생각을 가지고 하나의 종교 의식처럼 경건한 마음으로 일하라.

문명화가 불러온 한 가지 문제점은 보수를 바라지 않고 즐거운 마음으로 일하는 사람들이 극히 적어졌다는 사실이다. 내가 생을 마치기 전에 바라는 일 중 하나는 사람들이 보수를 바라지 않고 헌신적이고 즐겁게 최선을 다해 일하는 마음을 가지도록 하는 데 기여하는 것이다.

잘못된 생각의 습관은 자기 자신과 사회에 많은 문제를 불러온다. 사람들이 잘못된 생각의 습관을 고친다면, 이 세상은 훨씬 더 좋아질 것이다. 나의 사명은 사람들이 생각의 습관을 바로잡고 더 나은 습관을 가지도록 돕는 것이다. 생각의 습관을 바꾸면 사람과 사람이, 그리고 나라와 나라가 대립하고 싸우는 대신에 협력을 모색하며 개인과 국가가 건강해지고 풍요로움을 함께 나눌 수 있다.

소수의 사람이 지나친 부를 움켜쥐려고 하지 않는다면 이 세상에는 풍요로움이 넘칠 것이다. 나는 다른 사람들과 나눌 수 없는 이득과 능력을 바라지 않는다. 다른 사람들보다 더 많은 것을 누리길 바라지 않는다. 내가 바라는 것은 내가 가진 지식과 능력을 나누어서 사람들이 성공적인 삶을 살 수 있도록 돕는 것이다.

유명한 메이요 형제Mayo brothers(1889년 메이요 형제가 성 프란체스코 수녀원의 지원으로 개원한 메이요 클리닉은 현재도 각 치료 분야에서 세계 1~2위를 차지하는 미국 최우수 종합 병원 중 하나이다-옮긴이)는 건강한 몸을 유지하는 데 일, 오락, 사랑, 예배가 매우 중요한 역할을 한다는 결론을 내렸다. 우리의 몸은 간과 심장 등을 따로 분리해서 고쳐야 하는 것이 아니라 통합적으로 관리해야 한다는 것이다. 이런 철학을 가진 메이요 클리닉은 작은 시골 마을에 있음에도 불구하고 수많은 환자가 줄을 이어 찾고 있다. 메이요 형제는 이 네 가지가 균형을 잃으면 우리 몸이 건강을 잃고 질병이 생길 확률이 굉장히 높아진다는 결론을 내렸다.

사람들의 기대 이상으로 최선을 다해 일하면 건강이라는 보수가 따른다. 최선을 다해 일하는 습관을 들이면 경제적인 보상도 따르지만, 일할 때의 즐겁고 의욕에 찬 마음 자세는 우리 몸을 건강하게 만들어준다. 즐겁고 의욕에 차서 일하면 몸에 힘이 난다. 사람들의 생활에 도움이 되기 위해 보수에 신경 쓰지 않고 열심히 일하면 몸이 건강해진다. 그리고 건강이라는 이득뿐 아니라, 당신에게서 유용한 도움을 받은 사람들이 신세를 갚기 위해 발 벗고 도움을 주고 싶어 한다.

반면에 마지못해 일하고 부정적인 마음으로 일하는 습관을 가진 사람들과는 어느 누구도 같이 일하고 싶어 하지 않는다. 그런 사람을 고용하고 싶어 하는 사람은 없다. 그런 사람은 주위의 모든 사람에게 피해를 준다. 앤드류 카네기는 1만 명이 일하는 회사에서 단 한 명이라도 부정적인 마음을 가지면, (비록 말로 하지 않고 속으로 생각만 하더라도) 불과 2~3일 만에 모든 사람의 마음을 부정적으로 오염시킬 수 있다고 말한 적이 있다.

가족 간의 다툼이 있는 집을 방문하게 되면, 마당에 들어설 때 그런 기운을 느끼게 된다. 예민한 사람들은 다른 사람들의 집을 방문할 때 그 집이 가진 기운을 느끼는 경우가 있다. 우리 집을 처음 방문하는 사람들은 집을 둘러본 후 집이 주는 편안한 분위기에 칭찬을 건네곤 한다. 얼마 전에 한 출판사 대표는 우리 집 거실에 들어오면서 "정말 아름다운 집이네요."라고 말하며 이렇게 덧붙였다.

"특별할 것 없는 평범한 집이지만, 분위기가 굉장히 안정적이고 편안하네요. 집이 가진 진동이 아주 좋습니다."

우리 집은 언제나 긍정적인 진동으로 가득 차 있다. 불화는 우리 집에서 허용되지 않는다. 앞서 말했듯이 우리가 키우는 반려견들은 집 안에서 느껴지는 진동에 잘 반응한다. 뭔가 조화롭지 않은 에너지를 가진 사람이 집에 들어오면 냄새를 맡고 나서 짖어대지만, 조화로운 에너지를 가진 사람일 경우에는 친근하고 반갑게 손을 핥는다.

가정, 직장, 거리, 도시마다 그곳에서 살고 일하는 사람들의 지배적인 생각을 반영하는 각각의 고유한 진동을 가진다. 티파니 매장과 같이 으리으리한 고급 매장들이 즐비한 뉴욕의 5번가를 가면, 사람들은 자신도 부유해진 것 같은 느낌을 받게 될 것이다. 반면에 그곳에서 불과 네 블록이 떨어져 있는 8번가와 9번가의 우범지대에 들어서면 설령, 자신이 남부럽지 않은 부를 가지고 있더라도 자신도 마치 아무것도 가진 것이 없는 느낌을 받게 되곤 할 것이다. 그곳에서 사는 사람들의 머릿속에서는 가난이 떠날 수 없으며 그 동네에 가면 그것을 느낄 수 있다.

만약 누군가가 내가 눈가리개를 하게 하고 5번가와 8번가 또는 9번가를 데리고 간다면 나는 어디에 있는지 맞힐 수 있을 것이다. 눈을 뜬 상태에서 느낄 수 있는 것처럼 그곳들이 각각 가진 진동을 느낄 수 있을 것이다.

돈과 습관의 힘

돈과 습관의 힘의 관계에 대해 살펴보자. 당신이 원하는 경제적인 부에 대해 계속해서 생각하면 습관의 힘에 따라 현실에서 실제로 당신이 원하는 부에 점점 다가가게 된다.

내가 본 성공한 부자들은 자신이 할 수 없는 일이 아니라, 자신이 할 수 있는 일들을 계속해서 생각했다. 나는 그중 한 명에게 그가 할 수 없지만 원하는 것이 있는지 물었다. 그는 이렇게 대답했다. "제가 할 수 있는 일에 집중하지, 제가 할 수 없는 일에 대해서는 집중하지 않습니다."

하지만 많은 사람이 성공한 부자들처럼 이렇게 집중하지 않는다. 그들은 자신이 할 수 없는 것에 집중하고 걱정해서 결과적으로 부를 이뤄내지 못한다. 그들은 없는 돈에 대해 생각하고 걱정한다. 결과적으로 그들은 돈을 벌지 못한다.

돈은 특별한 속성을 가지고 있다. 자신이 돈을 가질 자격이 없다고 믿는 사람들에게는 절대 붙지 않는다. 돈을 버는 일은 당신이 어떤 마음을 가지는지에 달려 있다.

학생들을 가르치면서 자신이 할 수 있다고 믿는 학생들의 경제적인 사정이 나아지는 것을 발견했다. 자신이 할 수 없다고 믿은 학생들의 경제적인 사정은 좋아지지 않았다.

이 성공 철학의 목적은 자기 자신을 믿고, 인생에서 원하는 것에 마음을 집중하고 원하지 않는 것에는 마음을 두지 않는 능력이 자신에게 있음을 알게 하는 것이다.

간디는 자신의 마음을 제외하고는 대영제국에 맞설 수 있는 어떤 것도 가지고 있지 못한 사람이었다. 그에게는 군대도 없었고, 돈도 없었으며, 맞설 무기도 없었고, 자신이 입을 변변한 옷조차 없었다. 그럼에도 불구하고 마음의 힘으로 마침내 대영제국을 자신의 조국으로부터 물러나게 하는 데 성공했다. 그의 마음은 대영제국이 자신이 나라에 머물며 통치하는 것을 허락하지 않았다.

마음의 힘을 사용하면 원하지 않는 사람을 당신의 삶에 허용하지 않을 수 있다. 말로 할 필요 없이 마음만으로 이렇게 생각하면 된다. "나는 저 사람이 내 삶에 들어오길 원치 않는다." 그러면 그는 당신의 삶에서 떠나갈 것이다. 때론 아주 빠르게 사라질 것이다. 내가 들고 다니는 작은 까만색 수첩이 하나 있다. 나는 그 수첩에 원하지 않는 사람이 있을 때마다 이름을 적는다. 그러면 실제로 그 사람은 내 삶에서 떠나간다.

마음의 힘은 놀라운 힘을 가지고 있다. 부자 마인드 없이 경제적인 자유를 이룬 사람은 없다. 마찬가지로 건강에 대한 의지와 관심 없이 건강을 유지하는 사람은 없다.

심리학자들 사이에서 가난에 찌든 사람들은 빈자의 마인드에서 헤어나기 어렵다는 사실은 잘 알려져 있다. 빈자의 마인드는 어린 시절의 경험에서 비롯해 평생 이어지기도 한다.

앤드류 카네기와 함께 일하면서 내가 겪은 가장 큰 어려움이 있었다. 어린 시절의 가난과 무지한 환경을 잊는 것이었다. 나는 버지니아주의 작은 산자락에서 자랐던 어려운 환경을 잊기까지 오랜 시간이 걸렸다. 성공한 부자들과 처음으로 인터뷰를 시작하던 시절에는 두려운 마음으로 이런 생각을 속으로 하곤 했다.

'이 사람에 비하면 난 얼마나 하찮고 별 볼 일 없는 사람인가. 내 무지가 드러나서 창피를 당하게 될지도 몰라.' 내가 자란 환경과 가난을 잊을 수 없었기 때문이었다. 빈자의 마인드를 떨쳐내는 데는 오랜 시간이 걸렸다. 그렇지만, 마침내 부자의 마인드로 살아가기 시작했다. 나는 이렇게 생각하기 시작했다. '와나메이커 씨도 나도 똑같이 부자의 마인드를 가졌으니 그가 나를 만나지 않을 이유가 없지?' 그런 부자 마인드를 가지면서부터 실제로 부자가 되었다.

지금까지 나의 성공 철학은 전 세계 곳곳으로 전해졌고, 앞으로도 더 빨리 그리고 더 멀리, 더 심도 있게 전해질 것이다. 이제 존 와나메이커John Wanamaker("소비자는 왕이다."라는 말로 유명한 미국 최초의 백화점 창시자―옮긴이)와 카네기 등 누구에게도 뒤지지 않는 성취를 이뤘다고 자신 있게 말할 수 있다. 전 세계 수백만 명의 사람들의 삶에 영향을 미쳤으니 말이다. 생각의 습관을 바꾸지 않았더라면 가능하지 불가능했을 일이다.

내가 이뤄낸 큰 성과는 사람들의 협력을 끌어낸 것이 아니었다. 그것은 쉬운 일이었다. 내가 이뤄낸 큰 성과는 생각의 습관을 바꾼 것이었다. 생각의 습관을 바꾸지 않았더라면 내가 쓴 책들이 그처럼 많은 사람에게 영향을 미치지 못했을 것이다. 그런 책들을 쓰기에 앞서, 먼저 생각의 습관을 만들어서 자동으로 내 마음이 긍정적인 점들에 집중하도록 했기에 가능한 일이었다.

두려움과 긍정적인 자세

환자들은 의사가 자신의 병을 치료할 수 없을지 모른다는 두려움에 빠질 수 있다. 의사들은 환자의 이런 강박 수준의 두려움에 우려를 나타낸다. 환자의 마음이 치료에 긍정적인 자세를 보이지 않으면 좋은 결과를 보기가 어렵다는 것을 경험을 통해서 잘 알고 있기 때문이다. 그래서 나 또한 환자의 입장에서 의사가 처방해주는 약보다 의사의 긍정적인 자세를 중요시한다.

앞서 말했듯이 우리 몸 안에는 몸을 관리하고 치유하는 의사 역할을 하는 시스템이 있다. 이 시스템은 몸 안으로 들어온 음식물을 분해해 몸 전체로 나르며 온몸이 아픈 곳 없이 건강을 유지하도록 한다. 우리가 바르게 생각하고, 바르게 먹고, 바르게 운동하고, 바르게 산다면 우리 몸 안의 의사인 '면역력(신체 저항력)'은 자동으로 자신의 할 일을 한다. 면역력은 우리가 항상 건강한 상태를 유지할 수 있도록 자동으로 균형을 조절해주지만, 우리가 해야 할 역할은 분명히 있다. 예컨대, 우리 몸에 필요한 필수 영양분을 균형 있는 식단을 통해 골고루 섭취하는 일이다.

강박 관념이라고 해서 언제나 부정적인 역할만 하는 것은 아니다. 하지만, 두려움과 자신에 대한 한계 설정, 할 수 없다는 생각, 비난에 대한 두려움 등에 대한 강박 관념은 주의해야 한다.

우리는 이 강박 관념을 습관의 법칙에 따라 긍정적으로 활용할 수도 있다. 예컨대, 반복해서 자신에게 희망적인 말을 해주는 것이다.

"나는 날마다 모든 면에서 더 나아지고 있다."라는 유명한 자기 암시의 말을 들어봤을 것이다. 처음으로 이 말을 세상에 소개한 에밀 쿠에가 자신의 말을 믿지 않았다면 그에게 아무런 효과가 없었을 것이다. 미국의 수백만 명의 사람들이 열풍처럼 이 말을 반복하며 자기 암시를 했지만, 모든 사람이 효과를 본 것은 아니었다. 이 말을 완벽히 믿지 않은 사람들도 있었기 때문이었다. 자신에게 해주는 긍정의 말이 무엇이 되었든 완벽한 긍정과 확신의 마음으로 반복해서 자신에게 들려주는 것이 중요하다.

당신은 부정적인 에너지를 당신과 주변 사람들에게 도움이 될 에너지로 바꿀 수 있다. 나는 오랫동안 습관의 법칙을 이용해서 부정적인 마음을 긍정적인 마음으로 바꿨고 쉽게 유지할 수 있었다. 당신 또한 그럴 수 있기를 바란다. 긍정적으로 생각하는 습관을 들이고 꾸준히 유지하면 그 이후부터는 습관의 힘에 따라서 긍정적으로 생각하는 마음 자세가 자리 잡게 된다.

우리의 삶이 녹록하지만은 않기 때문에 많은 사람이 부정적으로 생각하는 경향이 있다. 나는 여러분이 늘 긍정적인 마음으로 생각하기를 바란다. 그리고 당신이 원하는 것은 무엇이 되었건 무한한 지성으로부터 힘과 지혜를 얻을 수 있다.

하지만 무한한 지성은 당신이 화난 상태에서는 당신을 위해 아무것도 해주지 않는다.

부정적인 마음 자세에서는 원하는 것을 이뤄낼 수도 좋은 인간관계를 유지할 수도 없다. 이런 자세를 멀리하기 위해서는 긍정적인 마음의 습관을 들여서 습관의 법칙에 따라 긍정적인 자세가 몸과 마음에 완전히 익도록 하는 것이다.

당신이 부정적인 강박 관념으로 피해야 할 것들이 있다. 빈자의 마인드, 건강 염려증, 게으름이 그것이다. 게으른 사람이란 대가를 바라지 않고 즐겁게 할 수 있는 일을 찾지 못한 사람이다. 자신이 좋아하는 일을 찾지 못한 사람들은 나태한 사람들이라고 할 수 있다. 무엇을 하던 이런저런 핑계를 대는 사람들이 있다. 이래서 싫고 저래서 싫고 많은 핑계를 대지만 알고 보면 사실 그들이 좋아하는 것은 어떤 것도 없는 경우가 많다.

강박적인 습관으로 굳어지는 것을 피해야 할 또 다른 부정적인 습관들은 질투, 탐욕, 분노, 증오, 부정직함, 목표 없이 방황하기, 짜증, 자만심, 오만, 냉소적인 태도, 사람들에게 피해를 주는 태도이다. 많은 사람이 이런 습관들을 강박적으로 가지고 있다. 하지만 그에 따른 대가가 지나치게 크므로 이런 강박적인 습관은 가지지 않아야 한다.

당신이 강박적으로 가져야 할 긍정적인 습관은 따로 있다. 그중 하나가 명확한 삶의 목표를 세우는 것이다. 이런 좋은 습관은 강박적으로 가져도 좋다. 밥을 먹을 때도, 잠을 잘 때도 명확한 목표를 생각의 중심에 두라. 당신 삶의 주요 목표에 한 걸음씩 다가설 수 있는 일에 매일 몰두하라. 또 다른 긍정적인 습관은 신념, 주도적인 자세, 열정, 기대 이상으로 일하는 자세, 상상력, 호감 가는 성품, 정확한 사고와 이 책에서 소개한 그 밖의 모든 긍정적인 성격적 특성들이다.

이런 긍정적인 특성들은 당신의 마음을 지배하는 강박적 습관으로 만들어도 좋다. 이런 긍정적인 특성들로 살고, 생각하고, 실행하고, 사람들과 어울려라. 그러면 당신의 삶에 일어나게 되는 대단히 빠른 변화에 놀라게 될 것이다. 당신에게 상처를 주고 괴롭혔던 사람들이 놀라울 정도로 빠르게 무력해지고 저절로 당신에게서 사라지게 된다. 새로운 기회들이 당신에게 끌려오고, 당신이 가진 문제들이 빠르게 해결될 것이다. 문제를 두고 머리를 싸매는 대신에 여유 있게 문제를 해결하게 된다. 이처럼 긍정적인 강박적 습관을 가지면 좋은 변화들과 결과를 보게 될 것이다.

이런 긍정적인 습관들은 당신의 의지로 통제 가능한 습관이다. 반복해서 긍정적인 습관들을 생각하고 또 생각하면 된다. 그리고 여기에 실행이 뒤따라야 한다. 실행이 따르지 않는 말은 아무런 쓸모가 없다. 그러니 실행하라.

의사, 변호사와 같은 전문직은 어떻게 해야 많은 환자와 고객을 만들 수 있을까? 어떻게 하면 그들이 당신을 좋아하고 충성 고객이 될까?

그것은 환자와 고객을 대하는 마음가짐에 달려 있다. 마음가짐에서 시작되는 것이다. 이는 미용실, 자동차 수리점 등 고객에게 서비스를 제공하는 모든 전문 직종에도 마찬가지다.

사람들을 변화시키고 싶거나 원치 않는 사람들을 멀리 두고 싶다면, 그들에게서 시작하지 말고 당신 자신에서부터 시작하라. 당신의 마음 자세를 바르게 하면 사람들은 그에 보조를 맞출 것이다. 당신의 마음이 긍정적이면 부정적인 마음 자세를 가진 사람들은 당신에게 조금도 영향을 미치지 못한다. 긍정적인 마음을 가진 사람은 언제나 부정적인 마음을 가진 사람을 마음대로 지배할 수 있다.

사회적 유전과 육체적 유전

오늘날의 우리는 두 가지 형태의 유전에 따른 결과물이다. 한 가지 유전은 우리가 통제할 수 있고, 다른 한 가지는 우리가 통제할 수 없다. 육체적 유전을 통해서 우리는 조상의 모든 유전적 형질을 물려받아 이 세상에 나오게 된다. 명석한 두뇌와 멋지고 건강한 몸을 가지고 태어난다면 다행스럽고 감사한 일이겠지만, 곱사등과 같은 장애나 선천적으로 병을 안고 태어난다면 애초에 우리가 어찌할 수 없는 결과이다. 육체적 유전은 주어진 대로 받아들일 수밖에 없는 유전이다.

물론 우리는 선천적인 장애와 병을 가지고 태어났더라도 노력을 통해 이를 극복하고 성공적인 삶을 살 수도 있다. 찰스 스타인메츠 박사는 선천적으로 굽은 등을 가지고 태어났지만, 전기 공학자이자 발명가, 물리학 교수로서 천재적인 업적을 남겼다.

똑같이 다리를 못 쓰게 된 사람들이지만, 한 사람은 백악관 건너편의 길 한 모퉁이에서 깡통을 놓고 연필을 팔고, 길 건너편의 다른 한 사람은 백악관의 주인으로 세계에서 가장 힘 있는 나라를 경영하고 있다. 루스벨트 대통령은 자신의 불리한 신체 조건을 극복하고 그 속에서 자신의 강점을 키워냈다.

하지만 사회적 유전은 이와 다르다. 사회적 유전은 당신이 태어난 이후부터 받게 되는 모든 종류의 영향을 말한다. 심지어 당신이 태어나기 이전부터 존재해 이어져 온 사회적 영향들도 있다.

당신이 듣는 것, 보는 것, 배우는 것, 읽는 것들이 모두 사회적 유전이다. 단연코 우리 삶에서 가장 중요한 영향을 미치는 것은 사회적 유전과 우리의 관계이다. 우리를 둘러싼 환경에서 어떤 영향을 받는지 그리고 그 사회적 영향을 얼마나 통제할 수 있는지가 우리 삶에서 중요한 역할을 한다.

자신이 어떤 과정과 어떤 근거로 특정한 신념을 가지게 됐는지 살펴보는 것은 의미 있는 일이다. 나의 경우 어떤 타당한 근거도 없이 특정 신념을 가지게 된 경우는 없다.

선거 시즌이 되면 나는 누가 이 나라를 위해 가장 일을 잘할지, 누가 가장 정직하고 능력 있는 사람인 생각해본다. 1928년, 뉴욕 주지사를 4번 연임한 앨 스미스Al Smith가 대통령 후보에 출마했다. 나는 가톨릭 신자는 아니었지만 가톨릭 신자였던 그에게 표를 줬다. 그가 대통령이 된다면 훌륭하게 일할 수 있을 것 같아서였다. 내게 어떤 사람이 어떤 종교를 가졌는지는 중요하지 않다. 바르고 능력 있는 사람이라면 공직을 맡을 사람으로 표를 줄 것이다.

내가 하룻밤 만에 포용력 있는 열린 마음을 가지게 됐던 것은 아니다. 편협한 생각을 한 적이 있었지만, 나는 그런 생각이 좋지 않다는 것을 점차 깨닫게 됐다. 습관의 법칙에 따라 나는 결국 이 세상의 어떤 사람, 어떤 것에 대해서도 선입견과 편견을 갖지 않을 정도로 열린 생각을 습관으로 굳히게 됐다.

17

시간과 돈의 관리

오롯이 당신이 바라는 것들에

마음을 집중하는 시간을

규칙적으로 가질 수 있도록,

시간을 계획 있게 마련해야 한다.

이번 장에서는 시간과 돈의 관리에 관해 이야기할 것이다. 다른 장
들과는 달리 다양한 사례 없이 시간과 돈에 대한 실제적인 관리 방
법 위주로 설명하고자 한다. 다소 건조한 내용이지만, 성공적인 삶
을 위해 중요한 내용이다. 경제적인 안정을 얻기 위해서는 이 두 가
지를 반드시 지켜야 한다. 시간을 계획 있게 사용해야 하고, 수입과
지출, 영수증을 관리해야 한다. 그래야 명확한 목표를 세우고 지킬
수 있다.

시간 관리

우리의 하루에는 크게 세 부분으로 나뉜 총 24시간이 매일 주어진
다. 보통 8시간은 잠을 자고, 8시간은 일하며, 8시간은 기분 전환을
위한 오락 활동을 하는 시간이다.

　잠을 자는 8시간은 우리가 자유롭게 다른 일을 할 수 없는 시간이

다. 그 시간에는 잠만 자야 한다. 일하는 8시간 동안은 일만 해야 한다. 하지만 나머지 8시간은 우리가 온전히 원하는 데로 무엇이든 할 수 있는 시간이다. 기분 전환을 위한 오락 활동을 하거나 부업을 하거나 휴식을 취하며 편하게 쉬거나 자기계발을 위한 강좌를 듣거나 독서 등 무엇이든 원하는 일을 할 수 있다.

이렇게 하루 24시간을 잘만 활용하면 무한한 가능성을 발견할 수 있다. 내가 이 성공 철학의 정립을 위해 자료를 수집하고 정리하던 시기에는 본업을 위해 일하던 8시간을 포함해 하루 16시간을 쉼 없이 일했다. 생계를 위해 영업 사원들을 교육한 적도 있었지만, 대부분의 시간에는 성공 철학을 정립해 세상에 알리기 위한 조사와 정리를 했다. 8시간의 자유 시간이 없었다면 조사와 정리가 불가능했을 것이다.

인생의 초반기에 큰 행운이 따라주기도 했다. 웨스트버지니아주에 있는 머농고힐라강Monongahela River의 다리 건설을 수주하면서 우리 가족이 평생 생활할 수 있는 돈을 벌게 된 것이었다. 지금도 이때 번 돈을 생활비에 사용하고 있으며, 그때부터 지금까지 다른 경제 활동을 하지 않아도 될 정도의 돈을 벌게 됐다. 내가 절실히 돈이 필요했을 당시 운명의 여신은 내게 이처럼 행운의 손길을 내밀어주었다.

8시간의 자유 시간 동안 당신이 선택하는 좋은 습관을 계발할 수 있다. 이 8시간 중에는 당신의 마음을 언제나 긍정적으로 유지해줄 수 있는 방법을 실천하는 시간을 갖도록 하라. 꼭 내가 사용하는 방법만을 그대로 따라 할 필요는 없다. 실행하는 믿음, 습관의 힘, 마스터 마인드를 다룬 내용 중에서 아이디어를 얻을 수 있을 것이다.

앞서 언급했듯 나는 여덟 명의 상상 속 멘토들과 교감하는 명상을 통해 내 인생에서 얻을 수 있는 더 높은 성취와 내가 바라는 것들에 관해 생각하는 시간을 가진다. 당신이 원하는 자신만의 방법과 더 좋은 방법이 있을 것이다. 어떤 방법이 되었건 힘든 역경의 시간이 당신에게 다가올 때 힘이 돼 줄 것이다.

수입과 지출 관리

가계 예산 관리에 있어서 가장 먼저 해야 할 일은 한 달 또는 일주일 간의 수입을 가계부에 적는 것이다. 그런 다음에는 아래 순서와 같이 지출을 관리하라.

먼저 총수입의 10%를 넘지 않는 범위 내에서 생명 보험을 들라. 가족이 있는 경우에는 생명 보험 가입이 필수다. 부양하고 교육을 책임져야 할 가족이 있다면, 당신이 사망하거나 상해를 입어서 가계의 수입이 끊길 경우에 보험이 도움이 될 것이다.

강의 때문에 비행기를 자주 이용하는 나는, 만약의 경우를 대비해서 보장액이 가장 큰 생명 보험을 들었다. 거기에 더해 상해 보험도 따로 가입해두었다. 생명 보험과 상해 보험은 가계를 책임진 가장에게 이상이 생겼을 때 큰 도움이 된다. 저축해놓은 돈이나 자산이 충분하지 않고 가장의 수입원에 주로 의지하는 경우일수록 만일의 경우에 대비해 보장액이 큰 보험에 가입해야 한다.

생명 보험이 가계 관리의 첫 번째이고, 그다음은 의식주에 대한 지출이다. 의식주 지출은 예산에 따라 지출해야 한다. 지출 계획 없이 마트에 가면 필요하지 않은 물건들을 이것저것 사게 되기 때문이다. 지금은 예산을 세우지 않고 사고 싶은 것을 마음대로 살 수 있을 정도의 형편이 됐지만, 나도 예전에는 예산을 철저히 세워서 생활해야 했다. 이렇듯 대부분의 사람은 예산을 세워서 계획 있게 생활할 필요가 있다.

그다음으로는 저축과 투자를 위한 돈 모으기다. 아무리 적은 금액이라도 저축과 투자를 위한 돈을 모아야 한다. 사실, 이를 통해 얼마나 모으느냐보다는 절약하고 저축하는 습관을 들이는 것이 더 중요하다. 불필요한 낭비를 줄이고 절약해야 한다.

독일 국민의 절약 정신은 세계적으로 유명하다. 독일 국민은 불필요한 낭비와 지출을 하지 않고 절약하는 습관이 몸에 배어 있다. 나의 할아버지도 절약을 실천하신 분이다. 할아버지는 땅에 떨어진 못과 금속 조각, 끈을 주워서 모으셨다. 놀라울 정도로 많은 물건을 아끼고 모으셨던 분이다.

나의 절약 정신은 할아버지에 미치지 못했다. 롤스로이스를 타고 73만 평이라는 거대한 토지를 샀으니 말이다. 그럼에도 분명한 사실은 절약하고 저축하는 습관을 들이지 않으면 아무리 성공 철학을 익혀도 소용이 없다는 점이다. 예산을 세워서 관리하는 습관이 없으면 돈을 모으기가 매우 어렵다.

의식주 비용을 제외하고 남는 모든 돈은 은행 통장에 넣고, 비상금, 여가 활동비, 교육비로 사용하도록 하라. 의식주 비용과 기타 비용을 아낀다면 통장에 모이는 돈은 늘어나게 된다. 이렇게 모인 돈은 급한 일이 생길 때 비상금으로 유용하게 사용할 수 있다. 살다 보면 급한 일이 반드시 생기게 마련이다. 급한 일이 생길 때 필요한 돈이 없으면 곤경에 처하게 된다. 이를 방지하기 위해 급할 때 비상금으로 쓸 수 있는 돈을 모아야 한다.

이처럼 내 생각을 평소의 나답게 거리낌 없이 말할 수 있는 것은 더는 돈에 관한 걱정을 할 필요가 없기 때문이다. 흔들리지 않는 경제적 자유를 누리게 된 사람의 자신 있는 말이자 조언으로 들어주길 바란다.

다시 한번 말하지만 생활에 필요한 지출을 하고 남는 돈을 저축할 때 얼마나 저축하느냐보다 아끼고 저축하는 습관을 만드는 것 자체가 더 중요하다. 수입이 극히 적어서 생활비를 아무리 아껴도 저축할 수 있는 돈이 정말 적다고 하더라도 저축하는 습관 자체가 중요하다. 단돈 1센트라도 쉽게 찾아서 쓸 수 없도록 눈에 잘 띄지 않는 곳에 모으도록 하라.

나는 펀드 투자를 호의적으로 생각한다. 자산 운용사가 운용하는 펀드는 잘 알려진 다양한 주식과 채권에 투자하기 때문에 한 가지 주식이나 채권의 성적이 좋지 않아도 전체 수익에 영향을 크게 미치지 못한다. 많은 자산 운용사 중에는 실적이 좋은 곳과 나쁜 곳이 있다. 자산 운용사의 펀드에 투자하려면 어느 곳으로 할지 스스로 판단하지 말고, 자격증이 있는 은행원 또는 증권사 직원 등과 상담하고 투자하도록 하라.

돈이 당신을 위해 일하도록 하라. 그러면 당신이 매주, 매달 아껴서 저축한 돈이 당신을 대신해서 일한 결과에 놀라게 될 때가 올 것이다.

당신의 습관을 분석하라

당신에게 중요한 것들과 관련한 당신의 습관들에 대해 분석할 필요가 있다. 0에서 100 사이에서 자신에 대해 점수를 매겨보라.

먼저 직업 선택에 대한 습관이다. 당신이 정말 좋아서 할 수 있는 일을 찾는 데 얼마나 많은 시간을 사용하고 있는가? 단순히 먹고 살기 위한 일이 아닌, 좋아서 할 수 있는 직업을 아직 찾지 못했다면 그런 일을 찾을 때까지 많은 시간을 들여서 찾아야 한다.

다음은 생각의 습관이다. 얼마나 많은 시간을 긍정적인 생각과 부정적인 생각에 사용하고 있는가? 다시 말해서 얼마나 많은 시간을 당신이 원하는 것과 원하지 않는 것을 생각하는 데 사용하는가? 얼마나 많은 시간을 건강에 대한 염려, 좌절감과 실망 등 당신이 인생에서 바라지 않는 것을 생각하는 데 사용하는가? 스톱워치로 당신이 매일 걱정하는 데 사용하는 시간을 재서 확인해본다면 분명 놀라게 될 것이다. 상당 부분의 시간을 당신이 원하지 않는 것들을 생각하는 데 사용하고 있을 것이기 때문이다.

오롯이 당신이 바라는 것들에 마음을 집중하는 시간을 규칙적으로 가질 수 있도록, 시간을 계획 있게 마련해야 한다. 나는 하루에 3시간 명상과 묵념의 시간을 가진다. 어느 시간에 집에 도착하든 사람들을 위해 봉사하는 기회를 가진 것에 대해 감사를 표현하는 명상의 시간을 가지려고 한다. 밤이 늦어 못하게 될 때면 낮에 그런 시간을 가진다.

가장 훌륭한 기도는 더 많은 것을 가지길 바라는 기도가 아니라, 이미 가지고 있는 것들에 감사하는 기도다. 이렇게 기도해보라. "더 많은 것을 바라는 기도가 아닙니다. 제가 바라는 것은 제가 이미 가지고 있는 것들을 더 잘 활용할 수 있는 지혜입니다."

당신은 이미 많은 것을 가지고 있다. 당신에게는 건강한 몸이 있고, 아름답고 훌륭한 나라에 살고 있으며, 훌륭한 이웃들이 있고, 훌륭한 성공 철학이 있다. 당신이 가진 모든 것에 감사하라.

만약 내가 많은 것을 가진 부자가 아니라고 말한다면 나한테 어떤 문제가 있을 것이다. 만약 내가 이 세상에서 내가 원하는 모든 것을 가지고 있다고 말할 수 없다면, 나와 이 성공 철학에 문제가 있을 것이다. 자신을 긍정하는 말을 할 수 없다면 나는 성공 철학을 당신에게 가르칠 수 없을 것이다. 내가 그런 말을 할 수 없는 사람이라면 사무실에서 쫓겨나도 할 말이 없다. 하지만 나는 내 운명과 영혼의 주인이다. 나의 철학은 사람들을 돕기 위해 만들어진 것이고, 어떤 상황에서도 나는 다른 사람에게 해를 끼치지 않기 때문이다.

사업상 거래하는 사람과 고객들 또는 직장 사람들과의 관계 증진을 위해 얼마나 많은 시간을 쓰고 있는가? 사람들과 좋은 관계를 강화하기 위해 얼마나 많은 시간을 기울이고 있는가? 그런 노력을 하고 있지 않다면 친구를 만들 수 없다. 눈에서 멀어지면 마음에서도 멀어진다. 아무리 좋은 친구라도 연락이 끊기면 서로를 잊어버리게 된다. 그러니 꾸준히 연락해야 한다.

그다음은 건강한 몸과 마음을 위한 습관이다. 건강한 몸과 마음을 위해 얼마나 많은 시간을 들이고 있는가? 건강을 중요시하는 습관은 노력하지 않으면 만들어지지 않는다.

당신이 믿는 종교적 신앙을 얼마나 생활에서 실천하고 있는가? 신앙심이 얼마나 강한지, 얼마나 자주 예배를 드리러 가는지, 얼마나 많은 성금을 하는지를 묻는 것이 아니다. 그것은 누구나 할 수 있는 것이다. 당신의 침실에서, 거실에서, 주방에서, 직장에서 얼마나 믿음대로 살고 있는지를 말하는 것이다. 당신이 생활하고 일하는 공간들에서 얼마나 살아 있는 믿음을 실천하고 있는지 점수를 매겨보라. 얼마나 자주 예배를 보러 가는지, 얼마나 많은 금액을 헌금하고 있는지는 점수의 척도가 아니다. 매일의 생활에서 얼마나 종교적 가르침에 따라 살고 있는지가 중요하다. 모든 종교인이 종교적 가르침을 실천하는 삶을 산다면 이 세상은 더없이 아름다워진다.

당신이 얼마나 종교적 삶을 실천하고 있는지 점수로 측정하라는 것이 진부하게 느껴질 수도 있지만, 내가 아는 많은 사람과 다르지 않게 점수가 낮게 나온다면 자신을 돌아보는 좋은 기회가 될 것이다.

그다음으로 여가 시간의 사용 습관에 대해 점검해보자. 제대로 살펴봐야 하고 자신에 대해 돌아보는 기회가 되는 중요한 습관이다. 8시간이라는 자유 시간 동안, 당신이 관심 가지고 있는 것을 계발하고 당신의 마음을 보살피며 사람들과의 관계를 증진하는 데 얼마나 많은 시간을 사용하고 있는지 점검해보라.

다음은 수입과 지출 관리 습관이다. 예산에 따라 계획적으로 지출하고 있는가? 그렇지 못하다면 이제부터 제대로 예산을 짜서 지출하는 습관을 들이길 바란다.

당신은 정확히 사고하는 습관을 들이기 위해 얼마나 많은 시간을 노력하고 있는가? 정확한 사고를 위한 습관들을 얼마나 실천하고 있는가? 정확한 사고에 대해 다룬 장을 실천하지 않고 읽기만 한 것은 아닌가? 정확한 사고를 실천하기 위해, 스스로 사고하는 습관을 들이기 위해 얼마나 노력하고 있는가?

다음으로 당신이 생각의 힘을 통제하고 있는지 살펴보자. 당신은 자기의 생각을 통제하고 있는가, 아니면 환경의 지배를 받고 있는가? 당신이 통제할 수 있는 상황을 만들려고 노력하고 있는가? 모든 상황을 당신이 통제할 수는 없지만, 통제할 수 있는 상황을 분명 몇 가지는 만들어낼 수 있다.

당신은 투표라는 국민으로서의 특권을 잘 사용하고 있는가? "나는 투표하러 가지 않아. 어찌 됐든 도둑놈들이 나라를 운영하고 있으니, 내 한 표는 중요하지 않을 거야."라고 말하는 사람인가, 아니면 "나는 국민으로서 투표에 참여해야 할 책임감과 의무가 있어."라고 말하는 사람인가? 바르게 투표하기 위해 시간을 들여 노력하는가? 많은 국민이 그렇게 하지 않기 때문에 그 자리에 있어야 하지 않을 많은 사람이 국회 의원과 공직 자리를 차지하고 있다. 너무나 많은 국민이 투표라는 자신의 권리를 행사하지 않고 있다. 솔직히 나 또한 간혹 그럴 때가 있다. 변명하지 않고 반성하려고 한다.

그다음 살펴볼 습관은 가족 관계이다. 당신의 가정은 화목한가? 당신의 가족은 마스터 마인드 관계인가 아니면 아무런 노력도 하지 않고 있는가? 가족 간의 관계를 쌓고 발전시키기 위해 얼마나 많은 시간을 들이고 있는가? 당신은 가족 간의 관계를 위해 노력해야 한다. 아내든 남편이든 어느 한쪽이 양보해야 한다. 먼저 양보하고 마스터 마인드 관계를 만들어야 한다. 결혼 전에는 상대방을 즐겁게 해주고 맞춰주려고 노력하지 않았는가?

당신의 결혼 생활은 행복한가? 다시 행복하고 즐거운 관계로 만들려고 노력해야 한다. 그러면 여러 가지 좋은 결과가 따를 것이다. 마음의 평화가 생기고, 통장의 잔고가 늘어나고, 사람들과의 우정과 관계가 좋아질 것이다.

당신의 사업 또는 직장에서 사람들의 기대 이상으로 일하도록 노력하고 있는가? 당신의 일을 좋아하는가? 그렇지 않다면 그 이유를 찾아라.

사람들의 기대 이상으로 일하고 있다면 어느 정도로 그렇게 하고 있는가? 어떤 식으로 그렇게 하고 있으며, 당신의 마음 자세는 바른가? 당신이 어떤 직업을 가지고 어떤 일을 하고 있던 사람들의 기대 이상으로 일한다면, 당신의 서비스와 도움을 감사한 마음으로 받은 사람들이 많아질 것이고 그들은 당신이 언제라도 도움을 청하면 발 벗고 나서서 당신에게 도움이 되려고 할 것이다.

나의 아내는 나와는 다르게 자신이 싫어하는 일도 마다하지 않고 한다. 반면에 나는 내가 싫어하는 일은 하지 않으려고 하는 편이다. 그럼에도 우리는 다투지 않고 화목하게 지내고 있다. 아내와 나의 건강은 모두 매우 좋다. 그녀가 없었다면 나는 이만큼 성장하고 발 전하지 못했을 것이다. 우리 부부는 우리가 필요로 하는 모든 것을 가지고 있다. 만약 필요한 것이 더 있을 때면 수많은 사람이 수백만 가지의 방법으로 우리에게 도움을 주고 있다.

우리 부부는 지금 누리고 있는 이 모든 것을 노력 없이 얻지 않았 다. 열심히 노력하지 않았다면 얻지 못했을 것이다. 노력 없이 좋은 결과를 얻을 수 있는 사람은 이 세상에 없다.

마지막으로 한 가지를 언제나 기억하길 바란다. 사람들로부터 협 력을 얻으려면 당신이 먼저 도움이 되는 사람이어야 한다.

습관의 힘

당신에게 중요한 것들과 관련한 당신의 습관들을 분석해보자. 0~100 사이의 점수를 매겨보라.

	항 목	점 수
1	당신이 정말 좋아서 할 수 있는 일을 찾는 데 얼마나 많은 시간을 사용하고 있는가?	
2	얼마나 많은 시간을 긍정적인 생각을 하는 데 사용하고 있는가?	
3	얼마나 많은 시간을 부정적인 생각을 하는 데 사용하고 있는가?	
4	오롯이 당신이 바라는 것들에 마음을 집중하는 시간을 규칙적으로 갖고 있는가?	
5	사람들과 좋은 관계를 강화하기 위해 얼마나 많은 시간을 쓰고 있는가?	
6	건강한 몸과 마음을 위해 얼마나 많은 시간을 들이고 있는가?	
7	당신이 믿는 종교적 신앙을 얼마나 생활에서 실천하고 있는가?	
8	8시간이라는 자유 시간 동안 당신이 관심 가지고 있는 것을 계발하고 있는가?	
9	예산에 따라 계획적으로 지출하고 있는가?	
10	정확히 사고하는 습관을 들이기 위해 얼마나 많은 시간을 노력하고 있는가?	
11	정확한 사고를 위한 습관들을 얼마나 실천하고 있는가?	
12	투표라는 국민으로서의 특권을 잘 사용하고 있는가?	
13	당신의 가정은 화목한가?	
14	당신의 결혼 생활은 행복한가?	
15	당신은 사람들의 기대 이상으로 일하도록 노력하고 있는가?	
16	당신은 당신의 일을 좋아하는가?	
총점		

나폴레온 힐 부자 수업

1판 1쇄 발행 2021년 2월 22일
1판 3쇄 발행 2022년 5월 18일

지은이 나폴레온 힐
옮긴이 고영훈

발행인 양원석
책임편집 차선화
영업마케팅 윤우성, 박소정, 김보미

펴낸 곳 ㈜알에이치코리아
주소 서울시 금천구 가산디지털2로 53, 20층 (가산동, 한라시그마밸리)
편집문의 02-6443-8861   **도서문의** 02-6443-8800
홈페이지 http://rhk.co.kr
등록 2004년 1월 15일 제2-3726호

ISBN 978-89-255-8911-4 (03320)